HAYMON verlag

Lukas Morscher

Innsbrucker Alltagsleben 1930–1980

Veröffentlichungen des Innsbrucker Stadtarchivs, Neue Folge 50

Wir danken der Tiroler Tageszeitung für die Möglichkeit
der kostenfreien Nutzung von Texten und Bildern.

Zeitungsverzeichnis:

IN	Innsbrucker Nachrichten
NSZ	Neueste Sport-Zeitung, Wochen-Sportbericht der Innsbrucker Nachrichten
NZ	Neueste Zeitung, Abendausgabe der Innsbrucker Nachrichten
TT	Tiroler Tageszeitung

Auflage:
4 3 2 1
2015 2014 2013 2012

HAYMON verlag
Innsbruck-Wien
www.haymonverlag.at

ISBN 978-3-85218-739-6

Umschlag- und Buchgestaltung, Satz:
hœretzeder grafische gestaltung, Scheffau/Tirol
Grafische Nachbearbeitung der Abbildungen: Benno Monz
Abbildungen: Wenn nicht anders angegeben, Stadtarchiv/Stadtmuseum Innsbruck
Postkarte am Umschlag: Vorarlberger Landesbibliothek
S. 113: Polizei Innsbruck
S. 128: DI W,A. Schwaighofer
S. 147: Gerhard Plattner
S. 151, 155, 156, 167, 168, 180,181, 187, 189, 191,
198, 205, 214, 219, 221, 225, 230, 232, 253: frischauf-bild, Innsbruck
S. 163, 182, 190, 194, 202, 206, 246: Erich F. Birbaumer
S. 179: Hannes Gasser

Trotz intensiver Bemühungen konnten nicht alle InhaberInnen von Bildrechten ausfindig gemacht werden. Für entsprechende Hinweise ist der Autor dankbar.

Gedruckt auf umweltfreundlichem,
chlor- und säurefrei gebleichtem Papier.

VORWORT

Christine Oppitz-Plörer
Bürgermeisterin und Kulturreferentin der Tiroler Landeshauptstadt Innsbruck

Eine spannende Reise in Innsbrucks Vergangenheit!

Ein Blick zurück in die Geschichte ist wie ein Blick durch ein Fernglas: Weit entfernt liegende Ereignisse erscheinen uns nahe, neue Blickwinkel eröffnen uns eine andere Sicht auf die Dinge. Vieles erscheint vertraut, manches jedoch fremd. Doch unbestreitbar bleibt, dass der Bezug zur Vergangenheit unser Verständnis für die Gegenwart schärft.

Derart spannende Perspektiven eröffnet uns Stadtarchivar DDr. Lukas Morscher, wenn er uns mit seiner großartigen Buchreihe über das Innsbrucker Alltagsleben in längst vergangene Zeiten entführt. Standen im Vorgängerwerk noch die Jahre 1880 bis 1930 im Mittelpunkt, so begleitet er uns nun mit dem Buch, das Sie, liebe LeserInnen, gerade in Händen halten, durch die „nächsten" 50 Jahre zwischen 1930 und 1980 – ein Zeitraum, der mit mindestens ebenso spannenden großen und kleinen Alltagsgeschichten aufwarten kann. Dabei ist es ihm sehr gut gelungen, auch schwierige Jahre der Innsbrucker Geschichte, die ihre Schatten bis in heutige Tage werfen, sensibel aufzuarbeiten und ihnen einen angemessenen Platz einzuräumen.

Es erstaunt auch mich immer wieder, wie sich unsere Landeshauptstadt im Lauf der Zeit gewandelt und zu dem entwickelt hat, was sie heute ist: eine moderne Stadt, die ihren BewohnerInnen hohe Lebensqualität, Sicherheit und wirtschaftlichen Wohlstand bietet. Charakterisierungen wie „alpin-urban" oder „Hauptstadt der Alpen" sind zu international bekannten Markenzeichen geworden und mit der Stadt mittlerweile untrennbar verbunden.

Der Blick zurück in die Geschichte ist aber oft auch wie der Blick in einen Spiegel: Viele der Geschichten, die uns in diesen Büchern begegnen, kommen uns aus heutiger Zeit nur allzu bekannt vor – seien es politische oder wirtschaftliche Ereignisse, heitere Anekdoten aus Kultur und Alltag oder weltgeschichtliche Meilensteine und deren Rezeption im „kleinen" Innsbruck. Der Wandel mag das Beständigste in unserer Welt sein, doch es tut gut zu sehen, dass manche Dinge sich dennoch niemals ändern. Ich bedanke mich daher ganz herzlich bei DDr. Morscher für seine leidenschaftliche Arbeit und wünsche ihm, dass auch diesem Buch die gebührende Aufmerksamkeit zuteil wird.

Innsbruck, September 2012

Lukas Morscher
Stadtarchiv/
Stadtmuseum
Innsbruck

Eine Art „Gebrauchsanweisung“ zu diesem Buch

Wie schon der erste Band „Innsbrucker Alltagsleben 1880–1930“ ist die vorliegende Fortsetzung kein Geschichtsbuch. Allerdings ist es auch nicht das „Geschichteln-Buch“, als das der erste Band noch hätte durchgehen können: Die Zeit bis nach dem Zweiten Weltkrieg ist zu turbulent, brutal, tragisch, umwälzend und humorlos, um es als solches bezeichnen zu können.

Fortgeführt wurde die bewährte Praxis, manche Berichte nicht „aufzulösen“, also das Ende der Geschichte nicht zu erzählen. Dies soll den Anstoß geben, sich mit dem Ausgang eines Ereignisses auseinanderzusetzen und selbst nachzuforschen; sehr gerne auch im Stadtarchiv/Stadtmuseum Innsbruck.

Auch in den Jahrzehnten nach dem Zweiten Weltkrieg verändert sich die Welt laufend und grundlegend. Ereignisse der internationalen Politik und Technik schlagen sich viel schneller als früher auch in Tirol und Innsbruck nieder. Internationale Nachrichten nehmen immer mehr überhand, sodass für die kleinen „Hoppalas“ des täglichen Lebens immer weniger Platz bleibt. Gleichzeitig ist eine Art Stadt-Land-Gefälle zu beobachten: In Innsbruck scheint nichts Kurioses mehr zu passieren, weil der Innsbruck-Teil der Zeitung schon mit offiziösen Ereignissen gefüllt ist. In den einzelnen Talschaften aber, wo nicht jeden Tag ein Neubau einzuweihen ist, bleibt Platz für die so menschlichen Episoden. Aber seien Sie versichert, solche Dinge geschehen auch nach wie vor tagtäglich vor Ihrer städtischen Haustür, nur finden sie leider nicht mehr so leicht den Weg in das Printmedium.

Warum muss ich heute darüber informiert sein, wenn in China der sprichwörtliche Sack Reis umfällt? Gleichzeitig erfahre ich aber nichts über das (Un-)Glück meines Nachbarn, zumal mich das wesentlich mehr interessieren würde. Ich mag meine Nachbarn nämlich.

Ich habe versucht, Ereignisse, die die Welt bewegten, einzubinden, wenn sie in Innsbruck ihren Ausdruck gefunden haben. So war beispielsweise die Ermordung des US-amerikanischen Präsidenten John F. Kennedy ein Ereignis, das die Welt erschütterte. Und in Innsbruck? Auch hier gab es offenbar eine breite Trauer in der Bevölkerung, denn die amerikanischen Studenten der Universität Innsbruck bedankten sich in einem Leserbrief für die Anteilnahme der Tiroler Bevölkerung.

Aber nicht alle Aspekte konnten berücksichtigt werden. Überraschenderweise bleiben andere Ereignisse von weltweiter Bedeutung ohne lokale Ausprägung, wie z. B. die Mondlandung. Diese Ereignisse – so wichtig sie auch sein mochten – sind nur im internationalen Teil der „Tiroler Tageszeitung" zum Ausdruck gekommen, daher konnte ich sie in dieses Buch auch nicht aufnehmen.

Gleichzeitig verdichteten sich die Ereignisse, es hat sich einfach in kurzer Zeit viel mehr ereignet. Berühmtheiten aus aller Welt gaben sich in Innsbruck ein Stelldichein. Filmschauspieler wie Omar Sharif, gekrönte Häupter wie Queen Elisabeth II. und zahllose HeldInnen aus der Welt des Sports konnten in Innsbruck begrüßt, bewundert und gefeiert werden. Ereignisse von überragender Bedeutung wie der Wiederaufbau nach dem Ende des Zweiten Weltkrieges, die Olympischen Winterspiele 1964 und 1976, gesellschaftliche Umstürze, bauliche Veränderungen und die Umwandlung der Gesellschaft zu einer modernen passieren nicht von heute auf morgen. Meist ist dies ein jahrelanger Prozess. Diesen galt es in diesem Buch darzustellen, bei aller Knappheit des Platzes.

Andere Stichworte werden bei vielen, die die Zeit selber miterlebt haben, eine sofortige Assoziation auslösen: das Kennedy-Haus und Sigmund Kripp mit der MK, der Marianischen Kongregation, damals das größte Jugendzentrum Europas. Die Sportstars vergangener Jahrzehnte; Franz Klammer und sein „Ritt" vom Patscherkofel, die Skispringer, gelegentlich sogar einmal ein Fußballer, als der Meistertitel in den 1970er Jahren häufig in Innsbruck gefeiert werden durfte. Aber auch die vielfältigen Anstrengungen, den Tourismus weiterhin anzukurbeln, sind vielen ebenso in Erinnerung wie die riesigen Zelte der internationalen Zirkusse, die hier Station machten.

Ein weiteres Phänomen ist, dass die Redaktionen der meisten Zeitungen zumindest in den ersten Jahrzehnten nach 1945 sehr konservativ waren. Aus der Weltsicht der „Chefetagen" wurde eine – damals durchaus übliche – „Schere im Kopf". Das heißt, dass nicht nur Nachrichten verbreitet wurden, sondern auch ein Weltbild: Kommunismus = böse. Wer gegen die katholische Kirche opponierte, gehörte ebenso zu den Gegnern. Wer nicht in diese Weltsicht passte, wurde als „Feind" angesehen. Als solche galten z. B. die „Rolling Stones" mit ihrem für die damalige Zeit revolutionären Konzert am 23. September 1973 in Innsbruck. Der kurze Bericht findet sich in diesem Buch fast in Originallänge. Heute würde ein solches „Event“ wohl ganz anders gewürdigt werden.

Dass ich mich ab 1945 ausschließlich an die „Tiroler Tageszeitung“ als Medium gehalten habe, hat den Grund, dass diese das am weitesten verbreitete Printmedium des Landes ist. So können sich die meisten Menschen auch in den ausgesuchten Beiträgen wiederfinden. Gleichzeitig kann man den Wandel in der Gesellschaft am besten darstellen, wenn man ein Medium durch die Jahrzehnte hindurch verfolgt.

An dieser Stelle soll auch der Generationen von RedakteurInnen gedacht werden, die noch mit Notizblock und Bleistift an die Stätten der Ereignisse gefahren sind. Diese JournalistInnen alten Schlages könnten mit den heutigen KollegInnen nicht mehr mithalten. In ihrer Zeit aber waren sie für Information und Volksbildung zuständig. Eine Funktion, die sie bravourös erfüllt haben.

Natürlich habe ich mir auch diesmal erlaubt, ein paar Beiträge aus zweifachem Grund auszuwählen. Einige Daten und Ereignisse haben auch einen persönlichen Anstrich. Die Billard-Meisterschaft 1936 für Tirol ist vielleicht nicht von überragender Bedeutung. Aber sie ist ein Gruß an die, die das Spiel wirklich beherrschen. Ich zähle ganz sicher nicht dazu.

Abschließend sei mir noch eine persönliche Anmerkung erlaubt: Mein Antrieb, diesen zweiten Band „Innsbrucker Alltagsleben“ zusammenzustellen, war die Tatsache, dass ich immer wieder positive und interessierte Rückmeldungen zu einzelnen Beiträgen bekomme. Es freut wohl jeden Autor, wenn er wahrnimmt, dass seine Arbeit von der Leserin und dem Leser geschätzt, aber auch hinterfragt wird. Ich freue mich also über Ihre Rückmeldungen. Vor allem, weil bei diesem Band viele von uns bereits persönliche Erlebnisse mit den Zeitungsberichten verbinden. Ich auch.

Innsbruck, September 2012

Eine Zeit der Umbrüche

Es ist grundsätzlich schwer, einen Zeitraum von mehreren Jahrzehnten in wenigen Zeilen zu charakterisieren. Völlig unmöglich ist dieses Unterfangen aber für das 20. Jahrhundert. Es gibt zahlreiche Fachbücher, welche diese Zeit darstellen. Daher sollen im Folgenden nur einzelne Aspekte beleuchtet und ein grober Überblick gegeben werden.

In den 50 Jahren zwischen 1930 und 1980 erfuhren alle Lebensbereiche einen totalen Umbruch. Es waren also nicht nur die schrecklichen Jahre des Nationalsozialismus und des Zweiten Weltkrieges, die keinen Stein auf dem anderen ließen.

Nach dem Ende der Österreichisch-Ungarischen Monarchie war der politische und wirtschaftliche Neuanfang ein sehr schwerer, und die neuen Institutionen der Politik und der Wirtschaft konnten sich nur langsam durchsetzen. Die Inflation, eine unübersichtliche Parteienlandschaft, der Verlust von Südtirol, die weitgehende Abhängigkeit von Deutschland, der nur langsam wieder anlaufende Tourismus sind nur einige wenige der zahllosen Problemfelder. Diese Stichworte umschreiben die Lage der ersten Jahre nach dem Ersten Weltkrieg. Wenig Grund für die Menschen, positiv in die Zukunft zu blicken.

In den 1930er Jahren verschärfen sich vor allem die politischen Auseinandersetzungen, sodass es 1934 sogar zu einem – wenn auch sehr kurzen – Bürgerkrieg kommt. Die Ermordung des seit 1933 diktatorisch regierenden Bundeskanzlers Engelbert Dollfuß am 25. Juli 1934 ist ein weiterer Schritt in Richtung des sich anbahnenden politischen Zusammenbruchs. Die Frage der wirtschaftlichen Überlebensfähigkeit dieses „Rest-Österreichs" wird immer dringlicher. Der Schutz in einem großen und wiedererstarkten Deutschen Reich scheint für die meisten der einzige Weg. Der Austrofaschismus ist bei der Wahl seiner Mittel nicht zimperlich. Das gesellschaftliche Klima ist sehr frostig, der Antisemitismus überaus weit verbreitet.

Im Tourismusbereich, in dem vor allem die deutschen Gäste eine tragende Rolle spielen, bringt die sogenannte Tausend-Mark-Sperre 1933 diese wichtige Einnahmequelle beinahe vollständig zum Erliegen. Deutsche Staatsbürger müssen bei einem Grenzübertritt nach Österreich 1.000 Reichsmark bezahlen. Das entspricht heute etwa einem Wert von 3.500 bis 4.000 Euro. Naturgemäß ist dies keine gute Voraussetzung für den Tourismus. Die neuen Seilbahnen auf den Hahnenkamm, die Zugspitze sowie auf die Nordkette und den Patscherkofel sind dennoch Tourismusmagneten.

Der in Tirol und ganz Österreich auftretende politische Radikalismus rührt von einer weitgehenden Unerfahrenheit mit den demokratischen Spielregeln her, aber auch von dem Bewusstsein, nichts mehr verlieren zu können. Der aus dieser Sicht „logische" Anschluss an das Deutsche Reich erscheint als die Lösung, um der Probleme Herr zu werden, stellt sich aber kurz darauf als große Katastrophe heraus.

In Innsbruck sind diese Prozesse zu Beginn der 1930er Jahre etwas abgeschwächt wiederzufinden. Alle politischen Richtungen vereint der Widerstand gegen den Verlust von Südtirol. Da es in Tirol wenig große Industrien gibt, ist auch die Sozialdemokratie schwächer ausgeprägt als in anderen Teilen des Landes. Gleichzeitig ist die Begeisterung für den Anschluss auch hierorts überaus groß.

Der Besuch Adolf Hitlers am 5. April 1938 in Innsbruck wurde zu einem frenetisch gefeierten Ereignis, das Ergebnis der Volksabstimmung in Innsbruck war ebenso eindeutig wie überall sonst in der „Ostmark", wie Österreich nun für einige Jahre heißen sollte.

Inhaftierungen politisch (Anders-)Denkender und die schrittweise Vertreibung und Ermordung der jüdischen Mitbürger stehen an der Tagesordnung. Nach den ersten militärischen Erfolgen kommt der Krieg bald auch nach Innsbruck. Anfangs „nur" mit Verwundetentransporten, bald auch mit Kriegsgefangenen und Zwangsarbeitern und schlussendlich mit bombenbeladenen Flugzeugen. Die Folgen sind etwa 500 Tote und nahezu 60 Prozent beschädigten bzw. zerstörten Wohnraums. Es dauert viele Jahre, bis sich Innsbruck von dieser Katastrophe erholt.

Die amerikanischen Befreier verlassen Tirol im Juli 1945 bereits wieder, um der französischen Besatzungsmacht Platz zu machen. Man betrachtet die Besatzer als „notwendiges Übel" und begegnet ihnen mit einer klugen Politik der Zurückhaltung. Die vielen Jahre ihrer Anwesenheit hatten weniger Einfluss auf das Leben der Tiroler, als es bei einer so langen Besatzungszeit zu erwarten gewesen wäre. Entsprechend sind die Spuren heute kaum mehr zu finden.

Die ersten Jahre nach dem Ende des Zweiten Weltkrieges sind von Mangel an allen Ecken und Enden gekennzeichnet:

wenig Nahrung, wenig Freiheit, schlechte Wirtschaftslage, wenig Wohnraum. Doch schon bald wächst auch der Bedarf an Unterhaltung. Die modernen Strömungen der Jugendkultur gelangen über den Atlantik auch nach Innsbruck. Es wird aber noch einige Jahre dauern, bis der Wirtschaftsaufschwung und die positive Stimmung auch in Tirol um sich greifen.

Der Einfluss der katholischen Kirche auf das Leben der Menschen ist enorm groß. Die neuen Freiheiten und Strömungen werden heftig bekämpft. Comics werden zum Feindbild gemacht, der sogenannte Schundroman als verwerfliches Schrifttum abgetan. Dennoch lässt sich die neu entstandene Freiheit nur aufhalten, aber nicht verhindern. Die Jugend der Nachkriegszeit will Jazz, will Freiheit, will ihr Leben selbst gestalten. Daraus entwickeln sich in den späten 1960er Jahren die Studentenproteste, die das gesellschaftliche Gefüge schwer erschüttern werden.

Im Laufe der späten 1940er und der 1950er Jahre kann die ärgste Wohnraumnot bekämpft werden, und schon denkt man an neue Herausforderungen. Bereits für 1960 bewirbt man sich – wenn auch erfolglos – um die Austragung der Olympischen Winterspiele. 1964 werden die IX. Olympischen Winterspiele dann in Innsbruck stattfinden. Dieses Ereignis und auch weitere, die in diesem Jahr stattfinden, bilden quasi symbolisch den Abschluss des Wiederaufbaus und den Beginn des modernen Innsbrucks. Denn 1964 wird Innsbruck auch Bischofssitz und erhält zudem den Europapreis. Innsbruck als (kleine) europäische Stadt wird wieder in den Kreis der geachteten Städte „aufgenommen". Diese doch sehr markante Zäsur ist bis heute immer etwas unterschätzt geblieben.

Die neue Zeit bringt auch neue, herausfordernde Aufgabenstellungen: Beispielsweise sollte die Verkehrsbelastung zwar durch die neu gebaute Autobahn entschärft werden, jedoch tritt das Gegenteil ein. Auch im innerstädtischen Verkehr frisst der Straßenbau die wenigen freien Flächen immer schneller auf. Der Ausbau des öffentlichen Verkehrssystems kann hier nicht Schritt halten. Zudem wird infolge einer tragischen Fehleinschätzung die sogenannte Haller Straßenbahn 1974 eingestellt. Ein Fehler, der kaum wieder gutzumachen ist. Gleichzeitig entstehen neue Straßenzüge, die uns heute so vertraut sind: der Südring, die Freiburger Brücke, die Grenoblerbrücke, die Bachlechnerstraße.

Der Flughafen steht zwischendurch vor seinem Ende. Eine Volksabstimmung soll über seine weitere Zukunft entscheiden.

Diese – ein demokratiepolitisches Armutszeugnis mit einer Wahlbeteiligung von etwa zehn Prozent – sichert ihm dennoch seine weitere Existenz. Heute stellt der Flughafen einen der wichtigsten Faktoren für den (Winter-)Tourismus und für die Regionalwirtschaft dar. Er ist aber auch für die TirolerInnen selbst ein Tor in die Welt.

In Innsbruck entsteht quasi aus dem Nichts das größte Jugendzentrum Europas: das Kennedy-Haus von Pater Sigmund Kripp. Diese Einrichtung ist ihrer Zeit weit voraus – zu weit womöglich. In den Jahren ihres Bestehens ist die MK, die Marianische Kongregation, wie sie eigentlich genannt wird, eine prägende Institution für eine ganze Generation damals junger Innsbruckerinnen und Innsbrucker. Schlussendlich wird Sigmund Kripp abgesetzt. Die damals noch sehr traditionsverhaftete Amtskirche hat die ungleiche Auseinandersetzung gewonnen, letztendlich aber doch verloren.

Die Wirtschaft boomt, Innsbruck boomt. Und es geht immer so weiter. Na ja, nicht ganz. Es folgt der Ölpreisschock. Die Jahre des Wirtschaftswunders sind vorbei und die Energiekrise offenbart erstmals die Verschiebung des politischen Gewichts. Die Zeiten, als Europa den Erdball nach Belieben beherrschte, sind endgültig Vergangenheit.

Mit den XII. Olympischen Winterspielen 1976, die Innsbruck aufgrund des Rückzuges von Denver in den USA quasi als Ersatz austragen kann, wird die Stadt wieder ins internationale Rampenlicht gerückt. Die Reichen und Schönen aus den Illustrierten reisen wieder nach Tirol.

Die Entwicklung Innsbrucks von einer einigermaßen modernen Stadt in den 1920er Jahren zu einer, die den Herausforderungen des 21. Jahrhunderts gewachsen ist, ist ein Prozess, den die Menschen und politischen Vertreter der Stadt allen weltpolitischen Turbulenzen zum Trotz immer weiter vorangetrieben haben. Der Traditionalismus ist als Werthaltung bis heute vorhanden. Aber inzwischen orientiert man sich an der modernen Gesellschaft mitteleuropäischer Prägung. Und da ist Innsbruck heute in vielen Bereichen ein Vorbild.

FRISEUR
P

Zwischenkriegszeit

1930

Ein Familienausflug mit einem Automobil war etwas ganz Besonderes. Allerdings mussten alle Beteiligten erst die Spielregeln des neuen Straßenverkehrs lernen.

03. MAI

Randbemerkungen eines Innsbruckers

Den armen Fußgängern, die in der Stadt und im Tal schon lange nichts mehr zu lachen haben, ergeht es allmählich wie den friedlichen Tieren, die vor der vielgerühmten Zivilisation Schritt für Schritt das Feld räumen und in die Einsamkeit und Unwegsamkeit der Hochwälder und des Gebirges flüchten mußten, soferne sie nicht überhaupt schon ausgerottet sind. Nun kommen auch die Menschen dran, die so altmodisch geblieben sind, daß sie sich noch immer auf ihren zwei eigenen Beinen fortbewegen und hie und da das Bedürfnis haben, draußen in der schönen Natur den Frieden zu suchen, den sie im rücksichtslosen Verkehrsgetöse der Stadt nicht mehr finden können. Die Zone innerhalb welcher die Fußgänger noch auf Schonung ihrer Nerven und Ohren rechnen können, steigt immer höher. Letzthin trieb sogar schon auf dem Wege des Verschönerungsvereines, der hinter dem Rechenhof vorbei zum Thaurer Schloß führt, ein Motorradfahrer sein Unwesen. Und das Neueste ist eine richtige Autofahrt auf dem schmalen Karrenweg, der von Tulfes nach Windegg führt, und auf dem kein Mensch ausweichen kann, es sei denn, daß er mit affenartiger Behendigkeit den Zaun überklettert.

Soll man denn nirgends mehr ohne Angst und Aerger, ohne Getöse und Gestank seinen freien Tag genießen können? Ist denn der Fußgänger vogelfrei? Wie kommt er dazu, auf seinem schmalen Spazierwege immer bereit sein zu müssen, vor einem jählings daherdonnernden Kraftfahrzeug gehorsam auf die Seite zu springen? Irgendwo müssen sich doch auch Kinder und ältere Leute ohne Gefahr für ihre Sicherheit in der Natur ergehen und erholen können. Man kann sie doch nicht in die höchsten Höhen hinaufscheuchen wie das Wild! Es würde auch einem Benzinnarren nicht schaden, wenn er auch gelegentlich einmal ein Stück zu Fuß ginge, wenigstens dort, wo sein Karren von rechtswegen gar nicht hingehört. Hier muß wohl von der Behörde einmal Ordnung geschaffen werden! « IN, Nr. 101, S. 8.

06. MAI »

Turnen, Sport und Spiel

Die Tiroler Fußballmeisterschaft – I.A.C. – Sportverein 7:0 (5:0)

Dieser Meisterschaftskampf, zu dem die Unterlegenen mit ganz unzureichendem Erfolg für die Verletzten Dittrich und Landrichter antreten mußten, endigte, wie vorauszusehen, mit einem überlegenen Siege des kompletten I.A.C., der keinen ernstlichen Gegner hatte und nach Belieben siegte. Der Sportverein hatte unter diesen Umständen von vornherein keinerlei Aussicht auf ein günstiges Abschneiden; dazu kam noch, daß der Verband im letzten Moment den vom Besetzungsausschuß bestimmten Schiedsrichter Verdroß absetzte und den Herrn Bauer einsetzte, der bekanntlich als warmer Freund des Sportvereins gilt. Der ohnehin mehr als schwache Sportvereinsangriff verlor dadurch den letzten Rest an Spielfreude und Selbstvertrauen und das Ergebnis war katastrophal. Es ist bezeichnend, daß im ganzen Spiel mit Ausnahme von einigen Eckbällen kein einziger Schuß gegen das I.A.C.-Tor fiel; die Spielweise des Sportvereinsangriffes war auch wirklich eine restlose Vorführung aller Fehler und Mängel, die eine Stürmerreihe überhaupt besitzen kann.

Es fehlte einfach an allem; die Leute waren sogar zu faul, um zu kämpfen und laufen und der überlegene Sieg des I.A.C. ist daher vollständig klar und verdient. «

NZ, Nr. 108, S. 5.

Fußball in seiner heutigen Form entstand in der zweiten Hälfte des 19. Jahrhunderts. In Österreich werden die ersten Vereine kurz vor 1900 gegründet.

09. MAI

Fahnen heraus!

Die Landesleitung des Selbstschutzverbandes Tirol ersucht uns um Aufnahme des folgenden Aufrufes: Einem Jahrzehnt Tiroler Heimatwehr gelten die feierlichen Kundgebungen, die am 10. und 11. d. M. in Innsbruck und im ganzen Lande Tirol veranstaltet werden. Die heimattreue Bevölkerung weiß, was in dieser Zeit an mühevoller Aufbauarbeit geleistet worden ist, um ein Machtinstrument zu schaffen, das unseren Staat vor dem größten Unheil, vor dem Untergang in dem bolschewistischen Sumpf, bewahrt und das es sich zur Aufgabe gemacht hat, unser in Parteien und Klassen zerrissenes Volk wieder zu einem einigen kraftbewußten Ganzen zusammenzuschmieden. « IN, Nr. 106, S. 1 f.

13. MAI

Oeffentliche Versammlung der Nationalsozialisten

Am Samstag, den 17. Mai, abends 8 Uhr, spricht im großen Stadtsaal der nationalsozialistische Abgeordnete Dauser aus München über Warenhäuser und Konsumvereine. « IN, Nr. 109, S. 4.

21. MAI

Gründung einer Gesellschaft zur Förderung des Golfsportes in Tirol

Am 19. d. M. fand im Landhause unter dem Vorsitze des Landesrates Dr. Pusch über Ersuchen eines Proponentenkomitees eine Besprechung wegen Gründung einer Gesellschaft zur Förderung des Golfsportes in Tirol statt. Der Leiter des Landesverkehrsamtes, Ing. Hradetzky, erläuterte ausführlich alle Gründe, die die Konstituierung einer solchen Gesellschaft zur Förderung des Golfsportes wünschenswert und notwendig machen und wies besonders darauf hin, daß der Golfsport nicht nur beim englischen und amerikanischen Publikum weit verbreitet sei, sondern auch in allen Schichten des deutschen Volkes immer mehr Anklang finde. [...] « IN, Nr. 116, S. 4.

25. JUNI

Innsbrucker Gemeinderat

Förderung oder Hemmung von Filmaufnahmen in Tirol?

Die Gemeinderäte Stadtrat Zech und Genossen stellten einen Antrag betreffend der Förderung von Filmaufnahmen in Tirol. Die städtische Verkehrssektion möge sich sofort über die Zulassung von Filmaufnahmen schlüssig werden und mit dem Landesverkehrsamte zwecks gemeinsamer Stellungnahme Fühlung nehmen.

Vor wenigen Wochen waren die Filmoperateure des bekannten deutschen Regisseurs Dr. Fanck auf dem Hafelekar und wollten für den deutschen Tonfilm „Sterne über dem Montblanc“ den berühmten Kunstflieger Ernst Udet drehen, wie er mit seinem Flamingo aus dichten Wolken auftaucht. Doch nach wenigen Tagen wurde der deutschen Filmgesellschaft das weitere Kurbeln von der Landesregierung verboten, während unsere Nordkettenbahn bereit war, dem Unternehmen weitestgehend entgegenzukommen. « IN, Nr. 143, S. 5.

27. MAI »

Faltbootunglück

Am Samstag nachmittags sind zwei Burschen im Inn bei der Innbrücke mit einem Faltboot umgekippt und in den Inn gefallen. Das Boot wurde flußabwärts getrieben. Die Burschen schwammen dem Boote ein Stück nach, konnten es aber nicht erreichen und stiegen ans Land. Ein zugeworfener Rettungsring wurde von ihnen abgelehnt. Ein Bursche zog das Boot beim Löwenhaus aus dem Inn. « IN, Nr. 121, S. 7.

14. AUGUST »

Prämien für die Tötung von Giftschlangen

Die Tiroler Landesregierung hat beschlossen, daß bis auf weiteres für die Tötung jeder Giftschlange eine Prämie von 1 S gewährt werde. Wer diese Prämie beansprucht, hat den Kopf der getöteten Schlange an das Amt der Tiroler Landesregierung einzusenden, worauf nach der Feststellung, daß es sich tatsächlich um eine Giftschlange handelt, die Auszahlung der Prämie erfolgt. «

IN, Nr. 186, S. 4.

Eine ganz frühe Form der Produktwerbung: Die Sammelbilder bei Liebigs Fleischextrakt, die bereits seit zirka 1875 in kurzer Form das Wissen der Zeit an die meist jungen Sammler vermittelten.

1931

5. JÄNNER »

Turnen+Sport+Spiel

Die ersten Amateurboxkämpfe in Innsbruck: Glänzender Verlauf – Mehrere tausend Zuseher

Die sportliche Bilanz des in organisatorischer Hinsicht glänzend aufgezogenen Großkampf-Propagandaabends brachte auf der ganzen Linie eine derart hervorragende Ausbeute, daß der 1. T.R.S.C. mit froher Hoffnung in die Zukunft sehen kann. Was die Aktionäre des Boxkampfabends zwischen den Seilen zeigten, war derart hohe boxsportliche Schule, demonstriert von den erstklassigsten Vertretern und Repräsentanten des Bayerischen Amateur-Box-Verbandes, der wohl im ganzen europäischen Kontinent als durchaus erstrangig zu bezeichnen ist, daß einem für den wirklichen propagandistischen Erfolg und Einschlag auf den ersten Anhub nicht bange zu sein braucht. Das Publikum, das Runde für Runde des kampfdurchpulsten Boxabends mit größter Anteilnahme verfolgte und vom ersten bis zum letzten Gongschlag von den gezeigten Leistungen fasziniert war, hat durch spontanen Beifall selbst auf offener Szene den Beweis vom sportlichen Werte des Boxsportes als Leibesübung, der vom Veranstalter zu erbringen war, in vollem Umfange bestätigt. « IN, Nr. 3, S. 5.

Die Station Seegrube und die dortige Terrasse ist seit ihrer Eröffnung die „In-Location" der Innsbrucker Jugend in jeder neuen Generation. Bis heute.

Hier trifft man sich und kann Kontakte knüpfen. So manche langjährige Beziehung nahm hier ihren Anfang.

1. FEBRUAR »

Ein Skisonntag am Hafelekar

Noch vor etwa vier Jahren hätte man ein dickes Fragezeichen hinter diese Ueberschrift gesetzt. Oder vielleicht nicht einmal das, denn daß da oben für den Skiläufer nichts zu holen sei, stand so ziemlich außer Frage. Zwar gab es auch früher schon vereinzelte Liebhaber absonderlicher Skitouren, die im Frühjahr zur Firnschneezeit durch die große Rinne, an deren oberem Ende heute die Bergstation der Nordkettenbahn steht, mit Skiern herunter „bögelten", aber die Mehrzahl zog doch eine andere Art des Gleitens in der Schneerinne vor. Heute darf man an Stelle des Fragezeichens einen schlichten Punkt setzen, der bedeutet, daß gar nichts Fragliches und Problematisches mehr ist an einem Skisonntag auf dem Hafelekar. Und die Seegrube ist die Skifestwiese von Innsbruck. Es ist alles da, was zu einer Festwiese im allgemeinen und zu einer Skifestwiese im besonderen gehört. Im allgemeinen: Festlicher Schmuck, den besorgen Sonne, Schnee und Felsen und der blaue Himmel. Eine festlich wimmelnde frohe Menschenmenge, die sieht man am besten, wenn man bei der Bergfahrt aus der Seilbahnkabine von oben herab die weiße Muschel der Seegrube mit ihrem krabbelnden Inhalt überblickt, und schließlich Stätten, wo für leibliche Genüsse gesorgt wird, deren sind gleich zwei da. Zur Skifestwiese im besonderen aber gehört ein wechselndes Skigehänge, steil und sanft, nach Bedarf für Geübte und solche, die schon die Hoffnung aufgegeben haben, es je zu werden, und für zwei- und mehrköpfige Skifamilien. Dazu Skilehrer, Sprunghügel und Liegestühle. Aber die Hauptsache bei jeder Festwiese ist natürlich die Berg- und Talbahn oder die Rutschbahn. Man fährt um einen Schilling hinauf und rutscht auf irgend eine Weise herunter. Das ist auch da so, natürlich rutschen alle mit Brettern an den Füßen, aber die Art und Weise ist trotzdem verschieden. Mit der Bahn von der Seegrube aufs Hafelekar und Ski herunter, das wiederholt man solange, bis man den Knieschnapper kriegt, dann wird es Zeit für den Liegestuhl oder die Restauration. « NZ, Nr. 26, S. 3.

11. MÄRZ

Fortschritte in der Laubenbeleuchtung der Innsbrucker Altstadt

Die Aktion der Beleuchtung der Lauben hat ein neues schönes Stück geschaffen. Es ist das eiserne Leuchtschild für das Weinhaus „Jörgele“, darstellend die zwei Kundschafter aus dem gelobten Land mit der Traube, ein altes Wirtshauszeichen in neuer Fassung, verbunden mit dem Gedanken der Lichtreklame, durchaus dem Charakter der Lauben angepaßt. Das Schild entstammt einer Zusammenarbeit des Prof. Arch. Fritz Müller und der kunstgewerblichen Metallwerkstätte Viktor Friedrich. Im gleichen Laubenbogen wurde für das Branntweingeschäft Baumann ebenfalls ein Leuchtschild angebracht. In diskreter, durch ein Reklamezeichen wirksamer Form wurde das Pfeilerschild ausgeführt. Die ausgeführten Beispiele guter Leuchtschilder hatten zur Folge, daß weitere Aufträge erteilt wurden von Café und Konditorei Baumann, Installateur Josef Harter, Manufakturwaren Julius Bauer, Speisehaus R. Lamprechter und der Bäckerei Gstier, wo das schon bestehende Zunftzeichen beleuchtet werden soll. IN, Nr. 58, S. 6.

27. MÄRZ

Vom städtischen Dampfbad in Innsbruck

Die Verwaltung ersucht uns um Bekanntgabe, daß einem wiederholt geäußerten Wunsche der Bevölkerung entsprechend in der Medizinalbadeabteilung der Badeanstalt eine Einrichtung getroffen wurde, mit der es möglich ist, Pistyaner Schlammpackungen und Schlammbäder sowie Heublumenbäder und Heublumenpackungen zu verabreichen. – Aus dem Publikum liegen uns Beschwerden vor, daß im Dampfbad die Sitzbrausen unbrauchbar sind, da eine Wassermischung nicht möglich ist. IN, Nr. 71, S. 6.

Zu einer Zeit, als bei weitem nicht alle Wohnungen über eigene Bäder verfügten, dienten die öffentlichen Bade-Einrichtungen nicht nur der Erholung, sondern vor allem der Körperreinigung.

Das sogenannte Bienergassl südlich von Schloss Büchsenhausen ist noch immer ein Weg für Eingeweihte.

11. DEZEMBER »

Eine vernachlässigte Gasse

Aus dem Leserkreise wird uns geschrieben: Die Bienergasse, die an der Grenze zwischen Hötting und der Stadt Innsbruck bei Schloß Büchsenhausen entlang zieht, ist gegenwärtig arg vernachlässigt. An der Straßentafel, die von der Höttinger-Ried-Gasse her den Weg weist, kann man die Straßenbezeichnung nur schwer erkennen, weil die Untergrundschrift, das Verbot für Auto- und Radfahren, durchdringt. An der Nordseite der Gasse ist aus der Wand, die zur ehemaligen Bierbrauerei gehört, ein mehrere Quadratmeter großes Stück herausgebrochen, das durch hölzerne Planken gestützt werden muß. Die Mauern bröckeln langsam ab und fast überall fällt das Gesims herunter, so daß das Gehen durch die Gasse mit Gefahren verbunden ist. « IN, Nr. 284, S. 7.

31. DEZEMBER »

Dienst am Kunden bei der Post

Generalpostdirektor Doktor Aigner hat an das Personal einen Erlaß herausgegeben, in dem die Post- und Telegraphenbediensteten darauf aufmerksam gemacht werden, daß sie nicht nur durch tadellose Pflichterfüllung, sondern darüber hinaus auch durch weitestgehendes Entgegenkommen, durch Hilfsbereitschaft und persönliche Höflichkeit die Oeffentlichkeit davon überzeugen, daß die Post das ernste Bestreben hat, ihre Kunden zufriedenzustellen. An die leitenden und Kontrollbeamten der Verkehrsämter wendet sich der Erlaß mit der Mahnung, in allen Fällen, in denen ihre Entscheidung in laufenden Verkehrsfragen eingeholt wird, ihnen Wünsche und Beschwerden vorgebracht werden, nicht nur den starren Buchstaben der Dienstvorschriften anzuwenden, sondern den Parteien auch durch hilfsbereites und verständnisvolles Eingehen auf ihre Wünsche und durch zweckmäßige Unterweisungen an die Hand zu gehen. « NZ, Nr. 297, S. 4.

1932

13. APRIL

Ein Telegramm Professor Piccards an die Tiroler Landesregierung

Die Gondel soll vorläufig in Tirol bleiben – Der Transport nach Innsbruck

Wie wir erfahren, ist im Laufe des heutigen Vormittags bei der Tiroler Landesregierung ein in Zürich aufgegebenes Telegramm eingetroffen, in dem Professor Dr. Piccard mitteilt, daß die Gondel seines Stratosphärenballons vorläufig nicht nach Brüssel weitergesandt werden soll und daß zunächst weitere Weisungen abgewartet werden mögen.

[...] Mittlerweile wurde im Laufe des heutigen Tages mit dem Weitertransport der Gondel im Oetztale begonnen. Die Gondel konnte gestern abends nur bis Obergurgl gebracht werden und erst in den heutigen Vormittagsstunden traf die Expedition mit ihr in Zwieselstein ein. Dort wurde sie auf ein Lastenauto verladen, worauf sofort die Fahrt nach Innsbruck begonnen wurde.

Ein Blick von „oben" auf die 1912/15 errichtete Neue Universität am Innrain, die sich damals noch am Stadtrand befand.

Man rechnet, daß die Gondel nachmittags zwischen 4 und 5 Uhr in Innsbruck eintreffen wird. Das Auto wird voraussichtlich über die neue Universitätsbrücke fahren und dann eine Schleife durch die Hauptstraßen der Stadt machen. In Anschluß an diese Rundfahrt wird die Gondel zur neuen Universität gebracht, in deren Hof sie verbleiben wird, bis die von Professor Dr. Piccard angekündigten weiteren Weisungen eintreffen. « NZ, Nr. 84, S. 1.

20. APRIL »

Innsbruck, das österreichische Heidelberg

Betrachtungen am Beginn des Sommersemesters – Die Ursachen des Aufstieges unserer Universität

Der Aufschwung, den die Innsbrucker Universität in den letzten Jahren genommen hat, hängt vor allem mit der besondern landschaftlichen Lage unserer Stadt zusammen, wird aber auch durch die billigen österreichischen Kolleggelder und die relativ geringen Lebenshaltungskosten in Oesterreich gefördert. Das Durchdringen der modernen Bestrebungen, die nach dem Grundsatze „Mens sana in corpore sano“ eine harmonische Ausbildung des Menschen sowohl in geistiger, als auch in körperlicher Richtung propagieren, fällt mit dem ruckartigen Steigen der Frequenzziffern an unserer Universität zusammen. Die einzigartige Gelegenheit, die die Universitätsstadt Innsbruck für jede Art Wintersport, für Sommerbergsteigen und Wandern bietet, erklärt die Vorliebe, die besonders in Deutschland für die tirolische Universität besteht. Heute ist Innsbruck auf dem besten Wege, den berühmten deutschen kleinen Universitätsstädten, wie Greifswald, Marburg oder Heidelberg, die ihr persönliches Gepräge durch die Universität und ihre Studenten erhalten, an die Seite treten zu können. Vereint es doch die Vorteile einer kleinen Universität – individuellere Behandlung beim Unterricht, als sie in der Großstadt möglich ist, freiere Entfaltung des studentischen Lebens – mit ganz besonderen landschaftlichen Vorzügen und den sich daraus ergebenden Annehmlichkeiten. « NZ, Nr. 90, S. 3.

27. APRIL »

Starhemberg übersiedelt nach Innsbruck

Das „Salzburger Volksblatt“ meldet: Der Bundesführer des Heimatschutzes, Fürst Starhemberg, wird, wie aus sehr gut informierter Quelle verlautet, seinen künftigen ständigen Wohnsitz in Innsbruck nehmen. Er hat sich in Innsbruck bereits eine Jahreswohnung sicherstellen lassen. « IN, Nr. 97, S. 7.

29. APRIL »

Frauen, Achtung!

In der letzten Zeit mehren sich wieder in Innsbruck die Anzeigen über schamlose Belästigungen von Frauen und Mädchen durch einen ungefähr 20- bis 25jährigen Burschen. Als Ort für seine Umtriebe sucht er sich meist wenig begangene Straßen und Wege in den äußeren Bezirken aus. Dabei hat er sogar die

Frechheit, sich von seinem Treiben auch dann nicht abhalten zu lassen, wenn mehrere Frauen oder Mädchen beisammen sind; meist hat er es allerdings auf Frauen oder Mädchen abgesehen, die allein gehen. Er trägt eine Knickerbockerhose, eine Sportmütze und eine Sportweste und führt zeitweise auch ein Fahrrad bei sich, das er dann, wenn er entdeckt oder wenn um Hilfe gerufen wird, zur Flucht benützt. «

IN, Nr. 99, S. 8.

29. APRIL »

Auf frischer Tat ertappt

Im Hofe Templstraße 2 hat ein junger Bursche von der Trokkenleine weg mehrere Wäschestücke entwendet. Als er sah, daß er bemerkt wurde, flüchtete er. Während er verfolgt wurde, hat man auch gleich die Polizei verständigt. Der Bursche wurde dann im Hause Templstraße 12, im Keller versteckt, von einem Schutzmann aufgestöbert und in Haft genommen. « IN, Nr. 99, S. 8.

1. MAI »

Inserat: Lanser See, Bad ab 1. Mai wieder eröffnet.

Wassertemperatur 15°. « NZ, Nr. 100, S. 12.

Lanser See, Bad
ab 1. Mai wieder eröffnet.
Wassertemperatur 15°
3362

Aussicht über den Lansersee auf den Patscherkofel und den Glungezer.

Die Beisetzung von Sylvester Fink, der bei der sogenannten Höttinger Saalschlacht zu Tode kam, ähnelte beinahe einem Staatsbegräbnis.

30. MAI

Gendarmeriebericht über die blutigen Zusammenstöße in Hötting

Die Pressestelle des Landesgendarmeriekommandos Tirol gibt über die zum Großteil bekannten Vorfälle in Hötting noch nachstehenden zusammenfassenden Bericht aus:

Am Freitag, den 27. d. M., sollte im Saale des Gasthofes „Grauer Bär" in Hötting eine Versammlung der „Nationalsozialistischen Deutschen Arbeiterpartei (Hitlerbewegung)" stattfinden. Der Versammlungsbeginn war für 20 Uhr festgesetzt. Zur gleichen Zeit sollte in Mariahilf, im Gasthause „Reiter", eine sozialdemokratische Versammlung beginnen. Schon vor Beginn der Versammlung im „Grauen Bären" hatten sich im Saale zirka 150 Besucher eingefunden, die, wie sich später herausstellte, fast durchwegs gegnerischen Parteien angehörten. Unmittelbar vor 20 Uhr marschierte, von Innsbruck kommend, durch die Höttingergasse-Schneeburggasse, eine uniformierte Abteilung von 70 Nationalsozialisten ins Versammlungslokal. Sie wurde begleitet von einer großen Menschenmenge. Zu dieser Zeit standen in Hötting 40 Gendarmeriebeamte im Sicherheitsdienste. Hievon verrichteten zwei

Straßendienst bei der Ecke Höttingergasse-Schneeburggasse, vier versahen den Straßenüberwachungsdienst in der Höttingerau und an der unteren Ecke der Kirschentalgasse, ein Beamter befand sich in Zivil, zu Ueberwachungszwecken, im Versammlungslokale, einer verrichtete Telephondienst, sechs wurden schon vor Versammlungsbeginn zum Gasthofe „Grauer Bär" beordert und hatten dort den Ueberwachungsdienst übernommen, einer stand als Motorradfahrer im Verbindungsdienste, 25 standen in Reserve in der Höttinger Gendarmeriekaserne.

Als die uniformierten Nationalsozialisten in das Versammlungslokal einmarschierten und ungefähr die Saalmitte überschritten hatten, wurden sie von den Gegnern mit Pfuirufen empfangen, die von den Nationalsozialisten mit dem Rufe „Heil Hitler" erwidert wurden.

Diesem Empfang folgten sofort die Tätlichkeiten.

Die zahlreichen, auf der Straße befindlichen Gegner, deren Zahl rasch anwuchs, wollten, als das Geschrei aus dem Saale hörbar wurde, in den Saal nachdringen, was von den vor dem Saale stehenden wenigen Gendarmen unter schwerster Mühe verhütet werden konnte. Den im Gange befindlichen Gendarmeriebeamten war es nur sehr schwer und sehr langsam möglich, in den vollgepfropften Saal, in dem fest gerauft wurde, einzudringen. Diese blutigen Vorfälle fielen in eine Zeit, da den Gendarmen eine große Menge in den vollgedrängten Gängen ein Hineingelangen zum Zwecke des Ordnungmachens nahezu unmöglich machte. Eine Verhütung der Bluttaten von außen war so ausgeschlossen; vorerst mußten die Gänge geräumt werden. [...]

Jedenfalls genügte das Vorgehen mit gefälltem Bajonett, die vielhundertköpfige Menge in ganz kurzer Zeit vom Eingange des Gasthauses und den anschließenden Straßenteilen abzudrängen und die Straße selbst gegen alle Seiten in angemessener Entfernung abzuriegeln. Der Straßensäuberung folgte die des Lokalganges und des Gartens. In diesem befanden sich weit über hundert Personen, die in den in den Garten mündenden Saal eindringen wollten.

Auch an die Räumung des Gastgartens mußte mit gefälltem Bajonette geschritten werden, da die Exzedenten durchwegs mit Stöcken und Schlaginstrumenten bewaffnet waren und die Erregung, die jede Besonnenheit verdrängt zu haben schien, auf das Höchste gesteigert war. [...]

Der Rest der Sozialdemokraten und Kommunisten wurde sodann durch die Türen entfernt, während man die Nationalsozialisten, um weitere Zusammenstöße auf der Straße zu verhüten, bis zum Freiwerden der Straße im Saale beließ.

Die Nationalsozialisten verhielten sich im Saale vollkommen ruhig und leisteten auch späterhin den Organen in allem widerspruchslos Folge. « IN, Nr. 122, S. 4.

25. JULI

Schwere Bluttat auf der Kettenbrücke

Der Fleischhauerlehrling Josef S[...]
ersticht einen Hilfsmonteur des E.W.I.

In der Nacht zum Sonntag wurde gegen halb 1 Uhr auf der Kettenbrücke, wenige Schritte außerhalb der Stadtgrenze, auf Mühlauer Gebiet ein Mann erstochen aufgefunden. Der Tote wurde als der 27jährige ledige Hilfsmonteur des E.W.I., Johann G[...], wohnhaft in Mühlau, erkannt. Der sofort herbeigerufene Gemeindearzt von Mühlau, Dr. Posch, konnte nur mehr den bereits eingetretenen Tod feststellen. Die von der Innsbrucker Kriminalpolizei und von der Gendarmerie Mühlau geführten Erhebungen brachten noch im Laufe der Nacht eine volle Aufklärung der Bluttat. G[...] befand sich gegen halb 1 Uhr nachts auf dem Heimweg von Innsbruck gegen Mühlau. Auf der Kettenbrücke sprach er den 1912 in Innsbruck geborenen Fleischhauerlehrling Josef S[...] an und hat um Feuer oder Zigaretten gebeten. Da dieser der Bitte nicht entsprach, wiederholte G[...] in energischem Tone sein Verlangen.

Ein Blick durch die südliche Pylone der ehemaligen Kettenbrücke hindurch Richtung Mühlau.

Es entstand zwischen beiden eine Balgerei, in deren Verlauf S[...] ein Stilettmesser zog, mit dem er auf G[...] einstach. G[...] erlitt eine faustgroße Wunde in der rechten Achselhöhle und eine leichtere Verletzung im Gesichte. Er ging einige Schritte weiter gegen Mühlau, brach aber noch auf der Brücke tot zusammen.

Die Innsbrucker Kriminalpolizei hat den Täter aus dem Bette heraus verhaftet. [...] « IN, Nr. 169, S. 5.

19. AUGUST

» Ehrung eines Innsbrucker Gelehrten

Die russische geographische Gesellschaft in Leningrad hat den Geologen der Innsbrucker Universität, Professor Dr. R. v. Klebelsberg, in Würdigung seiner Verdienste um die Gletscherforschung zum korrespondierenden Mitglied ernannt. « IN, Nr. 190, S. 5.

» Radfahrer auf dem Hafelekar!

Uns wird folgendes mitgeteilt: Zwei Männer transportierten in der Nacht vom Dienstag auf Mittwoch ihre Fahrräder in zerlegtem Zustand aufs Hafelekar, wo sie den Anbruch des Tages abwarteten. In der Früh setzten sie die Räder zusammen und fuhren über den bekannten Höhenweg zur Pfeisalm, von dort über das Stempeljoch nach Hall. – Der Bitte, dieses „Bravourstück" zu veröffentlichen, kommen wir gerne nach, aber nicht, um sie etwa als sportliche Höchstleistung der aufhorchenden Welt mitzuteilen, sondern um vor aller Oeffentlichkeit anzuprangern und dadurch zu verhindern, daß ähnliche Exkursionen wiederholt werden. Man wird in den Straßen im Tal schon genug von Fuhrwerken aller Art belästigt. Soll man nun auch droben auf den Bergen keine Ruhe mehr vor ihnen haben? Abgesehen davon, daß auf diesem hochalpinen Weg im Falle einer Begegnung mit ängstlichen oder unsicheren Wanderern das größte Unglück geschehen kann. Wenn schon jemand seinen eigenen Kopf riskieren will, so ist das seine eigene Sache (er wird ja wissen, was er wert ist) –, aber keinesfalls darf er Leben und Sicherheit seiner Mitmenschen gefährden! Was sagt die Behörde dazu? « IN, Nr. 201, S. 8.

1933

3. FEBRUAR

Ein eigenartiger Selbstmord in Innsbruck

Ein Hausmeister ertränkt sich in einem Alkoholtank

Auf seltsame Weise hat sich heute der Hausmeister Anton L[...], der in der Filiale der österreichischen Spiritusstelle in Innsbruck angestellt war, das Leben genommen. Das Lager der Filiale befindet sich in der Egger-Lienz-Straße 20 hinter dem Hotel „Westbahnhof", und hat im Keller große Reservoirs, in denen Spiritus und Alkohol aufbewahrt werden.

L[...], der wahrscheinlich infolge eines heftigen Mittelohrleidens in der letzten Zeit ein eigenartiges Benehmen zur Schau trug, ging heute vormittags gegen halb 9 Uhr in den Keller. Als er längere Zeit nicht erschien, hielt man im Lagerraum Nachschau und fand den Vermißten in einem Reservoir, das fast zur Gänze gefüllt war, auf.

Er war durch einen engen Kanal hineingekrochen und in die Flüssigkeit gestürzt, in der er ertrunken ist.

Die sofort verständigte freiwillige Rettungsgesellschaft konnte die Leiche nicht bergen, es wurde daher die Feuerwehr herbeigeholt, die mit Hilfe von Haken und Seilen die Leiche durch den engen Kanal herauszog.

Der Tote, der eine Frau und zwei Kinder hinterläßt, dürfte in einem Anfalle von Schwermut, die durch sein Leiden verursacht worden sein kann, seinem Leben ein Ende gesetzt haben. « NZ, Nr. 27, S. 3.

7. FEBRUAR

Der Beginn der FIS-Wettkämpfe

Der Spezialabfahrtslauf vom Glungezer – Sieg der Österreicher

Der erste Tag der FIS-Veranstaltung steht im Zeichen des ungünstigen Wetters. Der Regen hat im Tale bis weit hinauf auf die Höhen wieder eingesetzt. Über 2000 Meter Höhe schneit es. Trotz der Verlegung des Zieles nach Tulfes und trotz der ungünstigen Witterungsverhältnisse war der Andrang für die Fahrt zum Ziele außerordentlich groß. Vor dem Landesreisebüro am Boznerplatz staute sich gegen die Mittagsstunden eine große Menschenmenge, die mit den Postautos ins Mittelgebirge fahren wollte. Die Post hatte alle nur halbwegs erreichbaren und für die derzeitigen Straßenverhältnisse geeigneten Omnibusse zur Bewältigung des Verkehres herangezogen. Den ganzen Vormittag hindurch wurden die Züge der Lokalbahn nach Hall in zwei Teilen geführt. Tausende von Zuschauern hatten dieses Verkehrsmittel benützt und sind von Hall aus nach Tulfes aufgestiegen, das heute das Bild eines internationalen Sportplatzes bietet.

Die FIS-Wettkämpfe 1933 hatten unter eklatantem Schneemangel zu leiden. Den sportlichen Leistungen tat dies keinen Abbruch.

Die meisten der Teilnehmer am Abfahrtslauf stiegen nicht, wie es vorgesehen war, längs der Rennstrecke von Tulfes auf, sondern fuhren mit der Patscherkofelbahn, um vom Patscherkofel aus über den Kamm zum Glungezer zu gelangen. Mit Rücksicht auf den gemeldeten Unfall des schwedischen Läufers Axel Vitström, der sich am Patscherkofel den Arm brach, hat die schwedische Delegation beschlossen, von der Teilnahme am heutigen Spezialabfahrtslauf abzusehen. Sie will die Mannschaft für die Langläufe und Dauerläufe, in denen sie gute Aussichten haben, schonen. Außerdem nahmen auch die Polen im Abfahrtslauf nicht teil. « NZ, Nr. 30, S. 3.

7. JULI »

Im Inn ertrunken

Am 6. d. M., um ungefähr halb 11 Uhr vormittags, ist in der Nähe des Strandbades beim Peterbründl ein Bursche, der angeblich des Schwimmens unkundig war und sich zu weit in den Fluß hineingewagt hatte, von der Strömung mitgerissen worden und ertrunken. Vermutlich handelt es sich um den 1907 in Wölting bei Tamsweg geborenen und dorthin zuständigen ledigen Kaminkehrergehilfen Leonhard L[...]. Die Leiche konnte bisher nicht geborgen werden. « IN, Nr. 154, S. 7.

8. JULI

Ein Innsbrucker Original gestorben

Gestern wurde am Friedhof Mariahilf der im 66. Lebensjahr gestorbene Anton Hotter zu Grabe getragen. Der Verstorbene, ein geborener Absamer, zählte noch vor wenigen Jahren zu den stadtbekanntesten Persönlichkeiten Innsbrucks. Wer kannte nicht den in der Maria-Theresien-Straße mit aller Gemächlichkeit seinen Dienst versehenden Straßenkehrer, der schon durch seine originelle Kleidung die allgemeine Aufmerksamkeit auf sich lenkte? Auf seinem typischen Tiroler Kopf, umrahmt von einem schneeweißen starken Backenbart und ebenso dichten weißen Kopfhaaren baumelte ein uraltes kleines Hütchen, mit zwei langen weißen Federn geschmückt. Dazu trug er – ob Sommer oder Winter – seine „Lederne", die ebenfalls schon ein patriarchalisches Alter hatte. Für die Fremden, die diesen Charakterkopf bald entdeckt hatten, bildete Hotter das Ziel der Kamera. Sein Bild fand man auf Ansichtskarten und in verschiedenen illustrierten Blättern des In- und Auslandes, in denen Aufsätze über Innsbruck enthalten waren. Mancher Witzbold meinte unter Hinweis auf seinen gepflegten Bart, daß Hotter gar kein richtiger Straßenkehrer sei, daß man vielmehr einen pensionierten höheren Beamten zur Belebung des Straßenbildes angestellt habe. Infolge eines Fußleidens war Hotter in den letzten Jahren zur Ruhe gezwungen. IN, Nr. 155, S. 13.

Das Innsbrucker Original Anton Hotter.

27. JULI

Der Jakobimarkt in Innsbruck

Der Auftrieb auf diesem Markte am 25. d. M. war nicht groß, die gesamte Beschickung bestand aus 97 Rindern, 19 Pferden, 16 Kälbern und 100 Stück Schweinen. Auswärtige Händler fehlten gänzlich. Was die einheimischen Bauern unter sich handelten, war nicht viel. Die schwierigen Verhältnisse in Bezug auf Viehabsatz haben sich auch in letzter Zeit nicht viel gebessert. Die Preise waren sehr gedrückt. Gute Milchkühe standen in einem Preisverhältnis von 650 bis 700 S. Bei Rindern älteren Schlages, etwa zum 5. bis 6. Kalb, waren die Forderungen von 450 bis 500 S schwer durchzudrücken. Schlecht abgeschnitten in der Nachfrage haben auch Ochsen. Ein vierjähriger Zugochse im Gewichte von 650 Kilogramm wurde um den Preis von 600 S verkauft. – Auch der Pferdemarkt verlief sehr ruhig, das angebotene Material war jugoslawischer Herkunft. – Das Angebot auf dem Schweinemarkt war nicht überreichlich. Die Händler brachten lediglich einen Teil ihrer Ware vom letzten Wochenmarkte zur Veräußerung, jedoch nur mit geringem Erfolg. Der Rückgang der Schweinepreise kommt mit jeder Woche auf den Märkten immer deutlicher zum Ausdrucke. Auf diesem Markte wurde das Paar 6 Wochen alte Sauger sogar zum Preise von 40 S verkauft. Nach stärkerer Ware hatte die Nachfrage überhaupt keine Bedeutung. IN, Nr. 171, S. 9.

12. AUGUST

Von der Nordkettenbahn

Bei günstigen Witterungsverhältnissen ist am Sonntag, den 13. d. M., in den Vormittagsstunden neuerlich ein Segelflugzeugstart von der Seegrube geplant. Da bei schönem Wetter in der Früh der Andrang groß sein wird, wird empfohlen, sich rechtzeitig Platzkarten reservieren zu lassen. IN, Nr. 185,

Die Tradition der Segelflugstarts wurde unter anderem 1940 von Dr. Franz Koepf fortgesetzt, der mit dem „Bussard D-44-406“ von der Seegrube abhob.

1934

Wohl eine der ersten Luftaufnahmen von Innsbruck:
Pradl am 8. August 1925 aus der Vogelperspektive.

26. APRIL

» **Die neueste Siedlung im Stadtbereich Innsbruck** ist die im Entstehen begriffene Reihensiedlung Kranewitterstraße-Landseestraße in Pradl. Es sind dabei zwölf kleine Reihenhäuser vorgesehen, die zu je vier Häusern drei Häuserreihen bilden. Sie stehen so weit auseinander, daß zu allen drei Häuserseiten Licht und Sonne gleich genügend gelangen. Zwischen den Reihen sind Höfe und Rasenplätze vorgesehen, während am östlichen Ende ein großer Kinderspielplatz vorgesehen ist. Dies ist schon deshalb zu begrüßen, weil bei den Häuserblocks der Lärm der spielenden Kinder in den Höfen vielfach sehr störend empfunden wird. So sind die Kinder auf einem gesonderten Spielplatz und doch nahe und unter Aufsicht. Der restliche Grundteil ist für einen großen Schrebergarten vorgesehen. Die Reihensiedlung bekommt neunzig Kleinwohnungen. Der Mietzins steht noch nicht fest, soll aber so niedrig angesetzt werden (etwa 50 S), daß er auch für Minderbemittelte erschwinglich sein dürfte. « NZ, Nr. 95, S. 3.

7. JUNI

Polizeilich aufgelöst

Mittwoch abends fand in Büchsenhausen ein Sommerfest statt, das bis nach Mitternacht vollkommen programmgemäß und ruhig verlief. Dann kam es zu einer Keilerei zwischen Studenten. Polizei schritt ein, verbot die Fortführung des Festes und zerstreute unter Anwendung des Gummiknüttels die Teilnehmer. IN, Nr. 128, S. 7.

7. JUNI

Die Bekämpfung der Taubenplage in Innsbruck

Vom Stadtpolizeiamt Innsbruck wird uns mitgeteilt: Wie sanitätspolizeilich festgestellt wird, sind in mehreren Fällen im Stadtgebiet durch Uebertragung von Taubenmilben Erkrankungen von erwachsenen Personen und Kindern vorgekommen. Aus diesem Grunde wurde auf verschiedenen Plätzen der Stadt die Vernichtung der Tauben notwendig. Soweit dies möglich war, wurden die Tauben mit Netzen gefangen; in einzelnen Fällen, in denen es nicht anders ging, mußte die Vernichtung der Tauben durch Abschuß erfolgen. Es war dies eine im Interesse der Bevölkerung aus sanitätspolizeilichen Gründen notwendige Maßnahme. Die Bevölkerung wird neuerdings auf das Verbot der Taubenfütterung aufmerksam gemacht.

IN, Nr. 128, S. 7.

19. JULI

Ein Besuch in „Monte Igls“

Seit einiger Zeit besitzt Igls eine Spielbank, nicht ganz nach dem Muster von Monte Carlo, aber immerhin so ähnlich, ein „kleiner Bruder“. Unlängst konnte man in den Zeitungen lesen, daß das Geschäft im Kasino von Monte Carlo nicht gerade glänzend gehen soll. Deshalb plant man dort, auf die Einhebung von

Ein Besuch in „Monte Igls“.

Phot. Tramhofer und Hasel, Igls.

Phot. Tramhofer und Hasel, Igls.

Seit einiger Zeit besitzt Igls eine Spielbank, nicht ganz nach dem Muster von Monte Carlo, aber immerhin so ähnlich, ein „kleiner Bruder“. Unlängst konnte man in den Zei-

ständigen Spannung herrscht im Saale eine unheimlich Stille, nur manchmal dringen gedämpft die Klänge eine melodischen Jazz in den Raum — Spielsaalatmosphäre!

Ein Hauch von weiter Welt in Igls.

Ob sich alle Glücksspieler danach noch die Bergfahrt leisten konnten?

Eintrittspreisen zu verzichten, um eine Spielerflut auf die augenblickliche Ebbe anzulocken. Unsere österreichischen Kasinos brauchen – unberufen toi-toi-toi – an solche Maßnahmen vorderhand noch nicht zu denken. Neugierige und Spieler zieht so ein Unternehmen an wie Motten das Licht. Auch in Igls gibt es, obwohl vorderhand nur Kursaalspiele gestattet sind – aber hoffentlich wird es recht bald ganz „echt" mit Roulette und Bakkarat – viel Fesselndes und Interessantes für jedermann zu sehen. Es gibt enragierte Glücksjäger, die ihre Einsätze einer plötzlichen Eingebung folgend, auf irgend ein Feld werfen, es gibt solche, die nach einem mehr oder weniger komplizierten „System" arbeiten. Und es fehlen auch hier nicht die Kiebitze, die sich das Ganze zuerst einmal „anschauen", die Gewinnaussichten studieren und alles – wie es sich für einen eingefleischten Kiebitz gehört – immer „anders machen" würden.

An den grünen Tischen sitzen die Croupiers auf ihren erhöhten Sitzen. Ihre Bewegungen sind lautlos, ihre Gesichter zeigen einen gleichgültigen Ausdruck. Trotz der fühlbaren ständigen Spannung herrscht im Saale eine unheimliche Stille, nur manchmal dringen gedämpft die Klänge einer melodischen Jazz in den Raum – Spielsaalatmosphäre! [...]

Ein Besuch im Igler Kasino ist wirklich eine fabelhafte Unterhaltung. Das Spiel ist anregend, manchmal aufregend, wenn der Ball, wie von unsichtbarer Hand getrieben, gerade bei der Zahl nicht bleiben will, wo man gewinnen könnte. Man kann ja auch, vom rein menschlichen Standpunkt aus betrachtet, nicht immer gewinnen. Die „arme" Bank muß doch auch etwas verdienen. « NZ, Nr. 162, S. 3.

Der ermordete Polizeistabshauptmann Franz Hickl wurde am Innsbrucker Westbahnhof aufgebahrt – ihm zur Seite eine uniformierte Ehrenwache.

26. JULI

Die Ermordung des Polizeistabshauptmannes Hickl

Wie schon kurz berichtet, ist gestern der Leiter der Städtischen Polizei, der Stabshauptmann Franz Hickl, das Opfer eines Mordanschlages geworden. Als Hauptmann Hickl gegen ½ 3 Uhr nachmittags seine in der Hofburg gelegene Wohnung verließ, um sich zur Bundespolizei in dem Statthaltereigebäude zu begeben, folgte ihm ein junger Mann. Gerade als Hauptmann Hickl die Statthalterei betreten wollte, gab der junge Bursche seitlich von rückwärts einige Revolverschüsse auf ihn ab. Die Geschosse durchbohrten den Kopf, die Brust und den Unterleib. Hauptmann Hickl brach mit einem Schmerzenslaut sofort zusammen und verschied innerhalb weniger Minuten. Es konnte ihm von einem Priester der Stadtpfarre gerade noch die letzte Oelung erteilt werden.

Nach seiner Tat wollte der Mörder mit einem bereitgestellten Fahrrad davonfahren. Der bei der Statthalterei wachehaltende Gendarm schoß ihm sofort nach, worauf der Mörder vom Fahrrad absprang und sich ergab. Er wurde als der 19jährige Arbeitslose W[...] aus Innsbruck festgestellt. Er ist Nationalsozialist und wegen nationalsozialistischer Betätigung bereits vorbestraft. Auch ein anderer junger Mann, der sich zur Zeit der Tat verdächtigerweise in der Nähe des Tatortes herumgetrieben hatte, wurde festgenommen. Es wird sich zeigen, inwieweit er in die Mordhandlung verwickelt ist.

Der Mord am hellichten Tag und auf offener Straße hatte in Innsbruck große Aufregung ausgelöst. Allerlei Gerüchte schwirrten durch die Stadt und als die traurige Gewißheit allgemein bekannt wurde, gab es nur eine Stimme der Empörung. Polizeistabshauptmann Hickl, der in Wien die Alarmabteilung der Bundespolizei kommandiert hatte, wurde im Juni v. J. nach Innsbruck abkommandiert und mit dem Kommando über die Städtische Schutzmannschaft betraut. Er führte ein strenges Regiment, um die Ruhe und Ordnung in der Stadt aufrecht zu erhalten, und es gab seit den stürmischen Frühjahrstagen des Vorjahres in Innsbruck tatsächlich keine Unruhen mehr. In dem Kreise der vaterländisch gesinnten Bevölkerung war Hickl, ein gebürtiger Sudetendeutscher, sehr geachtet, bei den radikalen Gegnern war er allerdings verhaßt.

Im Laufe des gestrigen Nachmittags und Abends wurden in Innsbruck viele Verhaftungen vorgenommen, zu irgendwelchen Ruhestörungen ist es nicht gekommen. «

IN, Nr. 169, S. 4.

28. JULI »

Die Trauerfeier der Innsbrucker Stadtverwaltung

Gestern, um 5 Uhr nachmittags, versammelten sich auf Einladung des Regierungskommissärs Fischer sämtliche Mitglieder des städtischen Beirates, sowie die Vorstände der Aemter des Stadtmagistrates im Adlersaal zu einer Trauerkundgebung anläßlich des tragischen Hinscheidens des Bundeskanzlers. Die Stirnseite des Saales trug Trauerschmuck, inmitten von Lorbeerbäumen war das Bild des Bundeskanzlers Dr. Dollfuß, von dunklem Flor umrahmt, unterhalb des Bildes lag ein mächtiger, von weiß-roter Schleife umwundener Lorbeerkranz. Die Anwesenden waren im dunklen Kleid, die Vertreter der Wehrverbände in Uniform erschienen; alle erhoben sich zum Zeichen der Trauer von den Sitzen, als Regierungskommissär Fischer seine Gedächtnisrede begann. [...] « IN, Nr. 171, S. 4.

Eilig wurde nach der Ermordung von Bundeskanzler Dollfuß eine „Ehrenhalle" vor dem Landestheater errichtet, in der das „Ehrenbuch" mit den Namen von Tiroler Kriegshelden ab 1809 ausgestellt wurde.

1935

Die Heimatwehr marschiert am Bozner Platz. Die radikale politische Lagerbildung lässt kaum mehr Platz für Versöhnung.

16. MAI »

Die 15-Jahr-Feier der Tiroler Heimatwehr

Die Teilnahme des Bundesführers Fürst Starhemberg an der großen Heimatwehrkundgebung in Innsbruck am 18. und 19. Mai hat in allen Teilen des Landes große Freude ausgelöst und wohl als bester Aufruf bewirkt, daß sich zur 15-Jahr-Feier der Tiroler Heimatwehr die Heimatwehrmänner aus allen Städten und Dörfern in Innsbruck versammeln werden. Tirols Landeshauptstadt wird im Festschmuck prangen, da die Bewegung ihr Jubelfest feiert, die sich vor fünfzehn Jahren mutig an die Arbeit machte, um der Heimat den Weg des Wiederaufstieges zu bereiten. [...] « IN, Nr. 113, S. 6.

1. JULI »

Länderspiel Tirol-Vorarlberg 2:2

Der unbegründete Optimismus, mit dem man vielfach in Verkennung der vorarlbergischen Spielstärke diesem wichtigen Kampfe entgegengesehen hatte, hat einen argen Stoß erlitten. Die Gäste aus dem Ländle waren ja immer gefährliche und hartnäckige Gegner, die nur sehr schwer zu besiegen sind und auch diesmal hing der Ausgang des Spieles an einem Haar. Die Vorarlberger Ländermannschaft steht an Spielstärke ja immer weitaus höher als die einzelnen Vereinsmannschaften, während es umgekehrt bei uns sehr schwer fällt, eine dem Einzelkönnen unserer besten Spieler entsprechende Verbandsmannschaft aufzustellen. Tirol hat eben in den Länderkämpfen gegen Vorarlberg mehr Pech als Glück. [...] « NSZ, Nr. 26, S. 1.

6. JULI

Zur Staubplage in Hötting

Aus Hötting wird uns geschrieben: Die nicht verstummenden Klagen über die im Gemeindegebiete Hötting herrschende unerträgliche Staubplage haben das Gemeindeamt Hötting endlich veranlaßt, diesem Uebelstande energisch an den Leib zu rücken. Es ist vorerst geplant, die Höttingergasse zu asphaltieren (natürlich wäre ein staubbindender Belag für alle Straßen notwendig, die dem Kraftwagenverkehr offen sind). So weit ist ja alles gut und begrüßenswert. Nun kommt aber die Kehrseite der Medaille: Angeregt durch einen ganz unverständlichen Vorschlag eines durch die Staubplage betroffenen „Leidtragenden" und den Umstand, daß im Gemeindesäckel beständig Ebbe herrscht, kommt das Gemeindeamt Hötting in einem an die Hausbesitzer der Höttingergasse und Schneeburggasse gerichteten Zirkular vom 2. Juli zu dem ganz einzig dastehenden Appell an die Mietparteien, durch freiwillige Spenden die Gemeindekasse so zu stärken, daß die geplante Straßeninstandsetzung durchgeführt werden kann. [...]

Mieter und Hausbesitzer Höttings sind mit Gebäudesteuern aller Art, hauptsächlich durch den 1600prozentigen Zuschlag zur Gebäudesteuer, die Kehrrichtabfuhr, Hydrantenabgabe, den Wasserzins wahrlich genug belastet, als daß sie noch eine weitere Abgabe, wenn diese auch als freiwillige Leistung beansprucht wird, finanziell ertragen könnten. NZ, Nr. 153, S. 5.

Ein Blick in die noch recht beschauliche Höttinger Gasse.

14. AUGUST

Ein aufregender Vorfall bei der Innsbrucker Innbrücke

Ein Betrunkener springt in den Inn

Gegen 1 Uhr mittags hatten bei der Innbrücke in der Herzog-Otto-Straße zwei angeheiterte Männer eine Auseinandersetzung, in deren Verlauf der eine von dem anderen behauptete, er sei zu feig, um in den Inn zu springen. Dieser, der 36jährige arbeitslose Schlosser Karl S[...], wollte diesen Vorwurf nicht auf sich sitzen lassen. Er stieg auf das Geländer und sprang in den Fluß.

Es gab sofort einen großen Menschenauflauf und auch die Polizei war gleich zur Stelle. Obwohl genügend junge Männer unter den Zuschauern waren, sprang als einzige die Medizinstudentin Helga Schneider ins Wasser, um den Mann, der von der Strömung rasch flußabwärts getragen wurde, herauszuziehen. Etwa hundert Meter unterhalb der Innbrücke befindet sich eine ins Wasser reichende Stiege, doch war es dort nicht möglich, den sich heftig Wehrenden ans Land zu bringen. Erst bei der nächsten Stiege, in der Höhe des Statthaltereigebäudes, konnte ein Wachmann derart fest Stand fassen, daß er Frl. Schneider beim Herausziehen des Betrunkenen aus der Flut Hilfe leisten konnte. [...] NZ, Nr. 185, S. 1.

Die alte Innbrücke bei einem Hochwasser 1939. Trotz des bedrohlich hohen Wasserstandes war die Brücke für jedermann passierbar.

Seit der Einführung des Hörfunkempfanges in Tirol um 1926 blieb das Radio das schnellste und wohl auch wichtigste Massenmedium bis zur Entwicklung des Fernsehens.

18. SEPTEMBER »

Der neue Innsbrucker Sender im Bau

Auf dem Innsbrucker Sendegelände in Aldrans wurde heute der erste neue Mast auf den Isolatorsockel gestellt. Damit ist im Bau der neuen Innsbrucker Rundfunksendeanlage ein bemerkenswerter Fortschritt verzeichnet: der Hauptsendemast hat nun den wichtigsten Bauabschnitt hinter sich.

Die höheren Ansprüche, die die Hörer und die Technik an den Rundfunk stellen, haben den Um- und Neubau fast sämtlicher österreichischen Sender mit sich gebracht. Auch dem Laien wird klar, was für eine Umwälzung auf dem Gebiete des Rundfunks vor sich gegangen sein muß, wenn er die Vergleichsziffern der alten und der neuen Sendeanlage vor sich hat. Der alte Innsbrucker Sender, der bis zur Fertigstellung des neuen (etwa Mitte November) noch in Betrieb bleibt, verfügt über zwei Maste von je 45 Meter Höhe. Zwischen diesen ist eine T-Antenne verspannt, die in unmittelbarer Verbindung mit dem Ravaghaus steht. Die neuen Maste werden mitsamt dem Fundament eine Gesamthöhe von je etwa 153 Metern aufweisen; die Höhe eines jeden Stahlgerüstes beträgt genau 150 Meter. Das Eigengewicht eines jeden der neuen Maste beträgt 48.000 Kilogramm; hiezu kommen noch je etwa 20.000 Kilogramm, die das Zubehör des Mastes, wie Verspannungsseile, Isolatoren u. dgl., wiegt. [...] « NZ, Nr. 214, S. 3.

1936

Früher gehörten zu einem gepflegten Café auch gepflegte Billardtische. Beides ist heute leider Mangelware, aber auch in Innsbruck noch gut versteckt zu finden.

13. FEBRUAR »

Billardmeisterschaft von Tirol

Vor etwa zehn Jahren wurde in Innsbruck im Café „Max" erst- und letztmalig von Herrn Mondini die Tiroler Billardmeisterschaft arrangiert und auch von ihm selbst vor den Herren Wozelka und Demetz mit einem Durchschnitt von zwölf Points gewonnen. Heute ist dies längst überholt. Heute sind junge Kräfte am Ruder. Die Zeiten, wo im Café „Hierhammer" jahrelang eine Partie zwischen zwei lokalen Größen auf einer schwarzen Tafel angeschlagen und die Höchstserie etwa 40 Points war, sind vorüber; jetzt gelten nur Serien von über 100 Points. Der Haller Wurzer und die Innsbrucker Maier und Budin sind unbestritten die Spitzenspieler Tirols. Es gelangen ihnen schon Serien von mehr als 300 Points! Aber die Frage, wer von ihnen der Beste ist, dürfte nur durch die öffentliche Ausschreibung einer Meisterschaft geregelt werden. Bei dieser Gelegenheit wäre auch die Gründung eines „Billardklubs" zu erwägen. Die Zusammensetzung ist vorbereitet und Interessenten wollen sich im Café „Maria Theresia" (Billardsaal) ehebaldigst melden. Näherer Bericht folgt. « IN, Nr. 36, S. 7.

9. MÄRZ »

Die neue Uebungsstätte des Boxklubs Innsbruck

Die modernen Schlagworte von Körperertüchtigung, Erziehung der Jugend in geistiger, moralischer und körperlicher Hinsicht durch Ausübung von Sport finden, besonders in Kreisen junger, von blindem sportlichem Ehrgeiz erfüllter Menschen nicht selten eine völlig irrige Auslegung und führen sehr oft zu gegenteiligen Folgen. So sehr nämlich vernünftig betriebenes Sporttraining zum

Gesundbrunnen für schwächliche, unter Umständen und bestimmten Voraussetzungen auch für kränkliche Menschen werden kann, so nachteilig können sich die Folgen übertriebener sportlicher Körperbetätigung bemerkbar machen.

Diese Grundsätze sind es, die auch den Boxklub Innsbruck bewogen haben, seinen Mitgliedern durch die Miete eines diese elementaren Forderungen in höchstem Maße erfüllenden Raumes eine ideale Trainingsstätte zu bieten. Wie bereits berichtet, hat der Boxklub Innsbruck seine Uebungsstätte, die bisher durch sechs Jahre hindurch in einem Kellerraum der Speckbacherschule in Wilten untergebracht war, in die Stadtmitte verlegt. Im Stöcklgebäude des Hauses Maria-Theresien-Straße 17/19 (Eingang Triumphkino) wurde von diesem Verein ein großer, heller ehemaliger Atelierraum gemietet. Der Boxklub Innsbruck hat unter bedeutenden finanziellen Kosten diesen 16 × 6 Meter großen Raum, zu dem sich Garderoberäumlichkeiten, ein Wohnzimmer für den Trainer, sowie eine modernst eingerichtete Badeanlage gesellen, zu einer neuzeitlichen, in jeder Hinsicht idealen Uebungsstätte ausgestaltet. Der von acht großen, nach Süden und Osten gerichteten Fenstern belichtete Saal befindet sich in vollkommen staubfreier Lage und ist an den offenen Seiten von einer schönen Gartenanlage umsäumt. « NSZ, Nr. 10, S. 3.

Der Boxsport erfreute sich ab den 1920er Jahren großer Beliebtheit. Boxabende mit tausenden Besuchern fanden regelmäßig statt.

2. MAI

Das Preiswettkochen des Städtischen Gaswerkes,

welches vom 5. bis 8. Mai d. J., 8 Uhr abends, im Großen Stadtsaal stattfindet, scheint zu einem besonderen Ereignis zu werden, insbesondere, weil diesmal auch Männer zur Teilnahme zugelassen sind. Für den unterhaltenden Teil dieser Veranstaltung wurde außer einer erstklassigen Musikkapelle auch Herr Karl Prisner gewonnen, der mit originellen Versen seinen Teil zum Gelingen des Abends beitragen wird. Die Zuschauer haben an jedem Abend die Möglichkeit, im Rahmen eines Preisrätselratens einen kompletten Gasherd im Werte von S 220,- zu gewinnen. « IN, Nr. 101, S. 9.

9. JUNI

Die Lehren aus der dritten Luftschutzübung in Innsbruck

An dem der Luftschutzübung folgenden Tage fand in Innsbruck eine Besprechung der bei der Luftschutzübung in Innsbruck und Hall tätig gewesenen Schiedsrichter statt. Zweck der Besprechung war, den Hergang der Uebung selbst in seinen Einzelheiten zu verfolgen und Fehler und Versäumnisse festzustellen und Erfahrungen für die nächste Uebung zu sammeln. [...]

Die undisziplinierte Bevölkerung: [...] Die Erfahrung der drei Luftschutzübungen im Ablauf der letzten drei Jahre hat gezeigt, daß die Bevölkerung noch immer mit wenig Ernst bei der Sache ist. [...] Es ist eine traurige Wahrheit, daß sich der Großteil der Bevölkerung den Selbstschutz erst aufzwingen lassen muß. « IN, Nr. 131, S. 5.

Schon Jahre vor Ausbruch des Zweiten Weltkrieges wurden immer wieder Luftschutzübungen durchgeführt.

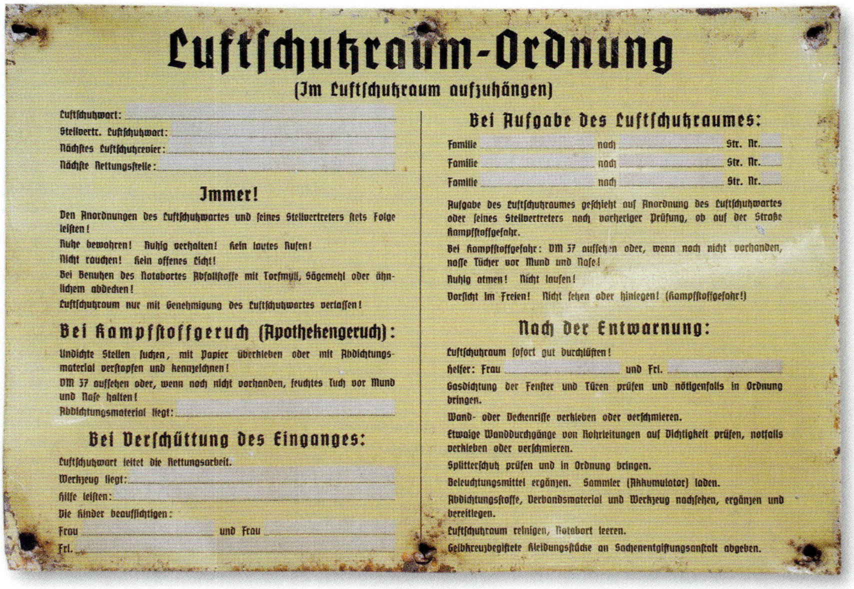

1937

Der Saggen – ein idyllischer Stadtteil? Für gewöhnlich schon. Aber nur, wenn gerade keine rabiaten Fahrradfahrer ihr Unwesen treiben.

30. AUGUST »

Verfolgung eines Radfahrers

Am 27. d. M. um ¾ 11 Uhr vormittags fuhr in Innsbruck an der Ecke der Schubertstraße und Erzherzog-Eugen-Straße ein 29jähriger landwirtschaftlicher Hilfsarbeiter mit seinem Fahrrad in das Rad eines 22jährigen Handelsangestellten hinein. Das Rad des letzteren wurde etwas verbogen. Nach dem Unfall fuhr der landwirtschaftliche Arbeiter rasch in der Richtung Pradl davon. Ein Tapezierergehilfe, der den Unfall mitansah, verfolgte ihn mit seinem Fahrrad und holte ihn in der Reichenau in der Nähe des Flugplatzes ein. Dort riß er ihn vom Rad herunter und übergab ihn einem Wachmann. « IN, Nr. 198, S. 6.

8. SEPTEMBER »

Das ewig zu kleine Flugfeld Reichenau

Am Dienstag nachmittags ging eine zweisitzige Doppeldeckermaschine zu nahe am Rande des Innsbrucker Flugfeldes in der Reichenau nieder, kam an eine nicht sichtbare kleine Bodenwelle, überschlug sich und blieb mit dem Schwanzende in der Landungsrichtung auf dem Rücken liegen. Die Maschine ist verhältnismäßig leicht beschädigt, die Insassen hatten Glück im Unglück, denn sie wurden, gemäß einer Mitteilung der Innsbrucker freiwilligen Rettungsgesellschaft, die sie ins Krankenhaus überführte, nur leicht verletzt. Es ist dies, soweit uns bekannt ist, in diesem Jahre bereits der dritte Unfall dieser Art auf dem Flugfelde Reichenau, hervorgerufen durch die zu geringen Ausmaße des leicht vergrößerungsfähigen Rollfeldes. Die Vergrößerung des Flugplatzes in der Reichenau soll zwar eine beschlossene Sache sein, doch wurde mit dieser Arbeit bis auf den heutigen Tag noch nicht begonnen. Der Unfall erregte beträchtliches Aufsehen und innerhalb kürzester Zeit hatten sich zahlreiche Neugierige an den Rändern des Flugfeldes eingefunden, so daß ein Polizeiaufgebot eingesetzt werden mußte, um sie am Betreten des Flugplatzes zu hindern. « IN, Nr. 206, S. 7.

Die Rundflugmaschine „Tirol" vom Typ Udet U-12 „Flamingo" im Landeanflug auf die Graspiste des Flughafens Reichenau.

8. SEPTEMBER

Straßenverunreinigung im Stadtgebiet

Aus dem Leserkreis wird uns geschrieben: Bei einem Gang durch die St.-Nikolaus-Gasse in Innsbruck fällt uns die Unreinlichkeit dieser Gasse unangenehm auf. Auf den Kanalgittern vor den Häusern liegen Küchenabfälle und Unrat aller Art tagelang und ihre Fäulnis verursacht einen widerlichen Geruch. Abgesehen davon bieten derartige Straßenunreinlichkeiten einen häßlichen Anblick. Die Straße ist doch keine Mullablagerungsstätte und der Uebelstand könnte leicht dadurch vermieden werden, daß alle Abfälle in die Mullkübel abgelagert werden, mit denen auch in diesem Stadtteil jedes Haus versehen ist. Die St.-Nikolaus-Gasse wird auch von vielen Fremden als Verbindungsweg zur Weyerburg und Hungerburg benützt. Was werden sich die Gäste aus allen Ländern von der Landeshauptstadt denken, wenn sie die Widerlichkeiten dieser Gasse so offensichtlich wahrnehmen müssen? « IN, Nr. 206, S. 7.

8. NOVEMBER

Artillerieschießübungen auf der Seegrube

Vom Artilleriekommando in Innsbruck wird folgendes bekanntgegeben: Das Artilleriekommando Innsbruck wird am 17. Dezember 1937 in der Zeit von 13 bis 17 Uhr von der Seegrube aus gegen das Brandjoch scharfe Artillerieschießübungen durchführen. Der gefährdete Raum erstreckt sich von der Seegrube nach Norden über die Seegrubenspitzen – Frau Hitt – Frau-Hitt-Sattel, nach Süden über die Höttinger Alpe gegen Brandjochboden. Die über die Magdeburger Hütte, über Jägerhütte (Aschbachhütte), Achselbodenhütte, Galtalm, Umbrückleralm und gegen die Roßfallhütte nach Norden führenden Wege werden für die oben angegebene Zeit durch Posten gesperrt. Das Betreten des dazwischen liegenden Raumes ist – weil lebensgefährlich – verboten. Für Zuseher wird von der schießenden Abteilung auf der Seegrube ein entsprechend günstiger Platz freigehalten. Nach Beendigung des Schießens etwa aufgefundene, blindgegangene Geschosse sind an der Fundstelle zu belassen und nicht zu berühren. Vom Funde ist das Artilleriekommando in Innsbruck, Saggenkaserne (Telephon 407), zu verständigen, das die Sprengung dieser Geschosse veranlassen wird. Während des Schießens wird auf der Hafelekarspitze und westlich der Seegrube eine weiß-rote Fahne gehißt sein. « NZ, Nr. 256, S. 4.

22. NOVEMBER »

Die Pradler Doppelhauptschule

wurde in der vergangenen Woche dem Betrieb übergeben und erhielt am gestrigen Sonntag als „Dr.-Schuschnigg-Schule" ihre kirchliche Weihe. Unser Bild zeigt den Blick vom Turm der Knabenschule auf die Mädchenschule, in der Mitte das Dach der beide Gebäudeteile verbindenden Turnhalle. « NZ, Nr. 268, S. 4.

St. Nikolaus konnte sich bis vor ganz kurzer Zeit seinen ursprünglichen Charme bewahren. Heute haben finanzstarke Investoren das Gebiet für sich entdeckt – auch die Bäckerbühelgasse.

Die Pradler Doppelhauptschule.

22. NOVEMBER »

Hochleistungssegelflugzeug OE „Friedolin“

der Segelfliegergruppe 703 Innsbruck (Akademische Segelfliegergruppe im Amt für Leibesübungen), die erste von der Innsbrucker Segelfliegergruppe im Eigenbau hergestellte Hochleistungsmaschine, wurde kürzlich im Festsaale der Universität Innsbruck von der Fabrikantensgattin Frau Dorothea Schindler, Telfs, getauft. « NZ, Nr. 268, S. 4.

13. DEZEMBER »

Gerhart Hauptmanns Begrüßung in Innsbruck

Mit dem fahrplanmäßigen D-Zug 121 traf Gerhart Hauptmann am gestrigen Sonntag um 17 Uhr auf der Durchreise nach Rapallo auf dem Innsbrukker Hauptbahnhof ein. Zum Empfang und zur Begrüßung des Dichters hatten sich eingefunden Landesrat Dr. Skorpil von der Landesregierung, Bürgermeister Fischer, Obmann des Kulturausschusses Dr. Oberhammer, Dr. Rumer von der Stadtgemeinde, Bankvorstand Schriftsteller Karl Emerich Hirt, Stadttheaterdirektor Skuhra und einige andere Personen. [...]

Der 75jährige Gerhart Hauptmann, dessen charakteristische Erscheinung trotz der langen Reise eine erstaunliche Frische zeigte, dankte mit außerordentlicher Wärme für die Glückwünsche von Land und Stadt und gab seiner Freude über die Ehrungen Ausdruck, die ihm in Wien und nun auch in Innsbruck bereitet wurden. Der Dichter sprach von seiner Sehnsucht, den Winter im Süden zu verbringen, wo sich ihm Gesundheit und Arbeitskraft immer wieder erneuern. Innsbruck, und überhaupt Tirol, kenne und liebe er schon seit Jahrzehnten, und hoffe, bald wiederzukommen, um „seine Straße“ kennenzulernen und dann länger in Innsbruck zu verweilen. « IN, Nr. 286, S. 5.

1938

11. MÄRZ »

Große nationalsozialistische Kundgebungen in Innsbruck

Heute gegen halb 12 Uhr vormittags entwickelte sich auf der Maria-Theresien-Straße zunächst ein äußerst reger Bummel, den gegen ¾ 12 Uhr die Polizei, die zum Teil mit Stahlhelm und aufgepflanztem Bajonett erschienen war, in die Seitenstraßen zerstreute, da aus ihm Kundgebungsrufe erfolgten. Die Hauptzugänge zur Maria-Theresien-Straße und deren Seitenstraßen wurden durch Spanische Reiter gesperrt. Innerhalb dieser Sperre entwickelte sich aber nach und nach ein Kundgebungszug österreichischer Nationalsozialisten, der die Sonntagskundgebung am 20. Februar nach der Reichstagsrede des Reichskanzlers Hitler an Mächtigkeit und Begeisterung weit in den Schatten stellte. « NZ, Nr. 58, S. 1.

12. MÄRZ »

Der Nationalsozialismus übernimmt die Macht im Staate!

Ein vollständiger Sieg nach fünfjährigem, hartem Kampf

Die ungeheure Dynamik der Nationalsozialistischen Bewegung in Oesterreich, die trotz fünfjähriger brutalster Unterdrückung nicht nur nicht vernichtet werden konnte, sondern, genährt vom unbändigen Glauben an den endlichen Sieg, immer weiter wuchs, hat in hinreißendem Schwung einen so unerhörten Proteststurm in allen Ländern Oesterreichs erweckt, daß die jetzt erfolgte Lösung kommen mußte.

Die Begeisterung für den Nationalsozialismus in weiten Teilen der Bevölkerung kannte 1938 beinahe keine Grenzen.

Die unerträgliche Spannung der letzten Tage, ausgelöst durch die überstürzte Verkündigung einer Volksbefragung in einer Form, die bisher in europäischen Staaten unbekannt war und jedem Wahlschwindel Tür und Tor geöffnet hätte, ist mit einem Schlag beendet. « IN, Nr. 59, S. 1.

12. MÄRZ »

Der Einmarsch deutscher Truppen in Tirol

Begeisterter Empfang durch die Bevölkerung

Schon in den Morgenstunden verbreitete sich in Innsbruck das Gerücht, daß reichsdeutsche Truppen die österreichische Grenze überschritten hätten und ein Teil der Truppen auf Innsbruck im Anmarsch sei. Bald langten aus den verschiedensten Grenzorten Oesterreichs Meldungen über den erfolgten Einmarsch deutschen Militärs auf deutschösterreichisches Gebiet ein. Diese Tatsache überraschte nicht weiter, da ja, wie berichtet, Bundeskanzler Dr. Seyß-Inquart nach dem Rücktritt Dr. Schuschniggs noch in seiner Eigenschaft als Minister für Inneres und Sicherheitswesen, als Beauftragter der provisorischen Regierung, die deutsche Reichsregierung dringend ersucht hatte, zur Wiederherstellung der Ruhe und Ordnung in Oesterreich baldmöglichst deutsche Truppen zu entsenden.

Aus Scharnitz wird uns berichtet: Heute früh marschierte in Scharnitz ein bayerisches Kraftfahrregiment der deutschen Wehrmacht ein, das kurz vorher die österreichische Grenze überschritten hatte. Die deutschen Soldaten wurden bei ihrem Einzug von der Bevölkerung herzlich begrüßt, fast alle Häuser von Scharnitz waren mit Hakenkreuzfahnen beflaggt. « NZ, Nr. 59, S. 2.

Ein stark getrübter Blick auf die Nordkette.

Die Volksabstimmung vom 10. April 1938 war eine der legistischen Maßnahmen, um Österreich „heim ins Reich" kehren zu lassen.

6. APRIL

Der Führer an Tirol: Glanzvoller Stein in der Krone des Reiches

Triumphaler Einzug des Führers in Innsbruck – 150.000 Tiroler umjubeln den Befreier Deutschösterreichs

Tirols größter Tag ist gekommen. Wochenlang haben wir an den Lautsprechern den Weg des Führers verfolgt, der durch Großdeutschland zieht, um die Seelen der Nation für die Größe der geschichtlichen Stunde aufzuschließen und zu gewinnen. Wir haben den Triumphzug verfolgt, der den Führer von Königsberg im deutschen Osten quer durch das Reich an den Rhein gehen ließ, und unsere Herzen schlugen höher, als Adolf Hitler wieder seine Heimat betrat und, umjubelt vom ganzen Volk, zu den Hunderttausenden sprach. Der Führer in Tirol! Der Führer in Innsbruck!

Niemals noch in der Geschichte der alten deutschen Trutzburg hat die Stadt am Inn ein solch festliches Kleid gesehen. Innsbruck hat Kaiser und Könige in seinen Mauern empfangen, nie aber sah diese Stadt einen königlicheren Willkomm, als den Empfang des Führers. Was in den Herzen des Tiroler Volkes längst verborgen lag, kam in diesen Stunden des denkwürdigen Dienstag urgewaltig zum Ausbruch.

IN, Nr. 80, S. 2.

Ein Paradebeispiel offensichtlicher Manipulation: Der Kreis für „Ja" ist wesentlich größer als der für „Nein".

11. APRIL

» Tirols überwältigendes Bekenntnis

Mit einer unsagbar tiefen inneren Bewegung steht in dieser Stunde Tirol und mit ihm ganz Österreich vor dem Führer und meldet ihm die einzigartige Größe des Bekenntnisses, das gestern abgelegt wurde und das beispiellos in der Geschichte der Welt dasteht. Mit größter Freude können wir dabei feststellen, daß das Ergebnis der Anschlußabstimmung im Jahre 1921 noch übertroffen wurde. Damals wurden 98,5 Prozent Ja-Stimmen gezählt – heute sind es 99,27 Prozent! Dies ist Tirols Dank an den Führer! Dies ist unser Bekenntnis zum Neuen Reich! «

IN, Nr. 84, S. 1.

11. NOVEMBER

» Die Synagoge in Innsbruck zertrümmert

Verständliche Vergeltungsmaßnahmen der empörten Innsbrucker Bevölkerung

Die feige Bluttat des Mordbuben Grünspan in Paris hat in allen Teilen des Reiches zu schweren Kundgebungen gegen die Hebräer geführt. Wie in allen deutschen Städten ist es auch in Innsbruck zu ähnlichen Zusammenstößen gekommen. Die berechtigte und verständliche Empörung hat auch in unserer Stadt zu Ausschreitungen geführt, die durch ihren elementaren Ausbruch der zutiefst erregten Bevölkerung Opfer gefordert hat.

Unter anderem wurde die jüdische Synagoge in der Straße der Sudetendeutschen von einer Menschenmenge in der Nacht zum Donnerstag gestürmt und im Innern zerstört. Die Menge zertrümmerte in ihrer berechtigten Wut über die erbärmliche Bluttat die Einrichtungsgegenstände des jüdischen Hauses und machte in erregten Rufen gegen die Juden ihrer verständlichen Empörung Luft.

Auch die wenigen noch nicht entjudeten Geschäfte fielen dieser Empörung zum Opfer. Zwei Innsbrucker Judengeschäfte wurden in den frühen Morgenstunden des Donnerstag gründlich zerstört.

Um weitere Ausschreitungen zu verhindern, mußte eine Reihe von Juden in Schutzhaft genommen werden.

Die Erklärung der Reichsregierung, durch gesetzliche Maßnahmen das brennende Problem dieser unerwünschten Gäste zu lösen, macht künftige Ausschreitungen überflüssig. Die Bevölkerung wird diszipliniert diese Maßnahmen zur Kenntnis nehmen und nach ihr handeln. Im übrigen ist durch die großen Fortschritte der Entjudungsaktion gerade Innsbruck und damit unser Gau in der glücklichen Lage, in allerkürzester Zeit von jeglicher jüdischer Belastung endgültig befreit zu werden. « NZ, Nr. 257, S. 1.

Das Schuhhaus Graubart in der Museumstraße war eines der Geschäfte, das von einer jüdischen Familie in Innsbruck aufgebaut wurde. Richard Graubart, jüngster Sohn des Geschäftsgründers, war eines der vier Todesopfer des Innsbrucker Novemberpogroms 1938. Er wurde in seiner Villa im Stadtteil Saggen ermordet.

Zweiter Weltkrieg

1939

26. APRIL

» **Die ersten kleinen Gäste im Gau Tirol-Vorarlberg**

Der erste diesjährige Sonderzug der RSB.-Kinderlandverschickung eingetroffen

Gestern brachte uns ein Sonderzug aus Wien 660 kleine Gäste aus dem Gau Niederdonau. Als um 8 Uhr früh der Transport im Hauptbahnhof Innsbruck einlief, verriet ein hundertfaches Schwenken von kleinen Hakenkreuzfahnen die freudige Stimmung der Kinder, die nach langer Nachtfahrt in der sonnenüberstrahlten Bergwelt unseres Gaues einen herrlichen Frühlingsmorgen erlebt haben.

Während eine Gruppe bereits in Schwaz ausgestiegen war, empfing der Gausachbearbeiter für Jugenderholungspflege im Amt für Volkswohlfahrt, Pg. Klein, die 75 für den Kreis Innsbruck bestimmten Kinder aus Neubistritz und Znaim, also aus den zum Gau Niederdonau hinzugekommenen sudetendeutschen Gebieten. [...] «

IN, Nr. 96, S. 7.

27. APRIL

» **Max Schmeling am Hafelekar**

Exweltmeister Max Schmeling, der bekanntlich am 2. Juli in Stuttgart gegen den Europameister Adolf Heuser zu einem Titelkampf antritt, weilte gestern auf der Durchfahrt vorübergehend in Innsbruck. Schmeling fuhr, in seinem von ihm selbst gesteuerten Mercedes aus Richtung Unterinntal kommend, gegen 1 Uhr mittags auf die Hungerburg, wo er mit seinem Freunde und Trainer Max Machon und einem weiteren Begleiter im Hotel „Mariabrunn" das Mittagessen einnahm. Anschließend fuhr Schmeling mit der Seilbahn aufs Hafelekar, bzw. zur Seegrube, wo er etwa zwei Stunden verweilte. Maxe war vom herrlichen Rundblick begeistert und ließ sich gerne von Pg. Hiebl, dem Pächter des Berghotels Seegrube, die Umgebung erklären und die Skiabfahrten zeigen. Der Exweltmeister, in seiner stattlichen Erscheinung wohl kaum zu übersehen, wurde besonders von der Jugend – und gar nicht umsonst – um Autogramme bestürmt.

Max Schmeling hat mit seiner Begleitung bereits am späten Nachmittag die Weiterreise angetreten. « IN, Nr. 97, S. 8.

Das alte Hotel Mariabrunn wurde 1930 durch einen Brand vollkommen zerstört. Der Neubau 1931/32 erfolgte nach Plänen von Architekt Siegfried Mazagg.

20. JULI »

Durch ein Firmenschild schwer verletzt

Gestern um ½ 7 Uhr abends standen am Innrain an der Ecke des Volksküchengebäudes zwei Frauen, als plötzlich, wahrscheinlich durch den heftigen Wind losgerissen, ein Firmenschild einer der Frauen auf den Kopf fiel. Mit einer stark blutenden Wunde wurde die Bedauernswerte durch die Rotkreuz-Bereitschaft sofort in das Spital überführt. Der den Fall erhebende Schutzmann ließ das Schild abwiegen und stellte ein Gewicht von 11 Kilogramm fest. « IN, Nr. 165, S. 4.

27. OKTOBER »

Straßenbahnschienen wandern durch die Stadt

Pradler Linie wird zweigleisig und verlängert – Große Kehrschleife um den Stadtkern

Die Zusammenlegung der beiden Unternehmungen der Innsbrucker Lokalbahn und des Kraftverkehrs sowie die durch die Kriegswirtschaft bedingten Ersparungsmaßnahmen im Treibstoffverbrauch beschleunigen in unserer Gauhauptstadt eine in allen Städten des Reichs feststellbare Entwicklung im städtischen Verkehrswesen: den Ausbau des Straßenbahnnetzes in jenen Verkehrssträngen, die einen Stoßverkehr zu bewältigen haben, und die Umlagerung der Autobuslinien auf Zubringerstrecken an die Straßenbahnen, hauptsächlich also im Vororteverkehr, sowie die Führung von Autobuslinien an Stelle der Straßenbahn durch verkehrsarme Stadtgebiete.

Die Verkehrsanbindungen nach dem Stadtteil Pradl entsprechen in letzter Zeit ganz und gar nicht mehr den Anforderungen dieses ununterbrochen wachsenden Wohngebietes, und zwar sowohl in der Länge als auch in der Verkehrsdichte. Aus diesem Grunde wird die nach Pradl führende Linie 3 der Lokalbahn, die ja auch die Fahrgäste der Autobuslinie 6, soweit diese parallel lief, zu befördern hat, bis auf ganz kurze Stücke, wo dies technisch vorläufig noch nicht möglich ist, zweigleisig ausgebaut. Zur Zeit wird der zweite Schienenstrang vom Leipzigerplatz durch die Defreggerstraße und die Kurve in die Pradlerstraße ausgebaut, die zweigleisige Linienführung wird dann durch die Pradlerstraße und die Amraserstraße bis zur Lindengasse verlängert, wo sich jetzt noch die Endhaltestelle der Linie 3 und der Anschluß an die Autobuslinie 6 befinden. Von dort wird die Straßenbahn jedoch noch eingleisig durch die Amraserstraße bis an den sternförmigen Zusammenstoß der Rudolf-Greinz-Straße, Bruder-Willram-Straße und Pacherstraße an die Amraserstraße weitergeführt, um dort mit einer Kehrschleife versehen zu werden, so daß in Zukunft das Verschieben der Beiwagen an der Endhaltestelle unterbleiben können wird; der Autobusanschluß wird an die künftige Endhaltestelle der Straßenbahn verlegt werden. « IN, Nr. 250, S. 4.

Die Straßenbahnen kurvten schon bald kreuz und quer durch die Stadt. Und alle paar Jahre wechselte die Streckenführung ...

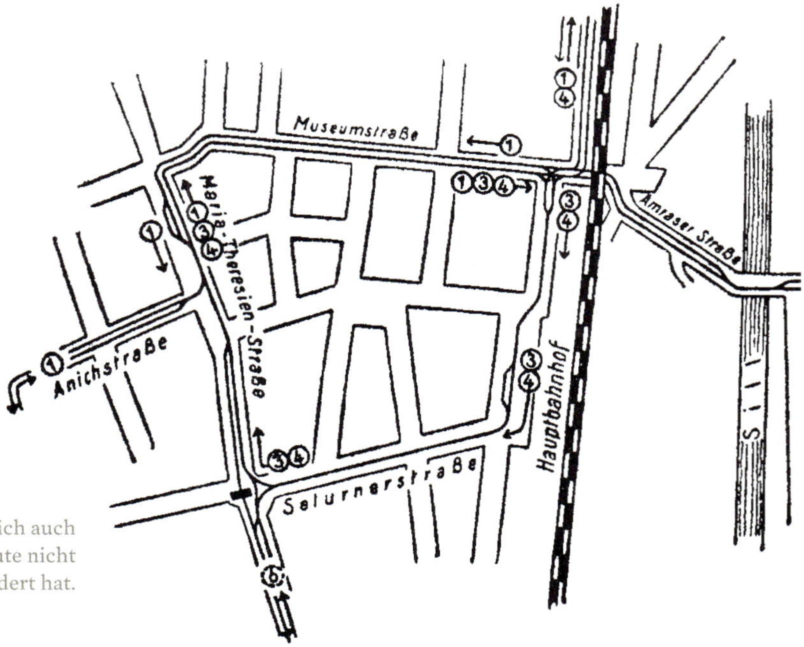

... was sich auch bis heute nicht geändert hat.

16. DEZEMBER »

Innsbrucker Frauenmörder zum Tode verurteilt

Auf Grund der Verordnung gegen Gewaltverbrecher – Tötungsabsicht erwiesen – Der Verlauf des Prozesses

In dem Prozeß gegen den 33jährigen Friedrich S[...], der am 29. November d. J. die Frau Olga P[...] erschossen hat, wurde gestern das Urteil gesprochen. Der Vorsitzende des Sondergerichtes beim Landgerichte Innsbruck, Landgerichtsdirektor Dr. Hagleitner, verkündete um 20.30 Uhr nach mehr als zweistündiger Beratung das Urteil.

Der Angeklagte Friedrich S[...] wurde schuldig erkannt des Verbrechens nach Paragraph 1 der Verordnung gegen Gewaltverbrecher vom 5. Dezember 1939, das nach Paragraph 5 rückwirkend gilt, und nach der gleichen Gesetzesnovelle zum Tode und dem Ersatz der Kosten des Strafverfahrens und Strafvollzuges verurteilt. Das Urteil ist rechtskräftig.

Das Sondergericht nahm auf Grund der Ergebnisse des Beweisverfahrens sowie des Teilgeständnisses des Angeklagten als erwiesen an, daß der Angeklagte mit Vorbedacht, also mit Tötungsabsicht, Olga P[...] erschossen hat. Somit hat der Angeklagte bei Ausführung einer Gewalttat eine Schußwaffe angewandt, wodurch der Tatbestand des Paragraphen 1 der eben erwähnten Verordnung erfüllt ist. « IN, Nr. 293, S. 6.

1940

19. APRIL

Flaggen heraus! Das deutsche Volk feiert den Geburtstag seines Führers

Der Reichsminister für Volksaufklärung und Propaganda fordert die Bevölkerung auf, aus Anlaß des Geburtstages des Führers und Obersten Befehlshabers der Wehrmacht am 20. April ihre Häuser und Wohnungen zu beflaggen.

Zum Geburtstag des Führers spricht Reichsminister Dr. Goebbels am Freitag, den 19. April, von 19 bis 19.30 Uhr über alle deutschen Sender. NZ, Nr. 83, S. 3.

21. MAI

Durchreisende Soldaten vorbildlich betreut

In der Verpflegsstelle des DRK. am Innsbrucker Hauptbahnhof – Auch für Massenverpflegung ist vorgesorgt

In der großen Abfahrtshalle des Innsbrucker Hauptbahnhofes ist seit einiger Zeit eine Verpflegsstelle des Deutschen Roten Kreuzes für durchreisende Soldaten eingerichtet. Der gewöhnliche Reisende bemerkt kaum das rote Kreuz im weißen Felde, doch der Soldat ist gewohnt, darauf zu achten, und hat ein gutes Auge dafür. Ueberdies werden unsere Feldgrauen in der Bahnhofwache, wo sie sich zu melden haben, auf diese Labestelle aufmerksam gemacht. So kommt es, daß die Klinke der Türe zu dem kleinen Verpflegsraum gar oft am Tage niedergedrückt wird und ein Soldat um Kaffee oder Suppe für sich und seine Kameraden ersucht. Im Nu steht dann der Wasserkessel auf der Gasflamme und je nach Wunsch wird würziger Kaffee – für diesen Zweck soll es sogar echte Kaffeebohnen geben – oder kräftige Suppe gekocht. Da dauert es denn gar nicht lange, bis eine freundliche DRK.-Helferin mit der großen Kaffeekanne oder der dampfenden Suppenschüssel in den eigens für Soldaten zur Verfügung gestellten Aufenthaltsraum kommt und zum Zugreifen einladet. « IN, Nr. 118, S. 3.

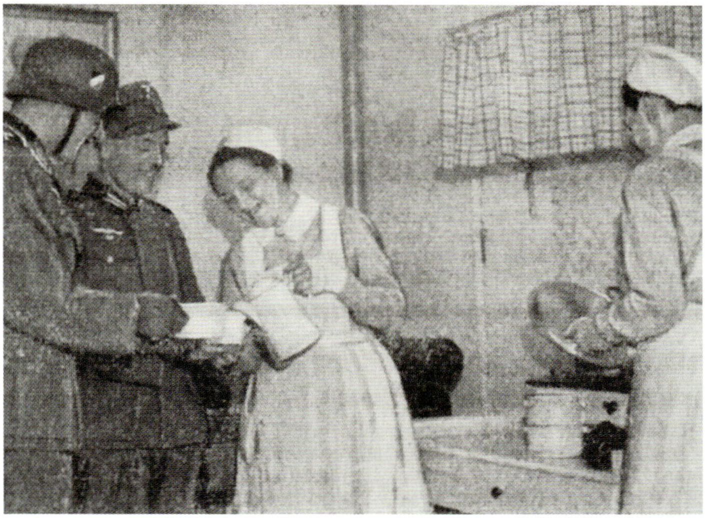

Ein Bild für die Propaganda. Und dennoch: Die Verpflegung von durchreisenden Soldaten war für diese eine sehr willkommene Unterbrechung der oft endlos erscheinenden Zugfahrten.

14. JUNI »

Einbürgerung der im Reich lebenden Südtiroler

Einbürgerungsstelle beim Reichsstatthalter in Tirol und Vorarlberg in Innsbruck – Einbürgerungsfrist bis 30. Juni 1940

Der Reichsführer-SS, Reichskommissar für die Festigung deutschen Volkstums, gibt bekannt:

Auf Grund von Abmachungen, die im vergangenen Jahr zwischen dem Deutschen Reich und Italien getroffen wurden, kann zur Zeit jeder Volksdeutsche mit italienischer Staatsangehörigkeit in einem besonders verkürzten und gebührenfreien Einbürgerungsverfahren die deutsche Reichsangehörigkeit erwerben, wenn er aus dem ehemaligen Südtirol stammt und jetzt im Großdeutschen Reich lebt.

Der Antrag auf Durchführung des Einbürgerungsverfahrens ist schriftlich an die Einbürgerungsstelle beim Reichsstatthalter in Tirol und Vorarlberg in Innsbruck zu richten.

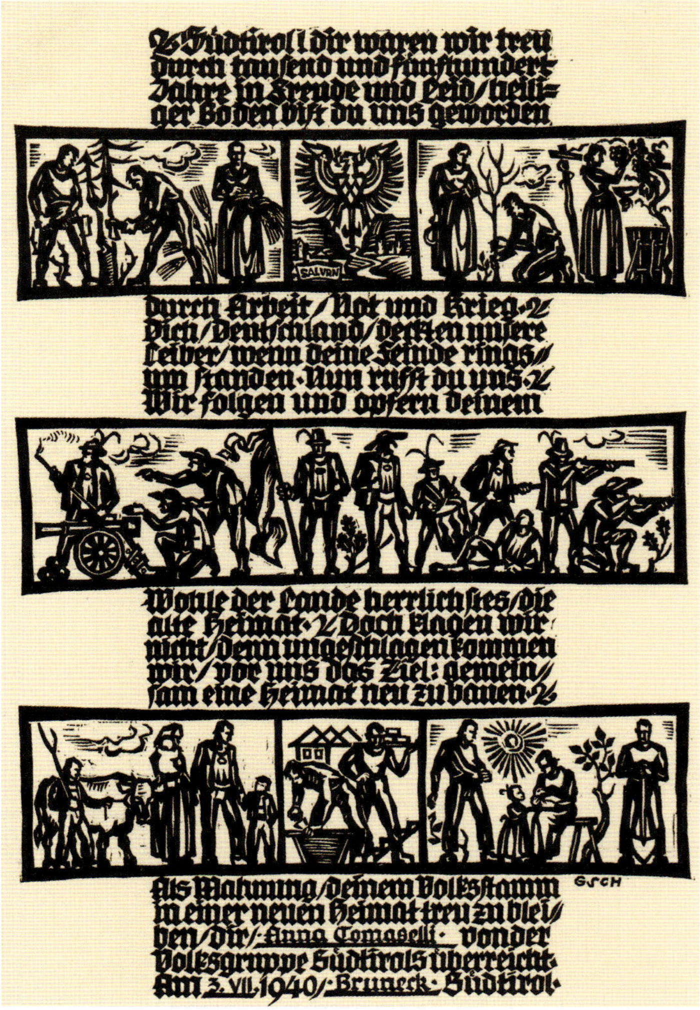

Durch die sogenannte Option sollten die Menschen auch hier „heim ins Reich" geholt werden. Eine Spaltung der Gesellschaft in „Optanten" und „Dableiber" war die Folge in Südtirol.

Diese Einbürgerungsstelle läßt dem einzelnen Antragsteller sodann durch eine örtliche Dienststelle die Formblätter vorlegen, die von ihm für den Erwerb der Reichsangehörigkeit sowie die Aufgabe der italienischen Staatsangehörigkeit ausgefertigt werden müssen.

Die Frist für die Stellung des Einbürgerungsantrages läuft mit dem 30. Juni 1940 ab. Jeder Volksdeutsche italienischer Staatsangehörigkeit, der aus Südtirol stammt, bereits im Deutschen Reich seinen Wohnsitz hat, noch nicht eingebürgert ist und die Reichsangehörigkeit erwerben will, wird sich daher zweckmäßig sofort schriftlich an die Einbürgerungsstelle beim Reichsstatthalter in Tirol und Vorarlberg in Innsbruck wenden. « IN, Nr. 139, S. 4.

1941

» ## Folgen eines Bades im Höttinger Bach

Der Höttinger Bach ist in seinem Unterlauf vom Brückele in der oberen Dorfgasse bis zur Einmündung zementiert, eine glattwandige, steile Rinne. Ein junger Hilfsarbeiter staute unterhalb des Brückele das Wasser in der Bachrinne, um zu baden. Der Wasserdruck riß aber den nirgends Halt Findenden plötzlich in eiliger Fahrt mit sich und warf ihm beim Mariahilfer Brückl in den Inn. Er konnte sich selbst noch ans Ufer retten und in der Kirschentalgasse Obdach suchen, bis die DRK.-Bereitschaft den am ganzen Körper Zerschundenen abholte. Der junge Mann hatte sich auch einen rostigen Nagel durch den linken Vorfuß gestoßen. « IN, Nr. 138, S. 6.

20. DEZEMBER

» ## Mit dem Weihnachtsbaum heimzu

Geregelter Marktbetrieb am Innrain – Jeder findet den Baum, den er sucht!

Der grüne Nadelbaum beherrscht das Stadtbild. Schon seit Tagen begegnet, auch wer sich nur für fünf Minuten auf die Straße begibt, jedermann meist gleich mehreren Gestalten, die sich mit dem besorgten Weihnachtsbaum je nach dessen Größe mehr oder weniger abschleppen, deren erfreute Miene jedoch in seltsamem Gegensatz zu der sichtlich ungewohnten und anstrengenden Beschäftigung des Baumtragens steht.

Es war wohl ein Stück heiler Welt, was viele Menschen während der sogenannten Kriegsweihnachten suchten. Auch unter dem Weihnachtsbaum.

So ein Weihnachtsbaum geht halt nicht in das Einkaufsnetz der Hausfrau oder in die Aktentasche des Familienvaters, man muß ihn schon schultern oder, wenn er kleiner ist, unter den Arm klemmen. Jedenfalls aber hat man seine Schwierigkeiten bei Gedränge, denn da stellt es sich heraus, daß der Baum breiter ist als sein Träger und bei notwendigen Schwenkungen nach dem Gesetz der Trägheit meist noch weiter will, als sein „Herr". Außerdem rauben die Aeste des Baums auch gern einen Teil des Gesichtsfeldes. « IN, Nr. 300, S. 5.

Mit Fortdauer des Zweiten Weltkrieges wurde die Versorgung der Soldaten – vor allem an der Ostfront mit warmer Kleidung – immer schwieriger. An der „Heimatfront" wurden Sammlungen organisiert.

31. DEZEMBER »

Der erste Waggon rollt heute an die Ostfront

Das Ergebnis der ersten zwei Sammeltage für Wintersachen in Innsbruck füllt einen Waggon – Ansteigen des Andranges in den Sammelstellen

Bekanntlich werden die Ergebnisse der Sammlung von Woll-, Pelz- und Wintersachen für die Front schon im Verlauf der Sammlung versandgerecht hergerichtet und, sobald die nötige Menge Sammelgut vorhanden ist, in Waggons verladen, die unmittelbar an die Front abrollen. In einem Eisenbahnwaggon findet eine Unmenge von Woll- und Pelzwaren Platz und es muß schon allerhand zusammenkommen, bis es möglich ist, den Laderaum eines Waggons voll auszunützen. Nun stellte es sich schon im Verlauf des dritten Sammeltages heraus, daß das Ergebnis der ersten zwei Sammeltage in Innsbruck allein zur Füllung eines Waggons ausreicht. Dabei ist zu berücksichtigen, daß die Waggonladung bis zu einem gewissen Grad gleichartige Gegenstände enthält, das gesamte vorhandene Sammelgut also bereits viel mehr umfassen muß, als eine Wagenladung, damit diese komplett gemacht werden kann.

Die für die erste Wagenladung bestimmten, in Packen und Bündeln vorgerichteten Woll- und Pelzsachen verschiedener Art stehen nun in den Lagerräumen der Sammelstellen bereits versandbereit und werden im Laufe des heutigen Tages am Innsbrucker Hauptbahnhof verladen. « IN, Nr. 307, S. 4.

1942

7. JÄNNER

Die Wintersachensammlung geht weiter

Nach wie vor lebhafter Betrieb in den Sammelstellen – Hochbetrieb in den Nähstuben der NS.-Frauenschaft

In den Sammelstellen aller, auch der entlegensten und kleinsten Ortsgruppen des Gaues herrscht nach wie vor ein ungemein lebhafter Betrieb. Immer wieder werden beachtliche Mengen an Wintersachen und Kälteschutzmitteln für unsere Soldaten abgeliefert. Vielfach erscheinen bei den Sammelstellen Männer und Frauen, die schon ein- oder mehrmals Spenden abgegeben haben. Sie hatten inzwischen zu Hause ihre Bestände nochmals durchgesehen und dabei immer noch Sachen vorgefunden, die zwar nicht mehr so ganz leicht zu entbehren sind, auf jeden Fall aber von unseren Soldaten dringender benötigt werden als in der Heimat. Diese Wintersachen, die der Zurichtung bedürfen, können wegen der Verlängerung der Sammlungsdauer nun auch noch fertiggestellt werden. Auch die Skiläufer haben sich in den letzten Tagen neuerdings zahlreich mit ihren Bretteln in den Sammelstellen eingefunden. Verschiedene von ihnen brachten neben den Skiern und Stökken auch gleich ihre wollene Wintersportausrüstung mit. IN, Nr. 5, S. 3.

Ein Blick auf den Talboden des Inntales mit Neu-Arzl. Damals befand sich hier eine beschauliche Siedlung, heute das geschäftige Olympische Dorf.

13. JÄNNER »

Brand in Neu-Arzl

In der Nacht vom Samstag zum Sonntag wurde die Feuerschutzpolizei Innsbruck fernmündlich verständigt, daß in der Siedlung Neu-Arzl in einem Holzschuppen ein Brand ausgebrochen sei. Beim Eintreffen der Feuerschutzpolizei stand der Holzschuppen in seiner vollen Ausdehnung in hellen Flammen, so daß für das Wohngebäude große Gefahr bestand. Mit Hilfe der Ortsfeuerwehr und des Sicherheitsdienstes konnte der Brand in kurzer Zeit so weit eingedämmt werden, daß für das Wohnhaus keine Gefahr mehr bestand. Der Schuppen diente als Hühnerstall, als Bastelwerkstätte, zur Unterbringung eines Motorrades und einiger Fahrräder und noch verschiedener Gegenstände, die alle dem Feuer zum Opfer fielen. Die Schadensumme beträgt ungefähr 3000 Mark. Man vermutet Brandstiftung. «

IN, Nr. 10, S. 3.

24. JÄNNER »

Große Ausstattungsrevue am Innsbrucker Eislaufplatz

Heute abends wird Weltmeister Karl Schäfer mit seinen sportlichen und künstlerischen Mitstreitern eine Eisrevue vorführen, für Innsbruck eine vollkommene Neuheit, die das stärkste Interesse aller Kunst- und Sportfreunde finden wird. « IN, Nr. 20, S. 7.

Mit aufwändig inszenierten Shows und Revuen sollten der Bevölkerung ein paar Stunden Ablenkung von den Sorgen des Alltages und des Krieges geboten werden.

16. FEBRUAR »

Keine Trinkgelder an Kriegsgefangene!

Es wurde wiederholt festgestellt, daß Kriegsgefangene im Besitz deutschen Geldes sind, das sie erwiesenermaßen als Trinkgeld gelegentlich ihres Arbeitseinsatzes erhielten. Da Kriegsgefangene keinesfalls deutsches Geld besitzen dürfen, wird darauf aufmerksam gemacht, daß das Anbieten von Trinkgeldern an Kriegsgefangene der Bevölkerung, insbesondere auch den Firmen und Unternehmungen untersagt ist. Im übrigen muß von der Bevölkerung erwartet werden, daß das allgemein bekannte Verbot des Verkehrs mit Kriegsgefangenen stets streng beachtet wird. « IN, Nr. 39, S. 3.

Eine Straßenbahn der Linie 1, Triebwagen 60, in der Museumstraße. Neben motorbetriebenen Fahrzeugen sind auch zahlreiche Fuhrwerke unterwegs.

6. MAI

Nicht aufspringen!

Kürzlich sprang ein siebenjähriger Schulknabe in der Museumstraße auf einen in Fahrt befindlichen Zug der Linie 4 auf, verlor das Gleichgewicht und drohte wieder herabzustürzen, wobei er zwischen Triebwagen und Beiwagen geraten wäre. Dem Schaffner des Triebwagens gelang es mit großer Mühe und bei eigener Lebensgefahr, den Knaben im letzten Augenblick zu fassen und an einer Hand in den Wagen hineinzuziehen.

Daß die Schulkinder in Unkenntnis der Gefahren sehr unvorsichtig sind, während der Fahrt auf- oder abspringen, auf den Plattformen der Wagen, ohne sich anzuhalten, Späße treiben, kann wiederholt beobachtet werden. Eltern! Belehrt eure Kinder, daß sie erst aus- oder einsteigen, wenn der Zug schon zum Stillstand gekommen ist, daß sie sich nicht auf den Plattformen aufhalten, sondern sich in das Innere der Wagen begeben und den Anweisungen der Schaffner und Schaffnerinnen folgen. IN, Nr. 105, S. 3.

1943

Der Aufruf zum Gebrauch von Schutzärmeln ist ein deutlicher Hinweis darauf, dass die Dauer des Krieges die Versorgung der Menschen immer schwieriger macht. Dieses Gemälde von A. Reich, 1940, bietet bei genauer Betrachtung zahlreiche interessante Details.

20. FEBRUAR »

Gebraucht wieder Schutzärmel!

Früher benutzten Personen, die viel am Schreibtisch zu tun hatten, zum Schonen ihrer Kleider häufig Ueberärmel. Diese Sitte ist fast ganz in Vergessenheit geraten, obwohl sie praktisch ist, und obwohl wir es jetzt nötiger denn je haben, unsere Kleidung in Acht zu nehmen. Gewiß, diese Schutzärmel, die meistens aus schwarzem Satin angefertigt wurden, sahen nicht sehr schön aus, aber darauf können wir heute nicht mehr den ausschlaggebenden Wert legen; vielleicht ist es uns auch möglich, uns derartige Aermel aus demselben Stoff wie das Kleid zu nähen, dann fallen sie weniger auf. Früher zog man im oberen Rand ein Gummiband ein, das werden wir heute nicht mehr zur Verfügung haben. Deshalb helfen wir uns mit drei Paar Druckknöpfen. Ueber einem Kleiderärmel, wenn er nicht gerade aus Seide, also sehr glatt ist, wird diese Verschlußmöglichkeit ausreichend sein. « IN, Nr. 43, S. 4.

20. APRIL

Franz Fischer gestorben

» Kürzlich starb nach längerer Krankheit der gewesene Bürgermeister der Stadt Innsbruck, Franz Fischer. Fischer, der der christlichsozialen Partei angehörte, war ein politischer Gegner des Nationalsozialismus, hat es aber sehr zum Unterschied von vielen seiner Parteigänger stets abgelehnt, nationalsozialistische Männer wegen ihres aufrechten Bekenntnisses zum Deutschtum zu verfolgen. «

IN, Nr. 93, S. 5.

10. JUNI

Das größte Schützentreffen des Reiches

Ueber 140.000 RM. Geld- und Ehrenpreise – Ein Auszug aus dem Ladschreiben

» Ebenso wie im Vorjahre werden folgende Schießwettbewerbe durchgeführt: Kleinkaliberschießen mit KK.-Gewehr auf die KK.-Volksscheibe, 50 Meter Entfernung, Anschlag liegend freihändig. Gewehre liegen auf; eigene Gewehre müssen überprüft und plombiert werden. Es wird auf die zehnkreisige Ringscheibe des Standschützenverbandes Tirol–Vorarlberg mit Spiegeldurchmesser 12 Zentimeter, Ringbreite 1 Zentimeter geschossen. Ein großer Teil der KK.-Stände ist mit elektrischen Einholvorrichtungen für die Scheiben versehen. Die Stammkarte für 15 Schuß kostet einschließlich Munition 2 RM, Nachkauf ist gegen Vorweis der Stammkarte unbeschränkt und kostet je 15 Schuß einschließlich Munition 1.50 RM.

Schützen mit „Zielwasser". Die jährlich abgehaltenen Landesschießen dienten der Militarisierung der Gesellschaft und der politischen Propaganda.

Pistolenschießen auf die Pistolenvolksscheibe, 25 Meter Entfernung, Anschlag stehend frei. Als Schußwaffen werden nur aufliegende Walther-PPK.-Uebungspistolen des Standschützenverbandes verwendet, als Scheiben zehnkreisige Olympia-Figurenscheiben, durchweg auf automatischen Spiethständen; die Scheiben werden jedesmal nach fünf Schüssen eingeholt. Die Stammkarte für 15 Schuß einschließlich Munition kostet 2 RM, Nachkauf ist gegen Vorweis der Stammkarte unbeschränkt, je 15 Schuß einschließlich Munition 1.50 RM. « IN, Nr. 136, S. 3.

7. OKTOBER »

Verurteilung eines Volksschädlings

Der im Bezirk Siena, Italien, im Jahre 1898 geborene Pasquale P[...] kam als Arbeiter nach Deutschland und war hier das letzte Jahr bei einem Malermeister beschäftigt. Bisher unbescholten, verübte er in der Zeit von Februar bis Juli 1943 in Innsbruck unter Ausnützung der durch den Kriegszustand verursachten außergewöhnlichen Verhältnisse 18 Diebstähle, die meisten am Bahnhof, indem er Reisenden Koffer und Aktentaschen stahl. Er verwertete das gestohlene Gut für sich und seine Familie. In einem Falle bestahl er den seiner Familie anvertrauten Koffer eines in Stalingrad kämpfenden Soldaten. Der Schaden beläuft sich auf über 1000 RM. Unter dem gestohlenen Gut befanden sich auch Lebensmittelkarten und Bezugsbescheinigungen aller Art, die P[...] zum Teil für sich ausnützte. Er wurde vom Sondergericht Innsbruck zu zehn Jahren Zuchthaus verurteilt. « IN, Nr. 237, S. 3.

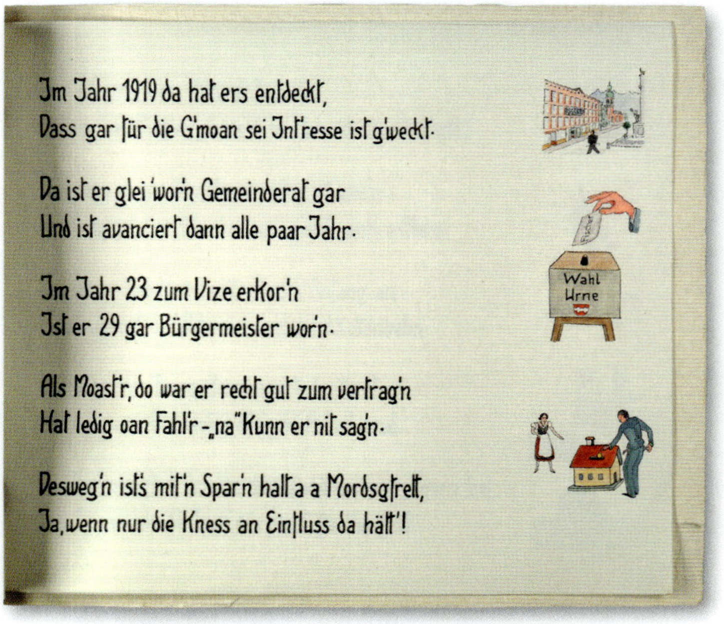

Zu seinem 50. Geburtstag erhielt Bürgermeister Franz Fischer ein wunderbar illustriertes Buch mit seinem Lebenslauf in Gedichtform.

Am 15. Dezember 1943 erreichte der Krieg endgültig auch Innsbruck. Mit dem ersten Luftangriff wurde gleich die gesamte Brutalität eines Krieges offenbar.

16. DEZEMBER »

Terrorangriff auf Innsbruck

Die Gauhauptstadt Innsbruck wurde gestern von feindlichen Terrorflugzeugen angegriffen. Es entstanden in mehreren Stadtteilen schwere Schäden an Kulturstätten und Wohngebäuden. Die Aufräumungsarbeiten sind in vollem Gange. Die Zahl der Gefallenen und der Verwundeten steht bis Redakionsschluß noch nicht fest.

Innsbruck ist nun in die Reihe jener deutschen Städte getreten, die den brutalen Luftterror zu spüren bekommen haben. Innerhalb weniger Minuten sind Kulturstätten, Lazarette und zahlreiche Wohnstätten zu Trümmerhaufen geworden. Das Leid, das so viele deutsche Städte getroffen hat, ist nun auch über unsere Stadt gekommen, aber es hat eine Bevölkerung gefunden, die ihre Nerven behalten hat und sofort bereit war, mit allen Kräften einzuspringen, um die Schäden einzudämmen. Unter der Führung der Partei wurden sofort planmäßig alle verfügbaren Hilfskräfte mobilisiert und an den vielen Schadenstellen eingesetzt. Vor allem die Wehrmacht leistete tatkräftige Hilfe. Die vorsorglich getroffenen Maßnahmen konnten sofort in Aktion treten, so daß es gelang, die Aufräumungsarbeiten auf breitester Grundlage durchzuführen. « IN, Nr. 297, S. 3.

1944

Wegen der Bedrohung durch Luftangriffe wurde es notwendig, zahlreiche Einrichtungen wie etwa Schulen und Spitäler aus dem unmittelbaren Gefahrenbereich der Stadt auf das Land hinaus zu verlegen.

22. AUGUST

Das Krankenhaus im Bergwald

„I. N."-Besuch im Ausweichbetrieb der chirurgischen Klinik der Deutschen Alpenuniversität

Wohl jedem von uns sind die weitläufigen Gebäude des Innsbrucker Krankenhauses inmitten schattiger Grünanlagen bekannt, die langen, kühlen Gänge, die hellen, luftigen Zimmer, vielleicht fiel auch schon ein Blick in die instrumentenblitzenden Operationssäle oder in die mit allen modernen Behelfen vorbildlich ausgestattete große Küche. Sinnvolle Ordnung sorgt für reibungsloses Ineinandergreifen eines großen wissenschaftlichen und verwaltungstechnischen Apparates im Dienste erkrankter oder verunglückter Mitmenschen. Obwohl in einzelne Abteilungen untergliedert, schienen doch die Kliniken der Deutschen Alpenuniversität Innsbruck stets als unlösbare Einheit, aus der kein Teil ohne empfindliche Störung des Ganzen und damit Beeinträchtigung der Zweckerfüllung des Krankenhauses überhaupt herausgenommen werden kann. Diesem Eindruck des Laien mag sich in Friedenszeiten auch jeder Fachmann rückhaltlos angeschlossen haben, doch der Krieg belehrte uns eines anderen. Die Terrorbomben des Feindes bedrohen auch diese friedliche Welt des Arztes und der Krankenschwester, so daß die Verlagerung ganzer Abteilungen in Ausweichbetriebe außerhalb der Stadt, in weniger luftgefährdete Gegenden notwendig wurde. Damit erwuchs den verantwortlichen Männern eine große Aufgabe, die unendlich viel Arbeit von der ersten Planung bis zur endgültigen Durchführung erforderte, aber trotz aller Schwierigkeiten nun längst voll gemeistert ist. Wir haben schon einmal über das neue Heim der Kinderklinik berichtet. Heute wollen wir uns einmal den Ausweichbetrieb der chirurgischen und der Hals-, Nasen- und Ohrenklinik ansehen. IN, Nr. 197, S. 3.

16. SEPTEMBER »

Wasserleitungen bleiben offen!

Hauptgashahn bei Luftangriff schließen

Auf Grund neuerer Erfahrungen bei Luftangriffen hat der Reichsminister der Luftfahrt und Oberbefehlshaber der Luftwaffe entschieden, daß Haupthähne in Hausgasleitungen bei Luftangriffen zu schließen sind. Dies braucht jedoch nicht schon bei Fliegeralarm, muß aber beim Einsetzen des Flakfeuers oder bei Wahrnehmung von Bombenwürfen geschehen oder wenn aus sonstigen Anzeichen mit der Möglichkeit von Kampfhandlungen gerechnet werden kann. Bezüglich der Gashähne in Wohnungen und Betrieben bleibt es bei den bisherigen Anordnungen, sie sind bei Fliegeralarm zu schließen, wobei besonders auf gasbeheizte Oefen und auf Zündflammen zu achten ist.

Die Haupthähne der Wasserleitungen bleiben jedoch nach wie vor während des ganzen Fliegeralarms offen. « IN, Nr. 219, S. 4.

22. NOVEMBER »

Gesundheitsschutz bei Luftangriffen

Die Kleidung soll trocken bleiben

Jede Hausfrau hat schon einmal die Erfahrung gemacht: Wer einen heißen Topf mit einem nassen Lappen anfaßt, verbrennt sich leicht die Finger, während ein trockener Lappen längere Zeit ausreichend Schutz bietet. Es ist daher ein Fehler, wenn sich Volksgenossen, die bei Fliegerangriffen aus brennenden Häusern oder durch stark strahlende Feuerhitze in den Straßen einen Weg suchen, die

Ein Bild, das die Wucht und Zerstörungskraft der Bomben sehr, sehr deutlich zeigt.

Kleider nässen, in der Meinung, dadurch gegen Feuerhitze und Funkenflug besser Schutz zu finden. Auf nassen Kleidern bildet sich nämlich bei Feuerhitze Wasserdampf, der sofort die Stoffe durchdringt und auf der Haut Verbrennungen hervorruft, was doch gerade vermieden werden soll. Es ist daher zu beachten: Die Kleidung soll trocken bleiben! Dagegen hat es sich bewährt, über die trockene Kleidung eine nasse Wolldecke umzulegen. Diese bietet Schutz gegen umherfliegende Funken, die auf der nassen Decke sofort verlöschen, und bildet zugleich einen isolierenden Luftmantel. Keinesfalls darf aber die nasse Decke etwa mit bloßen Händen zusammengehalten werden, damit letztere nicht in Verbrennungsgefahr geraten. Am besten wird die Decke mit einer Sicherheitsnadel oder mit vorbereiteten Knöpfen zusammengehalten. Stets muß der Kopf bedeckt werden. Die Augen brauchen einen Staubschutz (Brille, dünnes Seidentuch). Mund und Nase werden mit vorgebundenem trockenem Tuch geschützt. Dies ist der beste Schutzanzug gegen Feuerhitze auf gefährdeten Strecken. « IN, Nr. 176, S. 4.

Eine Fliegerbombe konnte ein Haus komplett zerstören, während Gebäude wenige Meter entfernt davon weitgehend intakt blieben.

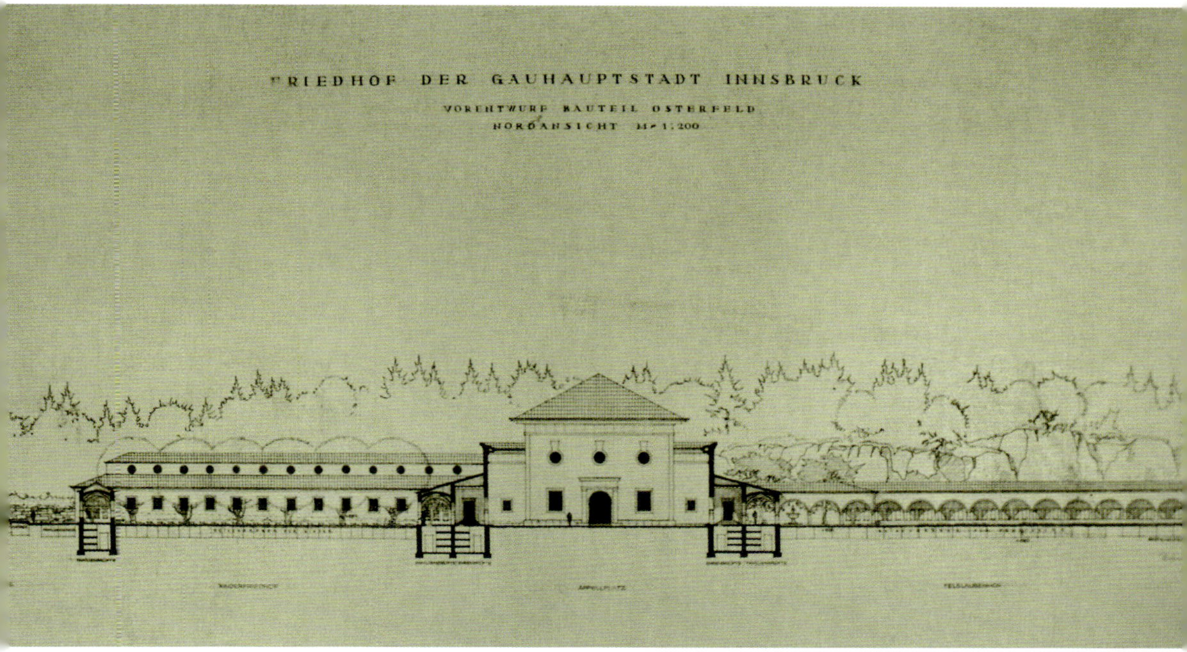

Der Entwurf des geplanten Friedhofes der „Gauhauptstadt Innsbruck“ auf dem sogenannten Osterfeld bei Amras.

6. DEZEMBER »

Das Osterfeld, Innsbrucks neue Begräbnisstätte

Würdige Ausgestaltung der Anlage in heimischer Art – Ehrenfeld für die Gefallenen des Krieges

Draußen vor den letzten Ausläufern der Stadt abseits aller Unruhe des geschäftlichen Werktages ihrer Bewohner, liegt das Osterfeld, Innsbrucks neue Begräbnisstätte. Wenige von uns kannten den uralten Flurnamen dieses Feldes im Osten, ehe ihm von der Stadtplanung seine letzte weihevolle Bestimmung gegeben wurde, doch wir alle sind wohl schon einmal den buckeligen Fuhrweg entlang der Ambraser Schloßmauer und weiter am Waldrand hin nach Egerdach, dem altberühmten Heilbade, gewandert, und erinnern uns der leichten Geländestufe, die sich vor dem Luigenwald etwa 20 Meter hoch über der Sohle des Inntales erhebt. – Es ist das Osterfeld.

Der Luftkrieg der Feinde hat es mit sich gebracht, daß die ersten stillen Schläfer auf den neuen Friedhof gebettet werden mußten, ehe Ehrfurcht die Stätte würdig ausgestaltet hatte. Doch seither wurde unablässig daran gearbeitet, dem Platz Schönheit und Harmonie zu geben. Sommerüber schloß junger Rasen die Wunden der Erde und jetzt hat der Winter mit behutsamer Hand seine weiche Schneedecke auch über das Osterfeld gebreitet, aus dessen kühlem Weiß das Lärchenholz der Denkzeichen warm und rötlich schimmert, wie ein Gruß des Lebens an den Tod. «

IN, Nr. 288, S. 3.

Notbestattungen von Bombenopfern auf dem Osterfeld.

21. DEZEMBER »

Neues Warnsignal „Akute Luftgefahr“

In zunehmendem Maße geht der Feind dazu über, bei seinen Einflügen in das Reichsgebiet in schamloser Weise die Hoheitsrechte der neutralen Schweiz zu verletzen und seinen Anflugweg über das Gebiet dieses Staates zu nehmen. In diesen Fällen kann es vorkommen, daß die ersten Meldungen über das Auftauchen feindlicher Kampfflugzeuge erst zu einem so späten Zeitpunkt abgegeben werden können, daß von da an bis zum möglichen Eintreffen der Flugzeuge und zu Bombenwürfen nicht mehr die Zeitspanne verbleibt, die für die Anwendung des Signals „Fliegeralarm“ in Betracht kommt.

In solchen Fällen wird daher in Hinkunft das Signal „Akute Luftgefahr“ in folgender Weise gegeben:

Ein gleichbleibender Heulton der Sirene von 14 Sekunden (wie beim Beginn des Signals für öffentliche Luftwarnung oder Vorentwarnung).

Anschließend an das Ausklingen dieses Sirenentones der bekannte an- und abschwellende Ton, genau wie bei „Fliegeralarm“, auf die Dauer von 40 Sekunden.

Daran anschließend abermals ein gleichbleibender Sirenenton von 14 Sekunden Dauer.

[...]

Wenn dieses Signal ertönt, ist mit der Möglichkeit des Eintreffens von Kampfflugzeugen und mit Bombenwürfen in kurzer Frist zu rechnen. Luftschutzmäßiges Verhalten muß dann unverzüglich platzgreifen. Vor allem ist es in diesem Falle nicht mehr angängig, sich auf die Straße zu begeben, um den vermeintlich besten Luftschutzraum, also etwa einen weit entfernten Stollen, zu erreichen, sondern es muß mit aller Beschleunigung der nächste Luftschutzraum aufgesucht werden. Der Bevölkerung wird im eigensten Interesse dringend empfohlen, diesen Hinweis streng zu beachten. « IN, Nr. 301, S. 3.

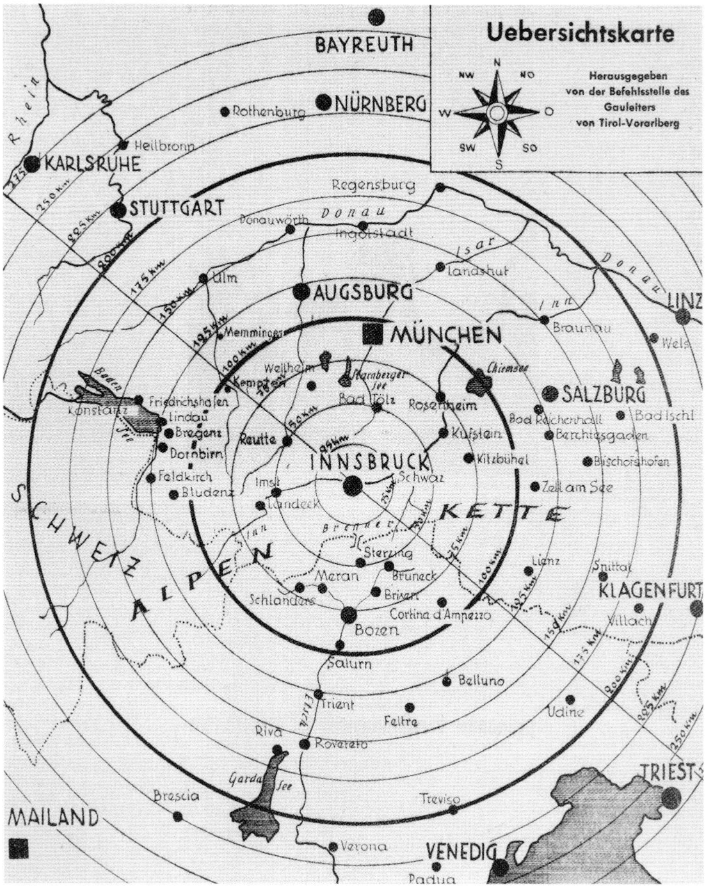

Seit Innsbruck in die Reichweite der Bomberflotten geriet, betrug die Vorwarnzeit nur wenige Minuten, in denen sich die Menschen in „Sicherheit" bringen konnten.

1945

11. JÄNNER

Unglück durch Sprengkörper

Seit Jahr und Tag wird in der Presse, im Rundfunk, in Vorträgen, in der Schule, kurzum, bei allen Gelegenheiten vor der Gefährlichkeit von Sprengkörpern gewarnt. Trotzdem ereignen sich immer wieder schwere Unglücksfälle durch leichtsinniges Hantieren mit aufgefundenen Sprengkörpern. So trieben einige Buben, die bei Gärberbach an der Brennerstraße einen Sprengkörper fanden, damit allerlei Unfug, bis der gefährliche Fund schließlich in der Hand des elfjährigen Fritz Gruber explodierte. Das Kind wurde so schwer verletzt, daß im Krankenhaus die ganze Hand abgenommen werden mußte. Im Verhältnis zu der Größe der Gefahr, in der alle beteiligten Jungen schwebten, ist das Unglück noch glimpflich abgelaufen. Möge es neuerlich allen Volksgenossen eine Warnung sein, aufgefundene Sprengkörper nicht zu berühren, sondern die Behörde von dem Fund zu verständigen, die für sachgemäße Beseitigung sorgen wird! IN, Nr. 9, S. 3.

16. JÄNNER

Hochbetagt, doch immer fleißig

Die Schneiderin Paula Berloffa begeht dieser Tage ihren 80. Geburtstag. Obwohl hochbetagt, hilft Paula Berloffa noch von früh bis spät bei der Arbeit und ihrer großen Erfahrung wie Geschicklichkeit gelingt es, manches unbrauchbare Kleidungsstück wieder schmuck und nett zu neuer Verwendung erstehen zu lassen. IN, Nr. 13, S. 4.

Mit Fortdauer des Krieges wurden die Zerstörungen immer schlimmer. Hier als Beispiele die Franz-Fischer-Straße und die Gaswerkbrücke.

Auf dem Schild in der Bildmitte steht geschrieben: „Hier spricht die NSDAP. Volksgenossen, braucht ihr Rat und Hilfe, so wendet Euch an die NSDAP."

20. FEBRUAR »

Abschied von den Gefallenen

Die Opfer des letzten Fliegerangriffes

Mit dem letzten Fliegerangriff vom vergangenen Freitag auf den Raum von Innsbruck haben die anglo-amerikanischen Luftgangster ihren Mordtaten an der wehrlosen Zivilbevölkerung eine neue hinzugefügt. Es sind 64 deutsche Volksgenossen, Männer, Frauen und Kinder, gefallen und etwa 40 verwundet worden, davon die Hälfte schwer. Einige Namen von Gefallenen konnten noch nicht festgestellt werden.

Als Abschiedskundgebung der Volksgemeinschaft veranstaltet die Partei für die Gefallenen eine Feierstunde, die in Solbad Hall vor dem Kurhaus heute, Dienstag, um 16 Uhr beginnt. « IN, Nr. 43, S. 2.

22. MÄRZ »

Todesurteil gegen Gewohnheitsdieb

Der 46jährige, in Westendorf geborene Johann L[...] ist mehrfach, darunter zuletzt wegen 123 Diebstählen mit vier Jahren Kerker und Arbeitshaus bestraft worden. Neuerdings hat er, obwohl er in günstigen Verhältnissen lebte, sieben Diebstähle an Personengepäck in Zügen oder auf Bahnhöfen begangen und damit einen Schaden von über 2000 RM verursacht. Dabei hat er in einzelnen Fällen die Verdunkelungsmaßnahmen, also die besonderen Kriegsverhältnisse, ausgenützt. Demgemäß wurde er als Volksschädling und gefährlicher Gewohnheitsverbrecher zum Tode verurteilt. « IN, Nr. 69, S. 2.

31. MÄRZ

Insektenabwurf aus Flugzeugen?

Am letzten Donnerstag um die Mittagszeit wurden an verschiedenen Stellen der Stadt Innsbruck und ihrer Umgebung Insektenschwärme beobachtet, von denen angenommen und behauptet wurde, sie seien von Feindflugzeugen abgeworfen worden. Professor Steinböck der Deutschen Alpenuniversität Innsbruck hat inzwischen festgestellt, daß es sich bei den ihm zur Erkennung vorgelegten Tieren um Steinfliegen, auch Uferfliegen genannt, handelte. Schwärme solcher und anderer – übrigens in jeder Hinsicht harmloser – Insekten kommen sehr häufig vor, wenn die Tiere bei plötzlich eintretenden günstigen Witterungsverhältnissen aus ihren Larven in großer Zahl gleichzeitig schlüpfen. Zur Frühjahrszeit und zuweilen auch im Herbst ist mit stellenweise massenhaftem Auftreten von Fliegen, besonders Eintagsfliegen, Käfern, Libellen usw., immer wieder zu rechnen. Gewöhnlich werden aber diese Insektenschwärme nur dann bemerkt, wenn zugleich andere Ursachen, z. B. Flugzeuge, zur Beobachtung des Luftraumes vorliegen. « IN, Nr. 77, S. 4.

16. APRIL

Auszeichnung

Der 19jährige SS-Sturmmann Max D[...], Elektromonteur aus Neu-Arzl, wurde für Tapferkeit vor dem Feinde im Westen mit dem Eisernen Kreuz zweiter Klasse ausgezeichnet. « IN, Nr. 88, S. 2.

27. APRIL

Verloren

Am 23. April von Saggen-Pradl 2 Schlüssel an Kette. Abzugeben gegen hohen Finderlohn: Franz-Josef-Str. Nr. 4, 2. Stock.

Geldtasche mit 700 RM, Lebensmittelkarten und verschiedenen wichtigen Ausweisen Wilhelm-Greil-Straße bis Stainerstraße. Gegen gute Belohnung am Fundamt abzugeben.

Schöner, schwarz-gelb, Schäferhund (Rassehund), hört auf den Namen „Rolf", verlaufen. Kennzeichen: Durchschuß am Hinterbein. Angaben erbittet Josef Simmler, Innsbruck, Speckbacherstr. 42/II.

Hohe Belohnung! Der ehrliche Finder meiner Handtasche mit Photoausweis, Dokumente auf Emilie Salzmann lautend, Schlüsselbund usw., am 24. April in Oetztal. Mitteilung an Gendarmerie Oetztal oder Fundamt Innsbruck, Museumstraße 17a, erbeten.

Schlüsselbund mit 6 kl. Schlüsseln von Pfarrgasse bis Dorfgasse (Hötting). Abzugeben gegen gute Belohnung: Pfarrgasse 2 bei Stauder. « IN, Nr. 98, S. 2.

Besatzungszeit

1945

6. JULI »

Franzosen besetzen Tirol

Salzburg, 5. Juli. (ISB.) Entsprechend einer unter den siegreichen Nationen getroffenen Vereinbarung, der gemäß die Länder Tirol und Vorarlberg von Frankreich besetzt werden, verlassen heute die amerikanischen Militärregierungsstellen und Besatzungstruppen Tirol.

Die amerikanische Verwaltung Tirols war eine Zwischenlösung bis zur endgültigen Beschlussfassung über den Besetzungsplan. Einzelne französische Truppenteile sind bereits in Innsbruck eingezogen.

Die amerikanischen Truppen werden weiterhin die Länder Salzburg und Oberösterreich besetzt halten. « TT, Nr. 13, S. 1.

Die französische Besatzungsmacht feiert den Nationalfeiertag am 14. Juli mit einer Militärparade. Hier mit einem Amphibienfahrzeug 1951.

9. JULI

Die „Tiroler Tageszeitung",

die von den amerikanischen Streitkräften für das österreichische Volk herausgegeben wurde, wird von morgen an unter der Aufsicht unserer französischen Verbündeten, welche die Verwaltung von Tirol übernehmen, weitererscheinen.

Wir begrüßen unsere heldenhaften Verbündeten, die Franzosen, deren starken Geist die Nazis nicht besiegen konnten und deren Heldenmut die Bewunderung der Welt gewonnen hat.

Jenen Österreichern, die dazu berufen waren, uns bei der Wiedererstehung einer Tiroler Zeitung zu helfen, die endlich nach sieben Jahren der niederdrückenden und unterdrückenden Drohung der Nazityrannen frei ist, drücken wir unseren aufrichtigen Dank aus. « TT, Nr. 15, S. 1.

13. JULI

Die Kriegsschäden in Innsbruck

Zehn Prozent aller Bauten totalbeschädigt

Vom Landhaus erfahren wir: Der Umfang der durch Bombenabwurf verursachten Gebäudeschäden in der Stadt Innsbruck wurde in der Nazizeit aus propagandistischen Gründen nicht bekanntgegeben. Heute ist es uns möglich, einige nähere Angaben zu machen.

Wir teilen die beschädigten Häuser ein in

1. schwerst- bis totalbeschädigte (50–100 %)
2. schwerbeschädigte (unter 50 %)
3. leichtbeschädigte

Die zur ersten Kategorie gehörigen Bauten müssen entweder vollständig neu aufgebaut werden oder es bedarf bei ihnen Instandsetzungsarbeiten größten Stils. Diese können vorderhand nicht in Angriff genommen werden. Insgesamt handelt es sich hierbei um 383 Häuser mit 2002 Wohnungen und 7641 Wohnräumen (Zimmer und Küchen). Das sind ungefähr 10 Prozent aller Innsbrucker Bauten. [...] « TT, Nr. 19, S. 2.

Die schweren Zerstörungen betrafen auch Einrichtungen der Infrastruktur, wie etwa das Bahnpostamt.

General Bethouart bei der Heldengedenkfeier am 24. Juli 1945 vor der Pfarrkirche St. Nikolaus.

19. JULI »

Der Einzug des Herrn General Bethouart in Innsbruck

Am 18. Juli 1945 fand der feierliche Empfang des Oberstkommandierenden der französischen Besatzungstruppen in Österreich, General Bethouart, statt. An dem Empfang nahmen das gesamte französische Offizierskorps, Einheiten der 4. marokkanischen Infanteriedivision sowie die Tiroler und Vorarlberger Landesregierung teil. Ferner waren anwesend die Vertreter der Widerstandsbewegung, die Bürgermeister und Bezirkshauptleute der Gemeinden, eine Abordnung der Südtiroler, der Studentenschaft, der ehemaligen KZ-Häftlinge und zahlreiche Musikkapellen und Schützenvereine. Auf dem großen Platz vor der Hofburg war eine Tribüne errichtet. [...] « TT, Nr. 24, S. 2.

24. AUGUST »

Einzug der Militärmark im Lande Tirol

Die in den von den französischen Truppen besetzten Gebieten in Umlauf gebrachten Militärmark sind sogleich aus dem Zahlungsverkehr zu ziehen.

Mit Beginn des 11. September 1945 verlieren die alliierten Militärmark ihre Eigenschaft als Zahlungsmittel; sie werden bis einschließlich 10. September bei allen Kreditinstituten und Postämtern gegen gültige Zahlungsmittel umgewechselt.

Die Verwendung der alliierten Militärmark nach dem 10. September ist strengstens verboten. Die alliierten Militärschillinge bleiben weiterhin im Zahlungsverkehr. « TT, Nr. 54, S. 1.

Schon unmittelbar nach Kriegsende begannen die Menschen mit dem Wiederaufbau ihrer Häuser. Menschenkraft musste statt Maschinen auch schwerste Arbeiten bewältigen.

28. OKTOBER »

Die Pläne für Umgestaltung des Burg- und Marktgrabens in Innsbruck

Von den Hausbesitzern am Burg- und Marktgraben erhalten wir folgende Stellungnahme:

Eine Verbreiterung der Fahrbahn zwischen Museum- und Maria-Theresien-Straße wäre unbedingt zu begrüßen. Dieser Zustand darf jedoch nicht durch Zerstörung der erstklassigen Geschäftsposten durch Abbruch der Ladenvorbauten erreicht werden. Dipl.-Arch. Gimbel äußert sich selbst in seinem Artikel vom 18. Oktober, daß eine gänzliche Entfernung der Vorbauten am Marktgraben nicht zu empfehlen ist, da ein Ersatz in den rückwärts liegenden Häusern nur mit sehr kostspieligen Umbauten möglich wäre. Genau dasselbe muß auch für den Burggraben gültig sein! « TT, Nr. 108, S. 3.

7. NOVEMBER »

Splitter aus Wilten

In der abgelaufenen Woche hatte Wilten einige freudige Ereignisse zu verzeichnen, die wert sind, festgehalten zu werden. Vor allem: Es gibt wieder Gas! Das bewährte Gasweibchen hat also doch wieder den Weg zu uns gefunden und wird uns nunmehr so manche Sorge abnehmen. Wir verkennen nicht die Schwierigkeiten, die das Gasweibchen zu überwinden hatte, um uns wieder dienstbar sein zu können und darum danken wir ihm auch für die Bemühungen.

Auch ist es bei uns etwas „lichter" geworden; es brennen nämlich seit einigen Tagen die Straßenlaternen wieder. Zwar noch nicht in einem Ausmaße, wie wir es vor dem Krieg gewohnt waren, immerhin aber freuen wir uns, daß auch der Großteil von Wilten in den Innsbrucker Lichtkreis einbezogen wurde.

Seit kurzem hören wir wieder die Kirchenglocken! Wie lange mußten wir auf diese Klänge des Friedens und der Eintracht warten! Wie schwingt nun unser Inneres mit beim Ertönen dieser Glockenklänge, neue Hoffnung, neue Lebensfreude entzünden sie in uns, im Gegensatz zu den teuflischen Sirenen, die nur Tod und Verderben ankündigten.

Schließlich ist noch festzustellen, daß die meisten Schutthaufen aus den Straßen verschwunden sind. Gierig frißt der hier eingesetzte Bagger einen Schutthaufen nach dem anderen. Das Straßenbild ist dadurch wesentlich freundlicher geworden. Ärgern wird sich darüber allerdings der Föhn, da er uns keinen bösen Schabernack mehr spielen kann.

Wir Wiltener sind nunmehr recht zufrieden, weil wir sehen, daß es auch in unserem, von den Kriegsereignissen vielleicht am schwersten betroffenen Stadtteil, aufwärts geht und allmählich die Schlacken einer bitteren Zeit abzufallen beginnen.
« TT, Nr. 117, S. 3.

14. DEZEMBER »

Ausgabe von Hülsenfrüchten und Keks an Stelle von Brot

Infolge unvorhergesehener Transportschwierigkeiten ist es nicht möglich, das für die vorgesehene Brotration von 8.40 Kilogramm notwendige Mehl oder Getreide heranzuschaffen. Es muß daher die Brotration gekürzt werden.

Die für den Brot- und Mehlverkauf durch Radio und Pressenotiz angeordnete Wochenbindung entfällt. Hingegen werden auf die nachstehenden zusammenhängenden Abschnitte an Stelle von Brot, Nährmittel, Hülsenfrüchte und Keks abgegeben:

Lebensmittelkarte für Normalverbraucher aller Altersstufen: Zusammenhängende Abschnitte 23, 24 an Stelle von 2000 Gramm R-Brot 250 Gramm Hülsenfrüchte. […] « TT, Nr. 148, S. 3.

27. DEZEMBER »

Die Weihnachtsfeiertage in Innsbruck

Erstmals konnten heuer wieder die Weihnachtsfeiertage in Ruhe und in Frieden gefeiert werden. Wenn auch viele Wünsche nicht nur der Kinder, sondern auch der Erwachsenen offen blieben und das ganze Leben noch die Zeichen der Nachkriegszeit an sich trug – beispielsweise wurde sogar der Christbaum vor dem Goldenen Dachl eines Großteils der elektrischen Birnen beraubt (bekanntlich auch eine Mangelware) – so konnten wenigstens alle die Feiertage unbesorgt und ohne Sirenengeheul verbringen. Die Mitternachtsmessen in den Kirchen der Stadt wiesen einen fast beängstigenden Besuch auf. Das Gedränge zum Beispiel in der Spitalskirche hätte unbedingt Kirchenordner erfordert, die nach dem Rechten gesehen hätten.

Zu unliebsamen Zusammenstößen ist es auch auf dem städtischen Westfriedhof gekommen, wo mangels anderer Weisungen die Friedhofswärter am Heiligen Abend auf den Friedhofsschluß um 17 Uhr bestanden. Den Besuchern war es daher nicht möglich, die Gräber mit Christbäumchen oder Lichtern zu schmükken. Was man durch Jahre infolge der Verdunklungseinrichtung vermissen mußte, mußte heuer unterbleiben, weil die Behörde zu kurz gedacht hatte. «

TT, Nr. 157, S. 3.

Der Schutt ist weg – die Ruinen bleiben.
Hier die der Volksschule in der Franz-Fischer-Straße in Wilten.

1946

Auch wenn immer wieder kriegsgefangene Soldaten heimkehren konnten, mussten einige bis zu zehn Jahre lang auf diesen Moment warten.

2. JÄNNER »

Heimkehrertransport

Am 28. Dezember vormittags fuhr von der Heimkehrerentlassungsstelle Reichenau ein Transportzug mit 700 österreichischen Kriegsgefangenen nach Salzburg zur Entlassung in die amerikanische Zone. – Am gleichen Tage nachmittags traf in Innsbruck ein Lazarettzug aus der englischen Besatzungszone in Kärnten und Steiermark mit 750 verwundeten österreichischen Kriegsgefangenen ein; 80 Tiroler und Vorarlberger wurden in Innsbruck sofort entlassen, die übrigen Verwundeten wurden nach Salzburg in die amerikanische Zone weitergeführt. – Am 29. Dezember nachmittags halb 5 Uhr fuhr ein Zug mit 445 österreichischen Kriegsgefangenen von Innsbruck in die englische Besatzungszone nach Kärnten. «

TT, Nr. 1, S. 3.

24. JÄNNER »

Feierliche Eröffnung der französischen Kunstausstellung in Innsbruck

Gestern Vormittag wurde in der Aula der alten Universität in würdevoller Weise die unter dem Protektorat des Oberstkommandierenden in der französischen Zone Österreichs, Sr. Exzellenz General Bethouart, stehende Ausstellung französischer Grafik „Von Ingres bis Cézanne" eröffnet. « TT, Nr. 20, S. 3.

2. MÄRZ »

Moskau reicht Innsbruck die Hand

Auf der Seegrube fand gestern der Empfang der russischen Gewerkschaftsabordnung durch eine österreichische Vertretung mit dem Vorsitzenden des Gewerkschaftsbundes Josef Wilberger, Dr. Gamper als Landeshauptmannstellvertreter, Dr. Melzer als Bürgermeister der Stadt Innsbruck, und seinen beiden Stellvertretern Dr. Greiter und Fuchs und Colonel Legate und Capt. Meurant als Vertreter der Militärregierung statt. « TT, Nr. 52, S. 2.

Der Streit um die Theresienkirche auf der Hungerburg war einer der ersten Konflikte zwischen traditioneller und moderner Kunstauffassung nach dem Zweiten Weltkrieg. Bei diesem Konflikt spielten auch religiöse und persönliche Motive eine große Rolle.

4. OKTOBER

Bilderstreit auf der Hungerburg

» Der aus Solbad Hall gebürtige akademische Maler Max Weiler erhielt vor längerer Zeit den Auftrag, die Theresienkirche auf der Hungerburg mit seinen Fresken zu schmücken. Vor etwa zwei Monaten wurde nun das erste Fresko der geplanten Folge vollendet; es befindet sich an der Westwand zwischen zwei Fenstern, die aber das Bild so heftig überstrahlen, daß man nur mit Mühe etwas davon sieht. Die schlechten Beleuchtungsverhältnisse, der ungewohnte, etwas schwer verständliche Inhalt und die neuartige, in Linie, Farbe und Form sehr subjektive Malerei – alle diese Umstände haben ihren Teil dazu beigetragen, daß dieses neue Werk kirchlicher Wandmalerei zum Teil heftigen Widerspruch hervorgerufen hat. «

TT, Nr. 227, S. 3.

18. NOVEMBER »

Einer Schleichhändlerin das Handwerk gelegt

Zwei Freundinnen zogen eines Abends beim lieben Mondenscheine aus, um für den Abendschmaus ein Schaf zu holen, heim kamen sie aber mit einer auf 4000 Schilling bewerteten trächtigen Nutzkuh. Ein Bauer schlachtete die Kuh, auch die anderen Ehemänner halfen fleißig mit. Ein Teil wurde verkauft oder eingesalzen und den noch ziemlich großen Rest des samt eines schwarz geschlachteten Pferdes auf 380 kg geschätzten Fleisches holte – die Gendarmerie! Denn die beiden Diebinnen hatten Pech gehabt. Der bestohlene Bauer Angerer in Klein-Volderberg hatte statt der Kuh nur mehr deren Schelle gefunden, und zwar in der Nähe der Wohnbaracke der Anna K[…]; da diese aber als eine Schleichhändlerin großen Formates und als eigentumsgefährlich bereits „gerichtsbekannt“ ist, fiel der Verdacht auf sie und nicht mit Unrecht. « TT, Nr. 264, S. 3.

13. DEZEMBER »

Endlich: Kalorien rollen an

Getreideschiff „Altal“ löscht Korn für Tirol im Triester Hafen – Russen genehmigen 1600 Tonnen Getreide – 6 Waggons Salzspeck aus Niederösterreich im Gütereilzug unterwegs – 11 Waggons Zucker und 2500 Hektoliter Wein versandbereit – Ernährungsminister stärkt unsere Hoffnung auf 1550 Kalorien. « TT, Nr. 286, S. 1.

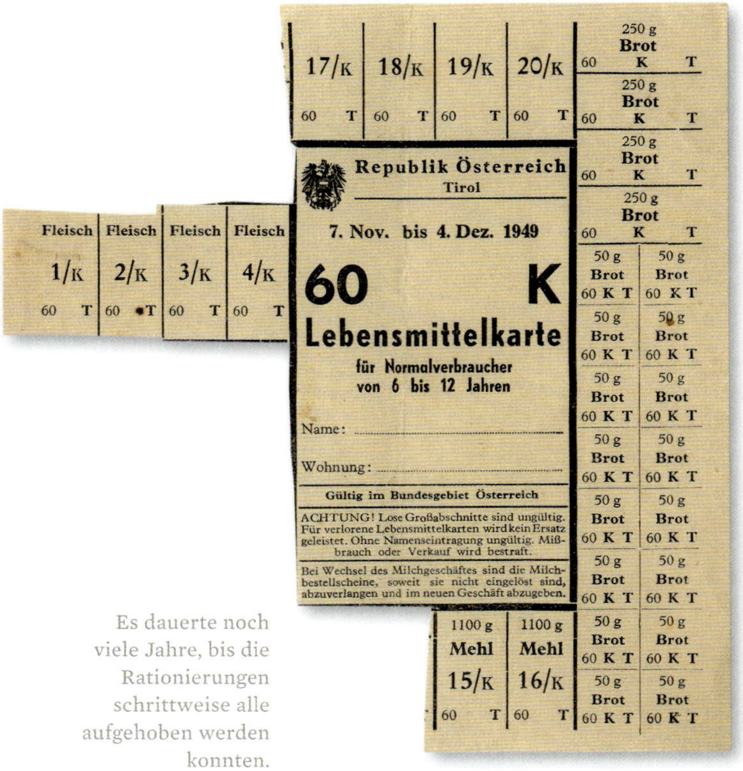

Es dauerte noch viele Jahre, bis die Rationierungen schrittweise alle aufgehoben werden konnten.

1947

11. JÄNNER

Interview des Tages: „Schleichendes Gift“

Univ.-Prof. Dr. Konrad zum neuen Film im Triumphkino

Im Triumphkino in Innsbruck ist gestern der erste österreichische Dokumentarfilm der Nachkriegszeit, „Schleichendes Gift“, angelaufen, dessen Sinn und Zweck die Belehrung und Warnung vor den Geschlechtskrankheiten ist. Wir haben deshalb den Vorstand der Innsbrucker Universitätshautklinik, Prof. Dr. J. Konrad, um nachfolgende Stellungnahme gebeten:

Das Ansteigen der Zahl der Geschlechtskrankheiten ist die unvermeidliche Folge jedes Krieges. Auch nach dem Ersten Weltkriege dauerte es viele Jahre, bis die Zahl der an den verschiedensten Geschlechtskrankheiten leidenden Personen eine wesentliche Abnahme erfuhr und halbwegs zur Norm absank. Die für die Bekämpfung der Geschlechtskrankheiten zuständigen Stellen hatten auch damals eine kaum vorstellbar große, aber dankbare Aufgabe zu bewältigen.

Nach diesem, in seinen Ausmaßen und Auswirkungen noch viel furchtbareren Zweiten Weltkrieg sind die Verhältnisse auf diesem Gebiete keineswegs besser, im Gegenteil, noch erheblich schlechter. Es werden viele Jahre angestrengtester Arbeit unter der Zusammenwirkung aller maßgebenden ärztlichen und amtlichen Faktoren notwendig sein, um der Epidemie der Geschlechtskrankheiten einigermaßen Herr zu werden. « TT, Nr. 7, S. 3.

Erste Anzeichen einer besseren Zukunft? Ein Kino, junge Menschen auf der Straße, Bauruinen, die wieder aufgebaut werden.

Mit den nach und nach verschwindenden Bombenschäden ändert auch die Stadt ihr Aussehen. Manchmal sind die Orte schwer wiederzuerkennen, wie hier die Universitätskreuzung.

12. FEBRUAR

Innsbruck erhält die modernste Klinik Österreichs

Großzügiger Ersatz für die zerstörte medizinische Klinik – Der Arzt als Architekt – Die neuesten Erfahrungen und Erkenntnisse werden verwertet

Professor Dr. Hittmair, Leiter der Medizinischen Universitätsklinik, der erst kürzlich einem unserer Mitarbeiter ein Interview über die Probleme und die Lage seiner Klinik gewährte, gab uns nun an Hand genauer Unterlagen und Pläne Informationen über Vorgeschichte und Planung des in absehbarer Zeit zur Durchführung kommenden Neubaues, der nach seiner Fertigstellung Innsbruck und ganz Tirol zu Eignern der modernsten Klinik Österreichs machen wird.

Absicht und Entschluss zu einem Neubau standen bereits unmittelbar nach Kriegsende bei allen maßgeblichen Persönlichkeiten fest, da die Gebäude der bisherigen Medizinischen Klinik zu rund 80 Prozent durch Luftangriffe zerstört und auch eine Renovierung nicht mehr möglich war. Die ohnedies schon vorher beengten Raumverhältnisse gestalteten sich nun geradezu katastrophal. Behandlungs- und Ambulanzeinrichtungen sind völlig unzulänglich untergebracht, die Patienten der Klinik selbst in fremden Gebäuden einquartiert. Für die etwa 170 stationären Tuberkulosekranken besteht keine ausreichende Isolierungsmöglichkeit. Wenn aber schon neu gebaut werden sollte, dann natürlich nach den neuesten Gesichtspunkten und Erfahrungen! Diese sind aber bei einer Klinik vorwiegend ärztlicher Natur, denn der einzige Zweck eines solchen Gebäudes ist es, der Unterbringung und Behandlung der Kranken in möglichst vollkommener Weise zu dienen. Der Arzt hat also das erste und letzte Wort zu sprechen und der Architekt um dessen Entwurf „herumzubauen", gewiß auch keine leichte Aufgabe. Man hat nämlich schon recht schlechte Erfahrungen mit nur von Architekten entworfenen Spitälern und Kliniken gemacht, und ein bekannter Schweizer Arzt äußerte sich dahingehend, daß man den beauftragten Architekten zunächst einmal selbst 14 Tage in eine Klinik geben sollte, um ihn mit den tatsächlichen Erfordernissen vertraut zu machen. [...] Auf die äußere Fassade kommt es erst in zweiter Linie an, trotzdem aber ist auch der Entwurf, den Oberbaurat Menardi, Innsbruck, in Zusammenarbeit mit Professor Hittmair angefertigt hat, rein ästhetisch ansprechend. « TT, Nr. 34, S. 3.

15. FEBRUAR »

Wein kommt zur Verteilung

Ernährungslage wird schwieriger – Üble Folgen der Zentralbewirtschaftung

Anläßlich einer Konferenz mit Landeshauptmann Dr. Weißgatterer und den Sachbearbeitern der Wirtschaftsämter Dr. Tschiggfrey und Direktor Klein wurden gestern Probleme der Ernährung und der übrigen bewirtschafteten Waren besprochen. Die Ernährungslage ist zur Zeit so, daß in der letzten Periode durchschnittlich 1550 Kalorien erreicht wurden und diese Quote auch in dieser Periode erreicht wird. Für die kommende Zuteilungsperiode liegt zur Zeit kein Verteilungsplan vor. Vorräte befinden sich in Tirol nur für Fleisch und Fett. Die Landesregierung trachtet, soviel als möglich fehlende Mengen durch Kompensationsgeschäfte Tirols mit dem Ausland zu erhalten. Leider sind ihr hiezu durch die Wiener Zentralstellen die Hände gebunden. Es wäre daher der dringendste Wunsch des Landes, daß Wien die Beschränkungen für Kompensationsgeschäfte mit dem Ausland aufhebt.

Eine besonders schwierige Lage auf dem Ernährungssektor entsteht durch die Zusatzkarten, deren Zuteilung durch Beschluß des Alliierten Rates vom 21. Juli 1946 an gewisse Verbrauchergruppen gebunden ist. Dessen ungeachtet werden über Beschluß der Bundesregierung, bzw. der zuständigen Ministerien Zusatzkarten bewilligt, für welche dann die nötige Deckung an Lebensmitteln fehlt.

In der kommenden Periode (25. Zuteilungsperiode) werden pro Erwachsenen über 18 Jahre Siebenzehntel Liter Wein ausgegeben. Die Ausgabe erfolgt über die Gastwirtschaften. Die Herbeischaffung des Weines war nur möglich mit eigenen Kraftfahrzeugen der Tiroler Landesregierung. « TT, Nr. 37, S. 2.

5. MÄRZ

Selbstmordversuch

Am 3. März um halb 8 Uhr früh wurde ein 16jähriges Mädchen in Mühlau aus dem Inn gezogen. Das Mädchen war aus Liebeskummer beim Innsteg in den Inn gesprungen und wurde vom Wasser fortgetrieben. Angestellte Wiederbelebungsversuche waren von Erfolg begleitet, das Mädchen wurde in bewußtlosem Zustande in das Krankenhaus eingeliefert. TT, Nr. 52, S. 3.

14. JULI

Der „Nachschlüssel" eines Amtsboten

4000 Lebensmittelkarten und 2000 Raucherkarten dem Schleichhandel überliefert

Seit einiger Zeit wurden in Innsbruck Lebensmittel- und Raucherkarten zu hohen Preisen (bis zu 100 Schilling pro Stück) im Schleichhandel abgesetzt. Die Bundespolizeidirektion Innsbruck war bemüht, der Sache auf den Grund zu kommen. Nach umfangreichen Erhebungen wurde festgestellt, daß die Karten von dem 20jährigen Amtsboten des Landesernährungsamtes, Emil A[...], stammten, der unter Ausnützung seiner Stellung die Karten mit einem selbstverfertigten Nachschlüssel aus dem Schrank, in dem die Karten beim Amt aufbewahrt waren, gestohlen und verkauft hat. So gelang es ihm, in zwei Angriffen sich insgesamt zirka 4000 Lebensmittelkarten für alle Altersstufen und Verbraucher und 1000 Raucherkarten für Männer, 1000 Raucherkarten für besondere Aufrufe und 120 Raucherkarten für Frauen zu beschaffen. Die gestohlenen Karten hat er dem 25jährigen angeblichen Studenten Zenon L[...], einem DP. aus Polen, um 12.000 S und gegen Lebensmittel und eine goldene Zigarettendose übergeben, der die Karten dann besonders unter Ausländern und verschleppten Personen verkauft hat. Beide Burschen wurden verhaftet. Von der Polizei konnten an Bargeld zirka 80.000 S und ein ansehnlicher Teil der gestohlenen Karten der 29. Zuteilungsperiode sichergestellt werden. A[...] hat sich fälschlich als Kriegsinvalider ausgegeben und wurde auch als solcher mit der Stelle eines Amtsboten betraut. Ihm fehlen wohl vier Finger an einer Hand, aber diese Verkrüppelung hat er nicht als Soldat erlitten, sondern schon im Jahre 1939, als er noch als Bub unvorsichtigerweise mit einem Sprengkörper gespielt hat. TT, Nr. 156, S. 3.

29. JULI

Aufruf an die Bevölkerung Innsbrucks zur Brennstoffversorgung

Die Versorgung der Bevölkerung Innsbrucks mit Heizmaterial ist auf das äußerste gefährdet. Die ausreichende Versorgung mit Kohle scheitert an Schwierigkeiten, deren Überwindung außerhalb des Machtbereiches der Stadt, bzw. des Landes liegt.

Wohl eines der ausdrucksstärksten Bilder aus dem Nachkriegs-Innsbruck: Vor dem schwer bombenbeschädigten „Hochhaus" in der Salurner Straße pflückt ein Mädchen Blumen.

Um diese Not zu steuern, sind seit vielen Wochen umfangreiche Vorarbeiten geleistet worden, aber eine Selbsthilfe unter Anspannung aller verfügbaren Kräfte ist unerläßlich. Um bei Ausbleiben der Kohlenlieferungen wenigstens ein Mindestmaß an Heizmaterial für jeden einzelnen zu sichern, ist die Gewinnung und Heranbringung von rund 78.000 Raummeter Brennholz für die 14.000 Haushalte der Stadt notwendig. Diese Menge wird wenigstens für den halben Winter ausreichen, um in jedem Haushalt einen einzigen Ofen heizen zu können. Soll diese Menge bis zum Ablauf des Winters erreicht werden, müssen 47.000 Raummeter durch zusätzliche Schlägerungen unter Mithilfe der gesamten Bevölkerung gewonnen werden. «

TT, Nr. 169, S. 3.

2. SEPTEMBER »

Fensterglas für Tirol

Wie wir von unterrichteter Seite erfahren, ist in den nächsten Tagen mit dem Eintreffen einer größeren Sendung von Fensterglas aus österreichischen, unter russischer Verwaltung stehenden Betrieben, zu rechnen. Die Verteilung wird auf dem üblichen Weg mittels Bezugscheinen erfolgen, denn die Gesamtmenge des Tafelglases beträgt nur 4000 Quadratmeter, das ist angesichts eines noch bestehenden Bedarfes von 600.000 Quadratmetern, sehr wenig. Tirol bekommt vom gesamtösterreichischen Kontingent jeweils nur 4 Prozent zugewiesen! Erwähnenswert ist hierbei noch die Tatsache, daß sich der Preis des Glases etwa um das Dreifache, auf ungefähr 56 Schilling pro Quadratmeter, erhöht hat. « TT, Nr. 198, S. 2.

6. SEPTEMBER »

Woran sterben die Innsbrucker?

Die Sanitätsstatistik des Gesundheitsamtes der Stadt Innsbruck für 1946 gibt interessante Aufschlüsse über die Ursachen der Todesfälle. Um nicht zu falschen Schlüssen zu kommen, ist nur die Innsbrucker Bevölkerung erfaßt: die zahlreichen Todesfälle von Nicht-Innsbruckern in den Spitälern und Sanatorien der Stadt sind außer Betracht geblieben.

Die häufigste Todesursache: Krebs

Während bisher unter den Todesursachen die Erkrankungen der Kreislauforgane an erster Stelle standen, bilden im Jahre 1946 erstmals die Krebskrankheiten die häufigste Todesursache. Bei insgesamt 856 Todesfällen sind in 200 Fällen – also 23,2 Prozent oder fast ein Viertel der Todesfälle – Krebserkrankungen die Todesursache gewesen, und zwar bei 107 Männern und bei 93 Frauen. An erster Stelle steht mit 52 Fällen oder 26 Prozent der Magenkrebs. Wenn man die ziemlich häufigen Erkrankungen der Speiseröhre (fünf Todesfälle, nur Männer) und des Darmes dazurechnet, ergibt sich, daß 44 Prozent aller Krebstodesfälle auf Erkrankungen der Verdauungsorgane zurückzuführen sind. An zweiter Stelle steht der Krebs der Geschlechtsorgane mit 29 Todesfällen (7 Männer, 22 Frauen), an dritter Stelle der Lungenkrebs mit 22 Todesfällen (21 Männer, 1 Frau). Sowohl beim Lungenkrebs als auch beim Speiseröhrenkrebs fällt es auf, daß diese Erkrankungen fast ausschließlich bei Männern vorkommen. Das sind keine Zufälligkeiten, sondern seit längerer Zeit regelmäßig gemachte Beobachtungen. « TT, Nr. 202, S. 2.

Der Mangel an Fensterglas wurde häufig mit Kartons „überbrückt“. Aber auch zahlreiche andere Baustoffe waren Mangelware. Hier ein Blick auf die Klinik in der Anichstraße.

1948

3. JÄNNER » **So wird der neue Landhausplatz aussehen**

Ein Denkmal allen, die für Österreichs Freiheit starben

Der Bau des Denkmals vor dem Neuen Landhaus und die Gestaltung des Platzes nehmen immer greifbarere Formen an. Es ist nicht, wie eine weitverbreitete Irrmeinung zu wissen glaubt, ein französisches „Siegesdenkmal“, das dort entsteht, sondern ein Denkmal, das allen für ein freies Österreich Gestorbenen gewidmet ist. Damit ersteht in Innsbruck das erste Denkmal in Österreich für alle Opfer des Befreiungskampfes, das zudem noch eine ausgeprägt österreichische Note trägt. « TT, Nr. 2, S. 3.

Das von der französischen Besatzungsmacht errichtete sogenannte Freiheitsdenkmal am damaligen Landhausplatz erinnert an die für die Freiheit Österreichs Gefallenen.

Zwei Darstellungen aus 1945, die das Goldene Dachl und den Stadtturm zeigen. Die Schutzmauer um das Innsbrucker Wahrzeichen sollte dieses vor Schäden durch Bombensplitter schützen.

12. JÄNNER »

Innsbrucks Wiederaufbau im Jahre 1947

Innsbruck ist eine der am schwersten bombenbeschädigten Landeshauptstädte, wurden doch durch Kriegseinwirkungen von 25.793 Wohnungen 15.386 teilweise oder gänzlich unbenützbar. Die vordringlichste Aufgabe des städtischen Bauamtes war daher auch im Jahre 1947 die Schaffung neuen Wohn- und Betriebsraumes. Nachdem es gelungen war, im Jahre 1946 den größten Teil der leichten und mittleren Bombenschäden am städtischen Hausbesitz zu beheben, wurde im Jahre 1947 der Wiederaufbau der schweren und Totalschäden in Angriff genommen. 64 Wohnungen, deren Wiederherstellung bereits 1946 in Angriff genommen worden war, konnten 1947 wiederbesiedelt werden. 11 Wohnhäuser, deren Aufbau 1947 begonnen wurde, wurden vollendet, so daß ihre 63 Wohnungen wieder bezogen werden konnten; auch 6 Wohnungen in teilbeschädigten Häusern wurden wieder benützbar gemacht. Weitere 3 Wohnhäuser wurden im Rohbau unter Dach gebracht, ihre 26 Wohnungen werden 1948 bezugsfertig sein. Auch 3 im Krieg stekkengebliebene Wohnhausneubauten wurden im Rohbau vollendet; sie werden im kommenden Jahr zusätzlich 30 Wohnungen bringen. « TT, Nr. 5, S. 3.

19. JÄNNER »

Kampf gegen den Schleichhandel

Während der Mittagsstunden des 15. Jänner führte die Wirtschaftspolizei Innsbruck in der Volksküche und im Café München Razzien durch, in deren Verlauf eine größere Anzahl von Personen perlustriert und festgenommen wurde. Die Festgenommenen befanden sich größtenteils im Besitze von Saccharin, Zigaretten, Tabak, Seife, Kaugummi, Feigen, Marmelade, Bohnenkaffee, Butter, Medikamenten und Devisen, die sie im Schleichhandel zu veräußern gedachten. Die Festgenommenen waren auch vielfach nicht in der Lage, ein geregeltes Arbeitsverhältnis nachzuweisen. Sie fristen ihren Lebensunterhalt zum Ärgernis der Öffentlichkeit nur aus dem Erlös von Schleichhandelsgeschäften und wurden daher nicht nur dem Gerichte wegen Schleichhandels angezeigt, sondern gleichzeitig wegen Erregung öffentlichen Ärgernisses gemäß Artikel VIII, EGVG, mit Arreststrafen bis zu 14 Tagen belegt. Die künftige Überwachung der Volksküche wird es allen arbeitsscheuen Elementen unmöglich machen, ihre Schleichhandelsgeschäfte dort abzuwickeln. « TT, Nr. 14, S. 3.

Ein Blick auf die Kreuzung Meinhardstraße-Museumstraße um 1950/55.

26. FEBRUAR »

Auf dem Gehsteig von einem Auto niedergefahren

wurde am Dienstag vormittags ein Fußgänger in der Sillgasse. Der Lenker des Personenautos brachte den Mann, der Verletzungen erlitten hatte, mit dem Fahrzeug selbst ins Krankenhaus. « TT, Nr. 47, S. 3.

27. FEBRUAR »

Doch noch ein Skispringen auf der Berg-Isel-Schanze

Skiverband ergreift Initiative – Aufruf an Innsbrucker Skiläufer für morgen Samstag, alles hilft mit – Internationale Großveranstaltung geplant

Es gab kein Skispringen in Innsbruck auf der so traditionellen Berg-Isel-Schanze im heurigen Skiwinter, obwohl gerade heuer zu den geplanten Terminen geradezu ideale Schneeverhältnisse herrschten. Und dennoch hörte man viel von den fortschreitenden Arbeiten, die nun tatsächlich so weit gediehen sind, daß die Voraussetzungen für eine klaglose Durchführung bestehen. Hier gilt der Dank der Stadtgemeinde und ihren Kompetenzen, die sich um die Fertigstellung beispielgebend bemüht haben.

Schon bald begann sich die Bevölkerung wieder für Sportgroßveranstaltungen wie das Bergisel-Skispringen zu interessieren. Die Werbemittel waren aber noch von Hand genäht.

Sonntag, den 8. März soll nun die Berg-Isel-Schanze mit einem Sprunglauf eröffnet und die sportliebende Bevölkerung Innsbrucks für ihr langes und geduldiges Warten entschädigt werden. Nun als erste Voraussetzung für eine sportlich hochstehende und unfallsfreie Durchführung der Konkurrenz ist die Beschaffenheit der Anlage. Noch sind die Verhältnisse gut, aber bis zum 8. März kann sich witterungsmäßig viel ändern. Deshalb ruft der Tiroler Skiverband durch seinen geschäftsführenden Sekretär Franz Zedrosser, alle Skisportler und Skisportfreunde auf, sich morgen vor- oder nachmittags bei der Sprungschanze am Berg Isel einzufinden und an der Schaffung von Schneereserven für den Eventualfall mitzuarbeiten.

Skisportfreunde und Skiläufer! Beweist eure Einsatzfreudigkeit, beweist, daß ihr für den Ruf und das Ansehen Innsbrucks im internationalen Wintersportleben etwas tun wollt, und findet euch zahlreich zu den Arbeiten ein. Eure Arbeit ist die Voraussetzung für den sportlichen und organisatorischen Erfolg. «

TT, Nr. 48, S. 3.

8. MÄRZ »

Im Kampf gegen die Schundliteratur

Erste österreichische Jugendbuchausstellung in Innsbruck

Das Jugendschriftenwerk des Landesjugendreferates Tirol eröffnete gestern vormittags im Parterresaal der Handelskammer eine unter dem Motto „Das gute Jugendbuch“ gemeinsam mit dem Wirtschaftsförderungsinstitut und dem Verein der Buch-, Kunst- und Musikalienhändler veranstaltete Ausstellung, die die erste ihrer Art in Österreich ist. Sie soll dazu dienen, Erziehern und Jugend wertvolle Jugendliteratur nahezubringen und gleichzeitig eine Waffe im Kampf gegen die überhandnehmende Schmutz- und Schundliteratur sein. « TT, Nr. 56, S. 3.

Die neuen Einflüsse in der Literatur kamen vor allem aus den USA: Comics und sogenannte „Schundliteratur". „Wertvolle" Literatur hatte da bei der Jugend bald das Nachsehen.

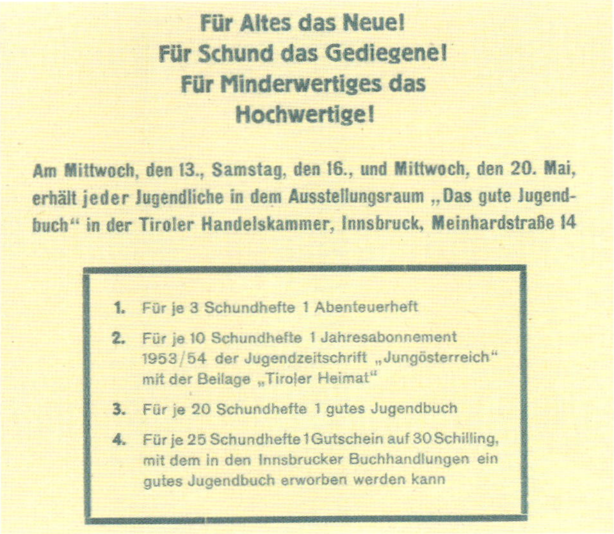

Für Altes das Neue!
Für Schund das Gediegene!
Für Minderwertiges das Hochwertige!

Am Mittwoch, den 13., Samstag, den 16., und Mittwoch, den 20. Mai, erhält jeder Jugendliche in dem Ausstellungsraum „Das gute Jugendbuch" in der Tiroler Handelskammer, Innsbruck, Meinhardstraße 14

1. Für je 3 Schundhefte 1 Abenteuerheft
2. Für je 10 Schundhefte 1 Jahresabonnement 1953/54 der Jugendzeitschrift „Jungösterreich" mit der Beilage „Tiroler Heimat"
3. Für je 20 Schundhefte 1 gutes Jugendbuch
4. Für je 25 Schundhefte 1 Gutschein auf 30 Schilling, mit dem in den Innsbrucker Buchhandlungen ein gutes Jugendbuch erworben werden kann

23. MÄRZ »

Verkehrsschutzmann schwer verunglückt

Am Sonntag nachmittags ist der Wachmann Josef Reichler, der als Verkehrsposten an der Kreuzung der Sillgasse und der Museumstraße Dienst machte, schwer verunglückt. Als zwei Straßenbahnen kreuzten, wurde er von dem offenstehenden Gitter eines Beiwagens der Linie 4 niedergestoßen und gegen den in der Gegenrichtung fahrenden Straßenbahnwagen geschleudert. Ein Privatkraftwagen brachte den Wachmann, der mehrfache Verletzungen erlitten hatte, ins Krankenhaus. « TT, Nr. 68, S. 3.

12. OKTOBER »

Verkehrsproblem Bozner Platz

Im Zuge der Wiederherstellung dieses zum Herzstück von Innsbruck gewordenen Platzes und im Hinblick auf die zunehmende Verkehrsdichte erhebt sich die dringliche, unabweisbare Forderung nach der Neugestaltung des Bozner Platzes, der sich zum verkehrsgeographischen Mittelpunkt der Landeshauptstadt entwickelt hat.

Das Bild kleinstädtischer Beschaulichkeit, das der Rudolfsbrunnen mit den umgebenden Grünflächen seit rund 70 Jahren bietet, ist ein museumsreifer, verkehrsbehindernder Anachronismus geworden, dessen Beseitigung zu den vordringlichsten Aufgaben einer auf moderne Stadtplanung bedachten Gemeindeverwaltung gehört. Längst staut sich der Verkehr am Bozner Platz, auf dem sich wichtige Verkehrsadern der Stadt überschneiden, der zum Zentrum der Innsbrucker Verkehrsbetriebe geworden ist und in dessen unmittelbarer Nähe die Abfahrtsstellen der Postkraftwagen liegen. Drei Reisebüros werden in Hinkunft dort ihre Tätigkeit entfalten, die Geschäftsdichte nimmt zu, die Fremdenverkehrswirtschaft setzt nach und nach die umliegenden Häuser wieder in Betrieb, Landhaus, Bezirkshauptmannschaft und Bauernkammer sind benachbart, die nahegelegene Handelskammer ist verkehrstechnisch ein wichtiger Faktor, der Bahnhof schickt Kolonnen von Reisenden zum Bozner Platz. « TT, Nr. 236, S. 3.

26. OKTOBER »

Einbrecher in der Innsbrucker Pfarrkirche

Sie wollten das Madonnenbild von Lukas Cranach auf dem Hochaltar stehlen

In der vergangenen Woche, in der Nacht zum Mittwoch, versuchten Einbrecher aus der Innsbrucker Pfarrkirche das bekannte Madonnenbild am Hochaltar, das von Lukas Cranach stammt und mit 250.000 Schilling bewertet wird, zu stehlen. Sie versteckten sich abends in der Kirche, ließen sich, ohne daß sie bemerkt worden wären, einschließen und konnten so in der Nacht ungestört arbeiten. Die Einbrecher entfernten zuerst das Glas, das das Bild schützt, und wollten dann die Leinwand aus dem Rahmen schneiden, um ihre Beute unauffälliger in Sicherheit bringen zu können. Zu ihrer großen Enttäuschung stellte sich jedoch heraus, daß das Bild nicht auf Leinwand, sondern auf eine Metallplatte gemalt ist. Da deren Transport zu auffällig gewesen wäre, verzichteten sie auf ihr Vorhaben, so daß das Madonnenbild den Innsbruckern erhalten blieb. Der Polizei ist es noch nicht gelungen, die Täter festzustellen. « TT, Nr. 248, S. 3.

Heute kaum mehr wiederzuerkennen: Der Rudolfsbrunnen ist von notdürftig reparierten Häusern umgeben, Rudolf IV. scheint sorgenvoll den Kopf zu senken.

1949

11. JÄNNER »

Innsbrucker Bürgerball

Erstmalig seit dem Kriege haben sich die drei maßgebenden Wirtschaftsverbände in Tirol, die Reichsorganisation der Kaufleute Österreichs, die Vereinigung österreichischer Industrieller und der Österreichische Wirtschaftsbund durch die erfolgreiche Initiative von Ing. Pipal und Herrn Stadtrat Weber entschlossen, gemeinsam am kommenden Samstag zum „Innsbrucker Bürgerball" im Hotel „Maria Theresia" einzuladen. « TT, Nr. 7, S. 3.

18. JÄNNER »

„Venedig in Innsbruck"

Das Tauwetter der letzten Tage hat die (nicht vorsorglich beiseitegeräumten) Schneemassen in den Straßen in einen zähen Brei und die Straßen in venezianische Kanäle verwandelt, die bei Belassung dieses Zustandes bald nur mehr mit Gondeln befahrbar sein werden. Burg- und Marktgraben zum Beispiel wären jetzt besser mit „Wassergraben" zu benennen, aber auch an vielen anderen Stellen macht die Seenbildung gute Fortschritte. Unfreiwillige Fußbäder und Stürze von Passanten sind an der Tagesordnung und die Rettung mußte bei drei schweren Stürzen Hilfe bringen. Man muß lange suchen, um eine zweite Stadt mit so miserabler Schneeräumung wie in Innsbruck zu finden. Die Einführung, daß die Hausbesitzer der Stadt für die Schneeräumung Gebühren bezahlen und die Stadt den Schnee einfach nicht räumen läßt, kann nicht mehr länger widerspruchslos hingenommen werden. « TT, Nr. 13, S. 3.

5. FEBRUAR »

Innsbrucker Kaufleute zu den Bauverboten

Die Reichsorga, Bezirksgruppe Innsbruck, befaßte sich auf einer Arbeitssitzung u. a. mit den zum Teil überholten Innsbrucker Bauverboten, die wegen der ursprünglich geplanten Verlegung des Hauptbahnhofes erlassen worden waren. Da sich nun, wie durch Veröffentlichungen bekannt wird, an der Lage des Bahnhofgeländes nichts ändert und die Bundesbahn ihre Gebäude wieder am alten Platz errichtet, wird begreiflicherweise von den verschiedensten Seiten eine Änderung der einschränkenden Baubestimmungen angestrebt. Zahlreiche Geschäftsleute und Gewerbetreibende, die bis jetzt ihre zerbombten Lokale nicht wiedererstellen durften, hegen nun die Hoffnung, daß die sie betreffenden Bauverbote aufgehoben werden. « TT, Nr. 29, S. 5.

9. FEBRUAR

Das Höttinger Peterlspiel

Der Höttinger Volkshumor ist bekannt. Deswegen kann das echte Peterlspiel auch nur von einem geborenen Höttinger aufgeführt werden, wie es der alte Vögele Peter vor zirka 40 Jahren noch da und dort zum Gaudium von jung und alt vorführte. Dieser hat auch die Texte des Repertoires dem Volksschriftsteller A. R. Jenewein in die Feder diktiert, die dann bei Wagner im Druck erschienen. Leider ist das Büchlein vergriffen.

Peter Vögele jun. besitzt noch das Theater und wird das echte Spiel den Mitgliedern des Heimatschutzvereines am 16. Februar um 8 Uhr abends im neuen Saale des Gasthofes „Weißes Kreuz“, Herzog-Friedrich-Straße, vorführen. TT, Nr. 32, S. 4.

2. MÄRZ

„Je mehr Tote, desto besser“

Was liest das Publikum der Innsbrucker Leihbüchereien?

Wer in einer Leihbibliothek seine Kunden zufriedenstellen will, muß eine besondere Art von „Literaturprofessor“ sein, der sich das Studium der Klassik sparen durfte. Goethe, Schiller, Lessing, Herder und die anderen Unsterblichen sind in solchen Literaturmagazinen wenig gefragt.

Die Städtische Bücherei Innsbruck, die gegenwärtig über 11.000 Bände verfügt, ist die einzige Leihbücherei der Landeshauptstadt, die eine gesamte Statistik führt. Sie enthüllt mit greller Deutlichkeit den Geschmack des Lesepublikums.

Von vier Lesern, die in dieser Bücherei Bücher entlehnen, verlangen drei einen Roman. Der Roman überrundet alle anderen Literaturgattungen, denn er steht mit 73 Prozent Beliebtheit an der Spitze.

Frauen greifen mit besonderer Freude zum Roman. Vor allem zum Liebesroman. Sie schauen gern zuerst auf den Titel und dann auf die letzte Seite, ob sie sich kriegen. 13.190mal haben Frauen im vergangenen Jahr aus der Städtischen Bücherei Bücher empfangen. Darunter waren 10.367 Romanbände. Die unterste Stufe der Popularität nehmen die Kriegsbücher der beiden Weltkriege ein. Über sie triumphieren sogar noch Gedichte. TT, Nr. 50, S. 3.

21. MÄRZ

Der Kasermandl-Riesentorlauf

Schuster, Lermoos, Tagessieger –
Dagmar Rom, Damensiegerin
Eine Nebellaterne wäre notwendig gewesen

Der SC. Seegrube führte den für 10. Dezember geplanten Kasermandl-Riesentorlauf am Josefitag auf dem Seegrubengelände unter Beteiligung von 114 alpinen Könnern trotz ungünstiger Sichtverhältnisse anstandslos und dank der Mithilfe der Teilnehmer auch unfallsfrei durch. Nebenbei Tiroler Vertretern waren auch Italiener, Südtiroler, Bayern und Schweizer am Start, die, entgegen der ursprünglichen Absicht, nicht von der Hafelekarrinne, sondern vom Seegrubenhotel bis zur

Dreierstütze 32 eine flüssige Fahrt zulassende Tore zu durchfahren hatten, die Ossi Schmidhuber als alter Routinier gesteckt hatte. Es war ein hartes Stück Arbeit, das die Veranstalter leisten mußten, denn dreiviertel Meter Neuschnee für einen Riesentorlauf zu bändigen ist keine einfache Sache. Bei der Konkurrenz selbst tat die Witterung ein übriges, um die Veranstalter für ihre Mühe zu strafen, und ließ einen dichten, mit Schneetreiben gemischten Nebel über die Strecke, der die Läufer fast sichtlos machte. Fast wäre eine Nebellaterne für jeden einzelnen Konkurrenten notwendig gewesen, wenn nicht die bei den Toren zahlreich postierten Interessenten den Läufern durch Zuruf zur Orientierung verholfen hätten.« TT, Nr. 65, S. 4.

Schon bald nach dem Ende des Zweiten Weltkrieges etablierte sich die Seegrube wieder als ein beliebtes Skigebiet der Innsbrucker Bevölkerung. Dort wurden auch zahlreiche Rennen ausgetragen.

Die Kranebitter Allee, damals noch weit außerhalb der Stadt gelegen, erscheint uns als beschauliches Weglein ohne Verkehr. Heute ist es etwas anders.

25. MÄRZ »

Die Kranebitter Allee stirbt

Ob sie wirklich unter Napoleon gepflanzt wurde? Die Historie und selbst der in allen anderen geschichtlichen Dingen so reichhaltige „Fischnaler" wissen darüber nichts zu berichten. Fest steht, daß die Reichsstraße über die sogenannte „lange Wiese" 1669 angelegt wurde und die Stadt Innsbruck von Anno 1675 an für zwanzig Jahre den Weggeldbezug genoß. Das Alter der mächtigen Pyramidenpappeln läßt sich an ihnen selbst nicht genau feststellen, denn ihr Inneres und damit die Jahresringe sind in den meisten Fällen morsch und zerfressen. Der einzige Anhaltspunkt, der mit den Schätzungen auch übereinstimmt, ist die Aussage des Straßenwärters von Kranebitten, der heute 67 Lenze zählt und sich erinnern kann, daß sein Großvater die Alleebäume gepflanzt habe. Also ist es durchaus möglich, daß die jungen Setzlinge noch die Heere Napoleons vorüberziehen sahen. « TT, Nr. 69, S. 3.

29. MÄRZ

Es gibt keinen „Krautskandal" in Innsbruck

Zu den Wiener Meldungen über einen angeblichen Kettenhandel mit Kraut zwischen Tirol und Wien teilt die Innsbrucker Wirtschaftspolizei auf Grund der von ihr geführten Erhebungen mit:

Die Obst- und Gemüsegroßhandlung Fabian Folladore in Innsbruck erhielt über den Wiener Importeur M. Straschil & Sohn, Wien, VI., Köstlergasse 16, zehn Waggons Weiß- und sechs Waggons Blaukraut aus Holland. Die Firma Folladore übernahm die Lieferung aus Holland an der Grenze bei Kufstein und führte von den 16 Waggons Kraut sofort 14 Waggons in Tirol dem Detailhandel zu; die restlichen zwei Waggons, und zwar ein Waggon Weißkraut und ein Waggon Blaukraut, erhielt der Obst- und Gemüsegroßverteiler Sieberer in Kitzbühel. Auf Grund der Erhebungen wurde festgestellt, daß die Firma Folladore eine Großhandelsverdienstspanne bei der Lieferung an Sieberer in Kitzbühel von nicht ganz 6 Prozent in Anspruch genommen hat, während sie berechtigt gewesen wäre – da es sich um Frischware gehandelt hat –, eine Großhandelsspanne von 13 Prozent zu beanspruchen. Die Firma Folladore hat somit nicht einmal die Hälfte der Großhandelsspanne ausgenützt. TT, Nr. 72, S. 3.

29. OKTOBER

Innsbrucks Aufgaben in der Zukunft

Nicht Festspielstadt, sondern Kongreßstadt

Im Rahmen der Woche der Vereinten Nationen hielt Bürgermeister Dr. Melzer ein außerordentlich interessantes und eingehendes Referat über Innsbrucks Aufgaben in der Gegenwart und in der Zukunft, das er zugleich mit einem historischen Rückblick verband. Wir entnehmen dem Vortrag nachstehende Gedanken:

Es steht außer Zweifel, daß Innsbruck im Wiederaufbau allen anderen Städten vorausgeeilt ist. Das ist nicht ein Verdienst einzelner Persönlichkeiten, sondern ein Verdienst der Gesamtheit, ein Verdienst, das auf dem Lebenswillen, auf der Rührigkeit und auf dem Optimismus aller Bevölkerungsschichten beruht. Der einzelne, der an der Kommandostelle steht, kann nur hier ein Hindernis beseitigen, dort einen Ausgleich herbeiführen und zur Beruhigung der Atmosphäre beitragen, so ähnlich wie der Gärtner, der auch nur das Unkraut beseitigt, die harte Bodenkruste lockert und den mangelnden Regen durch Gießen ersetzt. Das Wichtigste ist, nach all dem Haß und Hader wiederum das Bewußtsein zu erwecken, daß wir alle zusammen Mitbürger sind und daß unsere Stadt ein eigenes, geradezu persönliches Leben führt, an dem jeder teilhat und jeder nach der Stärke seiner Schultern auch die Lasten zu tragen verpflichtet ist. TT, Nr. 250, S. 4.

19. NOVEMBER »

Der Mord im Patscher Wald

Wer hat Siegfried W[...] gekannt? – Die Bevölkerung zur Mitarbeit an der Klärung der Bluttat aufgerufen

Die Feststellungen bei der Obduktion der Leiche des am Montag im Patscher Wald erschossen aufgefundenen 29jährigen Diplomkaufmanns und Hochschülers Siegfried W[...] aus Königsberg ergaben, daß W[...] einem Mord zum Opfer gefallen ist. Darauf deuteten bereits die Erhebungen der Gendarmerie hin, die trotz genauestens Absuchens des Geländes die Waffe, aus der die tödlichen Schüsse abgegeben wurden, nicht finden konnte. Siegfried W[...] wurde von fünf Schüssen getroffen, davon drei Kopfschüsse, ein Schuß in die Schulter und ein Schuß in den Oberschenkel. Am Auffindungsort der Leiche wurden nur zwei ausgeschossene Patronenhülsen gefunden. Sie dürften von jenen Schüssen stammen, mit denen der Mörder sein Opfer, nachdem er es niedergestreckt hatte, vollends erledigte. «

TT, Nr. 267, S. 6.

24. NOVEMBER »

Das Patscher Mordrätsel geklärt

Der 27jährige Innsbrucker Briefmarkenhändler Herwig S[...] unter Mordverdacht – Mordwaffe und Beute sichergestellt

Der vorbildlichen Zusammenarbeit zwischen den Organen der Erhebungsabteilung beim Innsbrucker Landesgendarmeriekommando und der Kriminalpolizei der Bundespolizeidirektion Innsbruck ist es unter Mitwirkung der zur Mithilfe aufgerufenen Bevölkerung gelungen, den Mord im Patscher Wald am 29jährigen Diplomkaufmann Siegfried W[...] im wesentlichen zu klären. « TT, Nr. 271, S. 3.

26. NOVEMBER »

Mysteriöser Tod des Patscher Mörders

Der 27jährige Herwig S[...], der wegen des Mordes im Patscher Wald an Siegfried W[...] in Haft war und die Tat auch bereits eingestanden hatte, wurde gestern nachmittags in seiner Zelle im Gefangenenhaus des Innsbrucker Landesgerichtes tot aufgefunden. Die Todesursache ist noch nicht bekannt. Die gerichtsärztliche Leichenöffnung wurde angeordnet, um die Todesursache festzustellen. « TT, Nr. 273, S. 5.

1950

15. FEBRUAR

Man kann ruhig darüber sprechen

Ist Innsbruck eine verwanzte Stadt? – 30jähriger Krieg gegen Ratten

Kein Zweifel: Unmittelbar nach dem Krieg wimmelte es auch in Innsbruck von Wanzen. Sie wurden von Soldaten und Flüchtlingen aus ganz Europa herbeigeschleppt. Heute ist es anders. Innsbruck ist nahezu wanzenfrei. Das weltberühmte DDT, das inzwischen in vielen öffentlichen Gebäuden und Privatwohnungen verspritzt wurde, vernichtete Millionen dieser widerlichen Insekten, von denen kein Mensch weiß, wozu sie da sind. DDT hinterläßt, wenn es fein zerstäubt wird, einen hauchdünnen Film, der Nervengift enthält. Sobald irgendein Insekt diesen Film berührt, wird es getötet. Der Erfinder des DDT erhielt den Nobelpreis. Er hat ihn verdient. « TT, Nr. 38, S. 3.

1. APRIL

Weitere Freigabe von Wohnungen angekündigt

Richtfeier des Neubaues in der Roseggerstraße

Heute nachmittags fand die Richtfeier des großen Neubaues in der Roseggerstraße statt, der als Gemeinschaftswerk der Gemeinde Innsbruck und der Besatzungsbehörden erstellt wird. Dieser Wohnblock – der zur Hälfte von der Gemeinde und zur Hälfte von der Besatzungsmacht finanziert wird – umfaßt sechs

In Pradl war das Nebeneinander von urbaner Verbauung und landwirtschaftlicher Grünfläche besonders deutlich. Hier ein Blick vom Gelände des Tivoli-Schwimmbades in Richtung des Militärfriedhofes in der Anzengruberstraße.

Häuser mit insgesamt 68 Wohnungen, die nach der Planung des Stadtbaumeisters Reiter in der modernsten Weise ausgestattet werden sollen. Schon der Rohbau läßt erkennen, welch wohltätiges Werk hier im Werden ist. An der Richtfeier beteiligten sich u. a. Generaladministrator Exzellenz Voizard, Colonel Nadeau, Gouverneur Kielholz, Bürgermeister Dr. Melzer, die Vizebürgermeister Flöckinger und Kotter, mehrere Gemeinderäte und Vertreter der zuständigen städtischen Behörden. Den feierlichen Richtspruch sprach von der Höhe des Neubaues der Zimmerpolier. Hierauf fand die Besichtigung des Neubaues statt. « TT, Nr. 77, S. 5.

Dr. Franz Greiter, Bürgermeister von Innsbruck von 1951 bis 1956.

5. APRIL »

Innsbruck noch ohne Bürgermeister

Zwischenfall bei der Bürgermeisterwahl – Gebrochene Vereinbarungen – ÖVP. machte durch Verlassen des Sitzungssaales den Gemeinderat beschlußunfähig

Die gestrige konstituierende Sitzung des neugewählten Innsbrucker Gemeinderates nahm einen ganz unerwarteten und programmwidrigen Verlauf. Die neugewählten Gemeinderäte hatten sich vollzählig versammelt. Die 17 Gemeinderäte der OeVP. und der mit ihnen gekoppelten Listen nahmen den rechten Flügel der Sitze ein, die 15 Gemeinderäte der SPOe. die linke Seite, während die sieben Gemeinderäte des VdU. und der einzige kommunistische Gemeinderat in der Mitte Platz nahmen. [...] « TT, Nr. 80, S. 3.

Ein Blick auf das Haus Marktgraben 27. Man sieht zum Teil die sehr umstrittenen Geschäftsvorbauten, die in der Folge schrittweise abgetragen wurden.

20. APRIL

Die Kündigungsprozesse um die Vorbauten am Markt- und Burggraben

Wir haben seinerzeit über die Kündigungsprozesse der Stadtgemeinde Innsbruck gegen die Mieter der Vorbauten am Markt- und Burggraben berichtet. Gestern fand nun die Fortsetzung der Verhandlung in dem Prozeß gegen die Firma Tollinger am Marktgraben und das Blumengeschäft Fröhlich am Burggraben statt. [...] « TT, Nr. 92, S. 4.

25. APRIL

Eine fliegende Scheibe über Innsbruck?

Nach einem Bericht des Gendarmeriepostens Solbad Hall wurde am Samstag abends von Solbad Hall aus über Innsbruck eine fliegende Scheibe beobachtet. Am Horizont zwischen Hafelekar und Rumerspitze sah man eine glühende rote Scheibe, die sich zuerst mit mäßiger Geschwindigkeit aufwärts bewegte und nach etwa zehn Minuten mit größerer Geschwindigkeit nach Norden verschwand. «

TT, Nr. 96, S. 3.

26. APRIL »

Eine Straßenschlacht bei der Pradler Brücke

Sechs Wachleute im Kampf mit den Gebrüdern Bock verwundet

Bei der Pradler Brücke und in der Pradler Straße spielte sich in der Nacht zum Dienstag eine wüste Schlacht zwischen den als Gewalttätern bekannten Brüdern Bock und einigen Männern, die für sie Partei ergriffen hatten, auf der einen Seite und der Polizei auf der anderen Seite ab. Gegen ¾ 10 Uhr abends wurde das Überfallskommando alarmiert und zur Pradler Brücke gerufen, weil dort ein Postangestellter von zwei Männern überfallen und mißhandelt worden war. Es gelang festzustellen, daß die Täter die Brüder Bock waren, die sich inzwischen in ein nahe gelegenes Gasthaus begeben hatten.

Die Polizisten forderten die Brüder Bock im Gasthaus auf, mit ihnen zur Polizei zu kommen. Die Brüder Bock gingen anfangs ruhig mit, als sie jedoch das Auto des Überfallskommandos besteigen sollten, versetzten sie plötzlich den Wachleuten mehrere kräftige Boxhiebe, wodurch die Polizisten verletzt wurden. Mehrere Burschen, die bisher der Amtshandlung als Zuschauer gefolgt waren, ergriffen nun für die Brüder Bock Partei und begannen ebenfalls die Wachleute zu mißhandeln. Die Polizeibeamten setzten sich mit ihren Holzknüppeln zur Wehr.

Der Kampf nahm immer ärgere Formen an, als die Brüder Bock und ihre Helfer sich mit Schaufeln, Eisenrechen und Latten bewaffneten, die auf einem nächst dem Gasthaus abgestellten Pferdefuhrwerk lagen, und diese als Waffen gegen die Polizisten benützten. Im Lauf der Zeit hatten sich über 100 Neugierige eingefunden, die dem Kampf untätig zusahen und durch ihre Anwesenheit die Polizisten am Gebrauch ihrer Schußwaffen hinderten, da zu befürchten war, daß durch Schüsse unbeteiligte Zuschauer hätten getroffen werden können.

Die Brüder Bock versuchten dann mit dem Pferdefuhrwerk, von dem sie sich ihre behelfsmäßigen Waffen geholt hatten, durch die Egerdachstraße davonzufahren. Als die Polizei, die inzwischen Verstärkung erhalten hatte, Maßnahmen traf, um die Flucht zu vereiteln, kam es abermals zu einem heftigen Kampf, in dessen Verlauf schließlich die Brüder Johann, Egon und Hermann Bock und ein gewisser Leonhard Klammer überwältigt und festgenommen werden konnten. Im Laufe der Nacht konnten zwei weitere an den Angriffen auf die Polizei beteiligte Personen, Max Monz und Josef Krößß, ausgeforscht und festgenommen werden.

Der Postangestellte, dessen Mißhandlung den Anlaß zum Eingreifen der Polizei gegeben hatte, wollte sich mit der Straßenbahn in die Klinik begeben, um sich dort seine Verletzungen behandeln zu lassen. Auf der Fahrt ins Krankenhaus brach er jedoch in der Maria-Theresien-Straße bewußtlos zusammen. Er wurde in das Polizeiwachzimmer im Rathaus und von dort mit dem Rettungsauto in die Klinik überführt.

Im Kampf mit den Brüdern Bock und ihren Komplicen wurden auch sechs Polizeibeamte zum Teil schwer verletzt, so daß sie in ärztliche Behandlung gebracht werden mußten. « TT, Nr. 97, S. 4.

Die sogenannte Bock-Siedlung und ihre Bewohner sind bis heute ein Teil beinahe legendenumwobener Zeitgeschichte. Wahre „Wundertaten" und ein unbändiges Rebellentum werden ihnen bis heute nachgesagt.

4. JULI

Engländerin wurde Opfer eines Mordes

In einer Höhle oberhalb der Ißhütte erschlagen aufgefunden – Der flüchtige Täter ist bekannt

Durch den Großeinsatz der Bergwacht, die mit Suchhunden in Aktion trat, der Gendarmerie und Polizei ist es gelungen, den Tod der 43jährigen Helene M[...] aus Oxford, die seit Samstag nachmittags aus dem Berghotel auf dem Patscherkofel abgängig war und am Sonntag als Leiche aufgefunden wurde, völlig zu klären. Es steht nunmehr fest, daß die Frau, die erst zwei Tage zuvor mit ihrer Mutter im Patscherkofelhotel Quartier genommen hatte, das Opfer eines Mordes geworden ist. Auch der Täter konnte bereits ermittelt werden. Es ist der 48jährige Guido Zingerle aus Innsbruck, ein Südtiroler, der zuletzt als Bauhilfsarbeiter in Innsbruck tätig war. Zingerle ist seit Montag, sechs Uhr früh, flüchtig. Er konnte bisher trotz großangelegter Fahndungsaktionen noch nicht festgenommen werden.

Nachdem die Engländerin am Samstag abends nicht mehr in das Hotel zurückgekehrt war und eine nächtliche Suchaktion erfolglos verlaufen war, wurde am Sonntag die Tiroler Bergwacht mit Suchhunden zur Unterstützung der erhebenden Gendarmeriebeamten aufgeboten. Die außerordentlich gewissenhafte Durchsuchung des Geländes führte dazu, daß die Suchhunde die Leiche in einer Höhle unterhalb des Weges von der Lawinengalerie am Patscherkofel gegen den Glungezer entdeckten. Die Höhle liegt oberhalb der Ißhütte an einer schwer zugänglichen Stelle des Abhanges zwischen dem Höhenweg und der Ißhütte. TT, Nr. 152, S. 2.

5. JULI

Der Mord bei der Ißhütte

Wie Guido Zingerle als Täter ermittelt wurde – Der vermutliche Hergang der Tat Großfahndung nach dem flüchtigen Mörder

Die Gendarmerie hatte auch gestern ihren ganzen Apparat aufgeboten, um den Sexualmord an der 43jährigen Engländerin Helene M[...] aus Oxford restlos aufzuklären. Über 70 Gendarmeriebeamte unter Führung des Kommandanten der Gendarmerieschule, Gend.-Major Böhler, waren eingesetzt, um die weitere Umgebung des Auffindungsortes der Leiche nach Spuren abzustreifen. Die Erhebungsabteilung des Gendarmerie-Landeskommandos führte eine peinliche Untersuchung des Tatortes und seiner engeren Umgebung durch. Dabei machten die Erhebungsbeamten einen sehr wichtigen Fund.

Die Gendarmeriebeamten der Erhebungsabteilung fanden in der Höhle, in welcher die Leiche der Ermordeten gefunden worden war, zwei Steine, die Blutspuren aufwiesen und an denen einige Haare klebten. Die Steine wurden sehr sorgfältig verpackt und dem gerichtsmedizinischen Institut übermittelt, das die Leiche bereits obduziert hat und nun feststellen wird, ob diese Steine als Mordwerkzeug in Betracht kommen bzw. welche Wunden der Ermordeten durch Hiebe mit diesen Steinen zugefügt worden sein können. « TT, Nr. 153, S. 3.

12. AUGUST

Bestie Zingerle gefangen und geständig

Sonderbericht unseres H. B.-Redakteurs

Zehntausende Frauen und Mädchen in Österreich und Südtirol können erleichtert aufatmen: Guido Zingerle, der langgesuchte Sexualmörder, dem jüngst die Engländerin Helen M[...] zum Opfer fiel, liegt in Fesseln. Der italienische Karabiniere, Brigadier Eugenio Olivotto, hat ihn am Freitag um 6 Uhr früh auf einer Alm in etwa 2000 Meter Höhe bei Mühlbach am Eingang des Pustertales festgenommen. « TT, Nr. 186, S. 5.

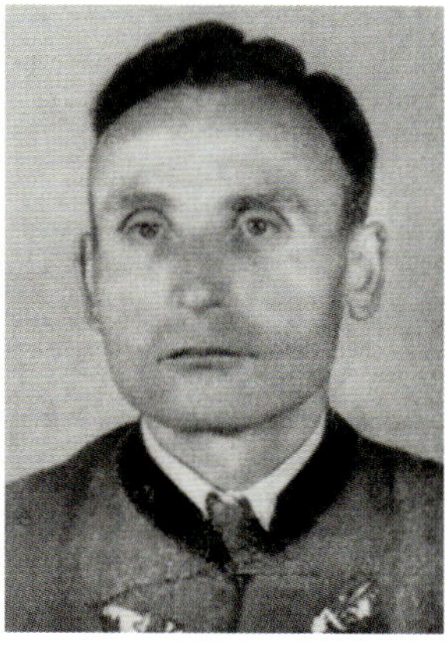

Auch eine Legende – wenn auch eine gefürchtete: Guido Zingerle.

1951

Reitsportveranstaltungen waren früher wesentlich beliebter als heute. Ähnlich wie Autorennen in der Gegenwart waren Pferderennen Teil der Alltagskultur.

2. JÄNNER »

Die großen Renntage in Innsbruck und Igls

3000 Zuschauer in Innsbruck – 1200 in Igls trotz Kälte und Wind – Prachtvolles Pferdematerial – Beachtliche Leistungen

Man darf sich nicht wundern, wenn der Tiroler Trabrennverein nach fast zwanzigjähriger Pause mit einiger Besorgnis den Veranstaltungen entgegensah, weil sich ja zwischenzeitlich ganz andere Verhältnisse eingeschlichen haben, die gerade den Pferdesport vor eine völlig neue Situation stellten. Doch wieder einmal hat sportlicher Idealismus über alle Einwände gesiegt und gleichsam als Lohn für die vorbildlichen Bemühungen hatte sich der Silvestertag ein prachtvolles, sonniges Wetter zugelegt, das für alle Beteiligten gewissermaßen auch eine Voraussetzung war. Auch jene, die vielleicht geglaubt haben, daß Trabrennen im Winter, speziell in der Provinz, eine schon überholte Sache wären, wurden durch den ausgezeichneten Besuch in Innsbruck eines Besseren belehrt. Es mögen an die 3000 Zuschauer gewesen sein, die sich da rings um die Riesenfläche des alten Reichenauer Flugplatzes postiert hatten. Wenn aber mancher von diesen von Kassieren unbehelligt blieb, dann ist dies ein verzeihlicher Regiefehler, denn auch darin machte sich Not am Mann bemerkbar. Man darf nicht vergessen, daß gerade ein Trabrennen einen bewährten Stock von Funktionären nötig hat und daß es bei solchen Rennen ja nur allzuleicht Streitfragen gibt, die aber im Interesse der Sache sofort geklärt werden müssen. « TT, Nr. 1, S. 7.

1951

17. JÄNNER

„Denkender Stadtplan“ im Herzen von Innsbruck

Vor der Ausgestaltung der Grünanlagen auf dem Bozner Platz

Der auf der letzten Innsbrucker Herbstmesse im Rahmen eines Preisausschreibens als interessanteste Erfindung bzw. umwälzende technische oder wirtschaftliche Neuerung mit dem ersten Preis ausgezeichnete Subito-Stadtplan gelangt nun als erster Österreichs auf dem Bozner Platz zur Aufstellung. Es handelt sich um die österreichische Lizenz eines international eingeführten Orientierungsgerätes, das in verschiedenen Städten Frankreichs, der Schweiz und Westdeutschlands bereits steht und dessen Handhabung zumal dem Reisepublikum aus dem Ausland bereits geläufig ist.

Mit Hilfe von jeweils zwei leicht zu ermittelnden Kennziffern zeigt ein beweglicher Schattenpfeil auf dem transparenten Stadtplan mit der Pfeilspitze genau auf das gesuchte Objekt, so daß der Weg dahin vom Standplatz des Planes aus für jedermann leicht zu finden ist. Auf einer der beiden Suchtrommeln mit alphabetischem Register sind das vollständige Straßenverzeichnis und eine Zusammenstellung der wichtigsten Behörden und öffentlichen Gebäude angebracht, auf einer zweiten ein Branchenregister mit Hotels, Kaffeehäusern, Unterhaltungslokalen, Fachgeschäften usw. Der Plan selbst, im Ausmaße von etwa einem Quadratmeter, ist von wirkungsvollen Reklameflächen und einigen Schauvitrinen umgeben, mit der Straßenbeleuchtung gekoppelt und daher bei Dunkelheit dauernd beleuchtet. TT, Nr. 13, S. 3.

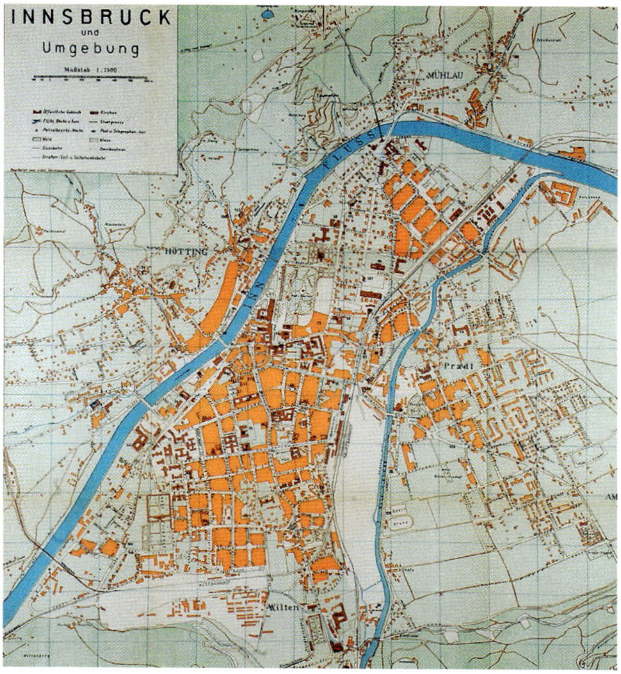

Das Stadtgebiet bietet Ende der 1940er Jahre noch viele unverbaute Flächen, die inzwischen schon längst dem Bedarf an Straßen, Wohnraum und Handelsflächen zum Opfer gefallen sind.

25. JÄNNER

Die Evakuierung in Mühlau und den Allerheiligenhöfen

Wie uns die Magistratsdirektion mitteilt, sind von 361 Einwohnern von Mühlau, deren Häuser unter die Evakuierungsbestimmung fallen, bisher 118 der Aufforderung zur Räumung nachgekommen. 82 hievon haben privat Quartier gefunden, 36 ließen sich in Gasthöfe einweisen. Außerdem wurden aus den Baracken der Firma Innerebner & Mayr 107 Bauarbeiter evakuiert. Von 17 Häusern, die im Bereich der Allerheiligenhöfe geräumt werden sollen, sind bisher acht mit 14 Einwohnern zur Gänze evakuiert. TT, Nr. 20, S. 3.

13. MÄRZ

Bürgermeister Dr. Melzer gestorben

Nach langem, schwerem Leiden starb gestern im Zahlstock des Innsbrucker Krankenhauses der Bürgermeister der Landeshauptstadt Dr. Anton Melzer, kurz nachdem er das 53. Lebensjahr vollendet hatte. Obwohl dieses traurige Ereignis leider schon seit langem befürchtet werden mußte, ist die Erschütterung, die es hervorruft, außerordentlich. Der unerbittliche Tod hat einen Mann in der Vollkraft der Jahre gefällt, der sich um die Entwicklung unserer Stadt in einer außerordentlich schwierigen Zeit die größten Verdienste erworben hat. Der Wiederaufbau von Innsbruck, das er als eine von den Kriegsverheerungen schwer heimgesuchte Stadt im Jahre 1945 übernahm, ist zum großen Teile seiner Initiative, seiner Unermüdlichkeit und seinem weitherzigen Verständnis für alle Bedürfnisse zu danken. Der hervorstechendste Charakterzug seines Wesens waren Sachlichkeit und Objektivität und eine vorbildliche Zivilcourage, die ihm die Achtung aller gewann, vor denen er die Angelegenheit seiner Stadt, die er heiß liebte, zu vertreten und zu verfechten hatte. TT, Nr. 60, S. 1.

Dr. Anton Melzer, Bürgermeister von Innsbruck von 1945 bis 1951.

Das „Hotel Europa" galt schon immer als eine der ersten Adressen in Innsbruck. Deswegen war auch die Wiedereröffnung ein Symbol des Fortschrittes im Wiederaufbau.

22. MÄRZ

Hotel „Europa" – „Symbol des Vereinten Europa"

Zur Eröffnungsfeier des Hotels „Europa" hatten sich gestern u. a. Handelsminister Dr. Kolb, der Chef der ECA.-Mission, Meyer, Landeshauptmannstellvertreter Mayr, die Vizebürgermeister Flöckinger und Süß, Kammerpräsident Miller nebst zahlreichen Persönlichkeiten des kulturellen, politischen und geschäftlichen Lebens in dem von Eleganz und Sauberkeit strahlenden Speisesaal des nun vollendeten Hotels eingefunden. Namens der Hotelgesellschaft dankte Dr. Atz insbesondere für die Hilfe der ECA. und betonte, das amerikanische Volk habe zum ersten Mal in der Geschichte das christliche Gedankengut der Nächstenliebe zwischen den Völkern verwirklicht. TT, Nr. 67, S. 3.

1. JUNI

Innsbruck bekommt die modernste Auto-Service-Station

Die Stadt Innsbruck wird bald über die modernste Auto-Service-Station Mitteleuropas verfügen. Die Betreuung von Motor-Fahrzeugen besteht nicht mehr lediglich darin, sie mit dem notwendigen Kraftstoff und Öl zu versorgen, und notfalls Windschutzscheibe und Nummerntafel von anhaftendem Staub zu reinigen. Der moderne Kraftfahrer fordert vielmehr für sein Fahrzeug eine komplette Pflege. [...] TT, Nr. 123, S. 3.

Kniestrümpfe und Lederhosen sind bei Knaben heute wohl ebenso selten wie Tankstellen mitten in der Stadt. Hier die Tankstelle am Bahnhof.

1952

Ähnlich dem Pferdesport war auch Boxen früher eine Sportart, die breite Bevölkerungsschichten anzog.

14. JULI

Solche Boxabende sehen wir gerne wieder!

Verstärkte Innsbrucker Staffel schlägt Pariser Auswahl 11:9 – Prächtige Kämpfe brachten beste Stimmung – Dramatischer Schwergewichtskampf – Senn olympiareif, aber ...

Lang, lang ist's her, daß sich eine so zahlreiche Sportgemeinde zu einem Boxertreffen einfand, wie es am Freitag abend der Fall war. Und es war sportlich feierlich, als die beiden Boxstaffeln zwischen die Seile kletterten. Denn Bilder der Erinnerung wurden wach. Man muß dem veranstaltenden Club Militaire Français Dank und Anerkennung zollen, daß er den Boxabend in der für diese Zwecke ausgezeichnet geeigneten Ausstellungshalle aufzog. Es war ein in jeder Hinsicht gelungener Abend. Prächtige Kämpfe. Prächtige Stimmung. Zufriedene Zuschauer am Ende des Abends mit dem allgemeinen Wunsch nach einer baldigen Wiederholung – wenn möglich wieder in dieser Ausstellungshalle! TT, Nr. 161, S. 7.

Der Bau des Mühlauer Elektrizitäts- und Wasserwerkes war eines der ersten großen Infrastrukturprojekte nach dem Zweiten Weltkrieg.

21. JULI »

Vom Mühlauer Schrägaufzug überfahren

Samstag ereignete sich in Mühlau ein Betriebsunfall. Der 64jährige Hilfsarbeiter Leopold Pfeifhofer fuhr um etwa 13 Uhr mit der Materialseilbahn vom Rosnerweg zur Baustelle bei der Wasserfassung; er saß auf der Laderampe, unter der das Zugseil befestigt ist. Beim Steinbruch machte der Aufzug plötzlich eine stoßartige Bewegung, und Pfeifhofer fiel vom Materialwagen vor die Räder des Wagens, der ihn überfuhr und dadurch entgleiste. Pfeifhofer mußte mit einer offenen Wunde am linken Unterschenkel, mehreren Hautabschürfungen am Kopf und Rücken und starken Schmerzen in der Brust und in der Nierengegend ins Innsbrucker Krankenhaus eingeliefert werden. « TT, Nr. 167, S. 3.

19. AUGUST »

Von Kirchenschändern, Balkonabräumern und Buntmetalldieben

Alles, was nicht niet- und nagelfest war, fiel der Diebsbande aus dem Osten von Innsbruck zum Opfer – Innerhalb von drei Monaten 72 Diebstähle – Auch das Transportmittel zur Wegschaffung der Beute wurde gleich an Ort und Stelle gestohlen

Ein Filmregisseur hätte seine Freude an dem Stoff gehabt, der sich gestern vor einem Schöffensenat des Landesgerichtes Innsbruck (Vorsitzender OLGR. Dr. Pekarek, Staatsanwalt Dr. Troll) darbot. Es hätte einen neoveristischen Streifen gegeben, weil ihn das Leben schrieb. Zehn Hauptdarsteller hätte es in diesem Film gegeben. Zehn Menschen, die gestern auf der Anklagebank saßen. Sechs Männer und vier Frauen. Die älteste 59, die jüngste 19 Jahre alt. Die jüngste wurde von dem Zweitjüngsten der Bande verehrt und unterhielt mit ihm ein Verhältnis.

Drei Monate, vom Jänner bis zum März dieses Jahres, war besonders die östliche Umgebung Innsbrucks zu keiner Tages- und Nachtzeit vor der Bande sicher. Niemand und nichts. Vom Kupferkabel bis zur Damastdecke, vom Bettüberzug bis zum Backhuhn, von der Gedenktafel bis zur Monstranz – alles wurde mitgenommen. Mit den gestohlenen Sachen hätte man ein mittleres Warenhaus einrichten können. Vielleicht hätte es die Bande auch einmal getan: Mit dem „schwersten" Burschen (16mal vorbestraft) als Geschäftsführer und dem jüngsten (5mal vorbestraft) als Kassier. « TT, Nr. 191, S. 3.

2. OKTOBER »

Meisterleistung eines Polizeihundes

Am Dienstag ging ein dienstfreier Wachmann mit dem Polizeihund „Sam" durch Amras. Plötzlich wurde der Hund unruhig, nahm eine Spur auf und lief zu einem alleinstehenden Stadel. Da der Hund von dort nicht wegzubringen war, durchsuchte der Wachmann den Stadel und fand im Heu versteckt einen jungen Burschen und kurz darauf, ebenfalls im Heu versteckt, eine Kofferschreibmaschine, mehrere Bekleidungsstücke und verschiedene Gebrauchsgegenstände. Der verdächtige Bursche wurde zur Polizei gebracht, wo sich herausstellte, daß er in der Nacht vorher ein in der Haymongasse abgestelltes Personenauto eines Kaufmannes aus München aufgebrochen und daraus die erwähnten Sachen zum Schaden im Gesamtwert von über 8200 Schilling gestohlen hat. « TT, Nr. 229, S. 3.

Ein Blick auf das „alte" Amras.

28. OKTOBER

Der Alkohol macht ihn zu schneidig

Am Sonntag abend rauften vor dem Landestheater zwei Burschen. Gegen einen Wachmann, der die widerliche Szene beenden wollte, nahm der eine Bursche, ein 22jähriger Scherenschleifer, Stellung und ging mit geballten Fäusten auf ihn los. Er mußte mit Gewalt zur Polizei gebracht werden. Die Festnahme des renitenten Burschen, der angeheitert war, hatte eine größere Menschenansammlung zur Folge. « TT, Nr. 251, S. 3.

22. DEZEMBER

Fis-Kongreß in der ersten Juniwoche in Innsbruck

Am Samstag weilte der Präsident der Fis in Innsbruck. Dr. Max Hodler stattete dem Fis-Vertreter Österreichs, Präsident Dr. Otto Lorenz, einen Besuch ab, um einige grundlegende Einzelheiten für den in der ersten Juniwoche vom 1. bis 7. Juni 1953 in Igls, Grand-Hotel, stattfindenden internationalen Fis-Kongreß zu besprechen. Bekanntlich wurde dem OeSV beim letzten Fis-Kongreß in Venedig die Durchführung der nächsten Großkonferenz der Fis als Ausgleich übertragen, weil sich damals auch Österreich um die Durchführung der Skiweltmeisterschaften für 1954 beworben hatte, diese aber dann an Schweden vergeben wurden.

Igls wird also im Juni 1953 im Blickfeld wichtiger Beschlüsse der Fis stehen. 135 Delegierte aus 32 Nationen, darunter auch die nord- und südamerikanischen Länder, die Sowjetunion sowie die Fernoststaaten, werden daran teilnehmen. Die Diskussionen werden im Grand-Hotel, die Kongreßsitzungen im Igler Kurhaus stattfinden. Die ersten Tage wird sich das Spezialkomitee beraten, die feierliche Kongreßeröffnung im Igler Hof ist für 4. Juni vorgesehen. « TT, Nr. 297, S. 6.

Ein FIS-Kongress im Juni? Die Funktionäre des Internationalen Skiverbandes müssen sich das ganze Jahr um bedeutende Belange kümmern. Am besten im Rahmen von Kongressen und Tagungen.

1953

Das Landestheater mit dem benachbarten Stadtsaalgebäude um 1950.

16. JÄNNER

Ein Umbauplan für das Landestheater

Von der Landesbaudirektion für das Bühnenhaus vorgelegt – Kostenvoranschlag für diesen Teilplan: 7,5 Millionen Schilling

Während in der Tiroler Öffentlichkeit das große Rätselraten darüber hin und her geht, ob die technischen Voraussetzungen für den Umbau des Tiroler Landestheaters mit Ende der ablaufenden Spielzeit überhaupt gegeben sind, hat die Landesbaudirektion Plan und Kostenvoranschlag für die Vergrößerung des Bühnenhauses ausgearbeitet und mit Datum vom 23. Dezember 1952 dem gemeinsamen Ausschuß der Tiroler Landesregierung und des Innsbrucker Stadtrates vorgelegt.

Bühnenhaus und Zuschauerhaus sind an sich zwei getrennte Gebäudeteile, zwischen die sich im Inneren der eiserne Vorhang schiebt. Das größere Problem bei einer Theaterneugestaltung ist das Bühnenhaus. Das bisherige ist bekanntlich zu beengt, es fehlt an den notwendigen Nebenräumen; dies führte u. a. auch zur Verwendung des Überbodens des Zuschauerhauses als Magazin und ist mit ein Grund für den bau- und feuerpolizeilichen Einspruch gegen den Weiterbetrieb in der bisherigen Form. TT, Nr. 12, S. 3.

24. JÄNNER »

Exekution mit Hindernissen

Am Donnerstag erschien ein Exekutionsbeamter im Polizeiwachzimmer Saggen und bat um Assistenz, da ihm in einer Wohnung am Haydnplatz von dem 20jährigen Siegfried H[...] die Beschlagnahme eines Radioapparates und einer Schreibmaschine vereitelt worden war. Während der Beamte zur Polizei gegangen war, um Assistenz zu holen, nahm H[...] den Radioapparat und die Schreibmaschine und eilte, nur mit Pyjama und Mantel bekleidet, mit diesen Gegenständen zu einer Frau in der Mozartstraße. H[...] mußte unverrichteter Dinge weggehen, weil sich die Frau weigerte, die Sachen in Verwahrung zu nehmen. Ein zufällig des Weges kommender Kriminalbeamter war der Meinung, die Sachen stammten von einem Diebstahl her, und nahm H[...] fest. Der Bursche aber schlug kurzerhand die Schreibmaschine dem Kriminalbeamten auf den Kopf, so daß dieser bewußtlos zusammenbrach. Zwei herbeigeeilte Wachleute nahmen den rabiaten Burschen fest und brachten ihn zur Polizei. Der verletzte Kriminalbeamte wurde zum Wachzimmer Saggen geleitet, dort vom Polizeiarzt untersucht und mit einem Polizeiauto in die Klinik gebracht, weil man einen Schädelbasisbruch vermutet. «

TT, Nr. 19, S. 3.

23. FEBRUAR »

Medizinische Klinik aus 3 Millionen Mauerziegeln neu erbaut

Morgen, Dienstag, wird der Krankentrakt der neu erbauten Medizinischen Klinik eingeweiht und seiner Bestimmung übergeben. Damit schließt ein bewegtes Kapitel in der Geschichte der Medizinischen Klinik ab, das mit den Bombenangriffen vom 16. Dezember 1944 und vom 7. April 1945 begann und über

Die Anforderungen an die moderne Medizin erfordern ein ständiges Weiterentwickeln der Strukturen und Gebäude. So wurde aus einem regionalen Krankenhaus eine Klinik mit Weltruf. Hier die Innsbrucker Ohrenklinik.

die Zeit der Planung, Finanzierung und des drei Jahre und acht Monate währenden Neubaus bis zum heutigen Tag reicht. Stolz erhebt sich in einer Frontlänge von 133,5 Metern entlang der Kaiser-Josef-Straße der Kranken- und Laboratoriumstrakt mit einem dazwischenliegenden Hauptstiegenhaus. Diese Bauteile besitzen mit dem vollausgebauten Keller 7 Geschosse. An den Laboratoriumstrakt schließt sich in der Anichstraße der Hörsaalbau mit einer Frontlänge von 40 Metern an. Die Bau- und Einrichtungskosten werden sich bis zur Fertigstellung auf 30 Millionen Schilling belaufen, wovon vom Bund 7,8 und vom Land Tirol 22,2 Millionen Schilling aufgebracht wurden. « TT, Nr. 44, S. 3.

24. FEBRUAR »

Dank des königlich holländischen Konsuls

Der Konsul der Niederlande, E.A.J.M. von Obwurzer, teilt uns mit: Kürzlich kamen zwei Volksschülerinnen auf das Niederländische Konsulat in Innsbruck und überreichten das Ergebnis einer Geldsammlung mit einem Brieferl „für ein armes Kind in Holland, dem der schreckliche Sturm alles genommen hat“. Da die zwei Mäderln nicht verraten wollten, um welche Volksschulklasse es sich handelt, möchte ich gerne im Namen aller betroffenen Kinder in Holland den lieben, kleinen Spenderinnen, die zu diesem Zwecke ihre Ersparnisse zusammenlegten, auf diesem Wege recht herzlich danken. « TT, Nr. 45, S. 3.

3. MÄRZ »

Umbau des Innsbrucker Stadtsaales begonnen

Gestern wurden die Arbeiten zum Umbau des Innsbrucker Stadtsaalgebäudes in Angriff genommen. Der Große Stadtsaal ist derzeit bekanntlich unbenützbar, da er durch einen Bombenvolltreffer mit Ausnahme der nackten Grundmauern zerstört wurde. Auch die Decke zum Keller wurde völlig zertrümmert. In der Zwischenzeit ist lediglich ein neues Dach errichtet worden, um weitere Schäden hintanzuhalten. Nun wird nach den vorliegenden Projekten der Große Stadtsaal bis zum Herbst so weit ausgebaut, daß er für Veranstaltungen wieder benützbar sein soll. Dabei wird der Fußboden des neuen Saalbaues, der bisher tiefer lag als die Nachbarräume, auf dasselbe Niveau gehoben wie der Kleine Stadtsaal und das Kaffeehaus, welche den großen Saal flankieren. « TT, Nr. 51, S. 4.

4. MÄRZ »

Innsbrucks Bürgermeister fährt nach Amerika

Der Bürgermeister von Innsbruck, Dr. Franz Greiter, wird am 18. März zu einem sechswöchigen Studienaufenthalt nach den Vereinigten Staaten abreisen. Außer ihm werden an der Fahrt auch der Bürgermeister von Salzburg, Stanislaus Pacher, und der Bezirkshauptmann Dr. Wolfgang Jungwirth von der Bezirkshauptmannschaft Linz-Land teilnehmen. Nach einem kurzen Besuch in Washington wird den drei Österreichern Gelegenheit geboten werden, amerikani-

Dieses Haus in der sogenannten Heilig-Jahr-Siedlung trägt den Sinnspruch „Wohnbau ist Dombau".

sche politische Einrichtungen zu studieren und in verschiedenen Teilen des Landes lokale Verwaltungsbehörden bei ihrer Arbeit zu beobachten.

Die Fahrt wird vom Institut für Verwaltungsfragen der amerikanischen Vereinigung für Staatswissenschaften veranstaltet. Im Rahmen des gleichen Programms hatten schon der Bürgermeister von Graz, Dr. Eduard Speck, und der Bürgermeister von Linz, Dr. Ernst Koref, die Vereinigten Staaten besucht. « TT, Nr. 52, S. 3.

30. JULI »

Wie wird denn da gebaut?

Innsbrucker Baustellen, die die Öffentlichkeit interessieren – Baulücken für 2500 Wohnungen

Emporwachsende Ziegelwände ziehen zumal die Blicke jener Ortskundigen auf sich, die sich noch erinnern, wie es vorher ausgesehen hat, und nun gerne wissen möchten, wie es nach der Fertigstellung aussehen wird. Es ist nicht möglich, auf alle Innsbrucker Baustellen einzugehen. Es gibt nicht einmal eine zuständige Stelle, die darüber Auskunft geben könnte, wo überall zur Zeit gebaut wird; denn von der erflossenen bauamtlichen Bewilligung bis zum Baubeginn, dann aber auch noch bis zum fertigen Bau ist es ein langer Weg – nach dem bürokratischen der der Baumittelbeschaffung, wobei sich leider gar oft die Finanzkraft des Bauwilligen unter dem Bau erschöpft. Innsbruck hat derart zahlreiche Baulücken privater Grundherren im geschlossenen Stadtbereich, daß die 2500 darauf nicht existierenden Wohnungen mit einem Schlage die gesamte Wohnraumnot der Stadt beheben könnten. « TT, Nr. 172, S. 3.

1. AUGUST »

Morgen Eröffnung des Innsbrucker Fußballstadions

Seit Wochen wird von dem bevorstehenden Großereignis im Tiroler Fußball, von dem Treffen der populären und angesehenen österreichischen Meisterelf, Rapid Wien, und der französischen Spitzenmannschaft, Olympique Nimes, gesprochen und geschrieben. Es ist ja nicht zum ersten Male, daß die Rapid-Elf in der Tiroler Landeshauptstadt weilt; es ist das morgige Spiel auch keineswegs die Sensation im Tiroler Fußballsport schlechthin, denn der Tiroler Fußballfreund hat ja früher einmal viel bessere und geschmackvollere Fußballerzeiten erlebt. In Salzburg beispielsweise hat man das Vergnügen, Rapid im Punktekampf an der Arbeit zu sehen, ebenso in Linz und Graz. In den anderen Hauptstädten der Bundesländer wird man durch beachtliche Gegnerschaft im Staatsliga-B-Bewerb entschädigt. «

TT, Nr. 174, S. 6.

Es gibt wohl kaum trostlosere Orte als leere Fußballstadien oder Schwimmbäder. Am Tivoli gibt es die Möglichkeit, gleich beides auf einmal zu erleben.

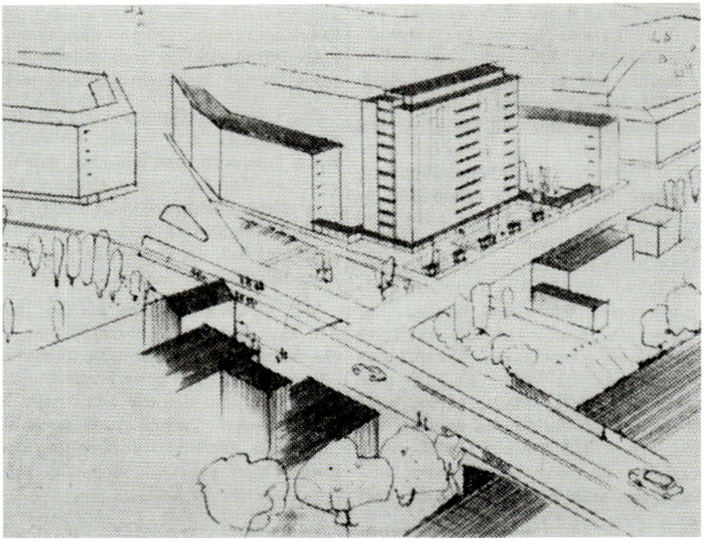

Mit dem beginnenden Wirtschaftsaufschwung kommen auch neue Wohnformen wie das Hochhaus nach Innsbruck. Die ersten Projekte wurde noch heftig diskutiert.

6. AUGUST

Das Hochhausprojekt für den Leipziger Platz

Der erweiterte Leipziger Platz mit dem projektierten Hochhaus

Der im Jahre 1952 gegründete „Tiroler Verein der Freunde des Wohnungseigentums" hat in der kurzen Zeit seines Bestehens die Idee der Herstellung von Eigentumswohnungen in unserem Lande rasch und außerordentlich gefördert. Zeugnis hievon gibt die Ausstellung von fertiggestellten Planungen für Eigentumswohnungen, die vor einigen Tagen vom Bundeskanzler Ing. Raab in den Räumen der ÖVP., Salurner Straße 16, eröffnet worden ist. Eine Reihe dieser Projekte ist bereits baureif, andere befinden sich noch in Planungsarbeit. [...]

Diese städtebauliche Bereinigung des Leipziger Platzes ist bereits seit Jahren in der Innsbrucker Bauordnung vorgesehen, doch konnte sie infolge der Lage auf dem Wohnungsmarkte nicht durchgeführt werden. Es ist geplant, die zwischen der Hunoldstraße und dem Leipziger Platz gegenüber dem Hallenbad gelegenen Häuser abzutragen und den Leipziger Platz bis zur Hunoldstraße und zur Gaswerkbrücke vorzuziehen, wodurch auch die dringend notwendige Begradigung der Amraser Straße ermöglicht wird. Südlich dieses erweiterten Leipziger Platzes soll dann das neue Hochhaus erstehen, dessen Planung von Architekt Dipl.-Ing. W. A. Schwaighofer bereits abgeschlossen wurde. Das Gebäude soll in zehn Normalgeschossen, einem Terrassengeschoß und einem Dachbodengeschoß insgesamt 88 Wohnungen von einem bis vier Zimmern und zwölf Geschäftsläden enthalten. TT, Nr. 178, S. 3.

1954

9. APRIL

„Jugendzentrum Taxishof“

Eröffnung eines Jugend-Leseraumes

Im bisherigen französischen Lesesaal im Taxishof ist seit Mittwoch abends neues Leben eingekehrt, an dem in dem „Jugendzentrum Taxishof“ als erstes der Jugendleseraum in Gegenwart zahlreicher Schuldirektoren eröffnet wurde.

Die Bibliothekarin, Dr. Edith Schwab, begrüßte im Namen des Landesjugendreferates Tirol die Erschienenen und gab über Ziel und Aufgaben des Leseraumes Aufschluß: Er steht allen Kindern und Jugendlichen wochentags von 10 bis 19 Uhr unentgeltlich zur Verfügung. (Der Leseraum ist daher in Hinkunft Erwachsenen nicht mehr zugänglich.) Er soll vor allem der gefährdeten Jugend, die in ihrer Freizeit der Straße überantwortet ist, ein Heim bieten und den Fahrschülern und fremden Jugendgästen eine Stätte sein, an der sie die ihnen verbleibende Wartezeit mit einem guten Buch verkürzen können. Die vornehmste Aufgabe aber soll es sein, die Jugend von Schund und Schmutz weg und zum guten Buch hinzuführen. « TT, Nr. 82, S. 3.

13. APRIL

Das Innsbrucker Osterspiel

In der Verpflichtung, die bisherige Lücke im Jahresfestkreis zu Ostern mit einem Spiel auszufüllen, hatte das Landesjugendreferat Tirol im vergangenen Jahr das von dem jungen Philosophiestudenten Eberhard Horst frei bearbeitete „Innsbrucker Osterspiel“ zur Wiederaufführung gebracht. In der von Sensationen erfüllten Zeit wurde dieses Laienspiel ein Ereignis am Rande der kulturellen Arbeit, das mehr war als nur ein Theaterabend. « TT, Nr. 85, S. 5.

Das Titelblatt des Programmheftes eines Innsbrucker Osterspiels, das im April 1954 viermal im Musikvereinssaal aufgeführt wurde.

26. APRIL »

Der Jehlehof am Wiltenberg eingeäschert

Am Samstag in den Abendstunden brach in dem völlig alleinstehenden Anwesen Jehlehof am Wiltenberg, Brennerstraße 11, aus vorerst unbekannter Ursache ein Brand aus, dem das ganze Gebäude zum Opfer fiel. Das Objekt gehört dem 68jährigen Bauern Peter Viertler. Außer ihm und seiner Frau waren dort vier Wohnparteien untergebracht gewesen, die samt dem Besitzerpaar obdachlos wurden. Das Anwesen ist nur mit 70.000 Schilling versichert. « TT, Nr. 95, S. 3.

12. MAI »

Allgemeines Hupverbot in Innsbruck

Fußgänger und Radfahrer müssen Disziplin halten

Das Nachthupverbot, das vor einiger Zeit in Innsbruck eingeführt wurde, hat sich bewährt und wurde allgemein von der Bevölkerung und auch von den Kraftfahrzeugbesitzern begrüßt. Der Ortsteil Igls wurde über Ersuchen des Verkehrsvereines in das Hupverbot einbezogen.

Ähnlich wie in vielen anderen Städten und Staaten, führt die Bundespolizeidirektion Innsbruck nach Zustimmung des Landeshauptmannes und im Einvernehmen mit dem Stadtmagistrat ab 1. Juni das Hupverbot nunmehr ganztägig ein. «

TT, Nr. 108, S. 3.

Trotz des beginnenden Wirtschaftsbooms ist das Fahrrad noch lange wichtigstes Verkehrsmittel in Innsbruck. Ob es da etwa „Fahrrad-Rowdys" gegeben hat?

Ein Blick auf die Weingartnerstraße im Sieglanger im Westen von Innsbruck. Die „Höttinger Seite" des Innufers wird in diesen Jahren zunehmend verbaut.

29. MAI

Innsbrucks modernste Stadtrandschule

Unter starker Beteiligung offizieller Vertreter der Innsbrucker Stadtgemeinde und des Schulwesens sowie der Elternschaft aus der Doppelsiedlung Sieglanger und den benachbarten Stadtrandvierteln Wiltenberg und Mentlberg mit ihren schulpflichtigen Kindern wurde am Freitagnachmittag der neuerbaute Haupttrakt der Sieglanger-Volksschule feierlich eröffnet. Sie ist der Typ einer „wachsenden Schule", die sich aus zwei miteinander verbundenen Einraumbaracken entwickelt hat, in denen bisher vier Volksschulklassen in Wechselunterricht untergebracht waren. TT, Nr. 122, S. 3.

28. OKTOBER

Vier Tage Sensationen am hohen Seil

Morgen, Freitag, werden die Innsbrucker am Rennweg Zeugen eines „Turmbaues" sein können: Wie wir bereits am Samstag ankündigten, kommt die „Traber-Schau" mit 15 Fahrzeugen und 25 Menschen aus Vorarlberg nach Tirol und wird vor dem Landestheater einen 40 Meter hohen Stahlgittermast aufstellen, auf den dann noch ein 22 Meter hoher Schiffsmast aus Douglas-Tannenholz aufgesetzt wird, so daß das ganze Gebilde mit rund 62 Metern Landestheater und Hofburg weit überragen wird. In diese luftige Höhe wird während vier Tagen je ein- oder zweimal die „Königin der Luft", Sonja Traber, steigen und oben ihre akrobatische Kunst zeigen. TT, Nr. 250, S. 3.

Ein Bild aus anderen Tagen: das noch deutlich kriegsbeschädigte Bahnhofsareal mit dem Südtiroler Platz.

2. DEZEMBER »

Vier historische Minuten am Hauptbahnhof

Kaiser Haile-Selassie fährt durch Innsbruck

Als gestern um 17.01 Uhr der Sonderzug der Österreichischen Bundesbahn, in dem der Kaiser Äthiopiens, Haile-Selassie, von Wien nach Zürich reiste, auf dem zweiten Geleise des Innsbrucker Hauptbahnhofes einfuhr, hatten sich auf dem Bahnsteig 1 bereits mehrere tausend Innsbrucker versammelt, die Erlebniszeugen von vier „historischen" Minuten sein wollten. Der Bahnsteig 2 war anläßlich des allerhöchsten Besuches mit den Farben Tirols und zahlreichen Lorbeersträuchern geschmückt. Die Wiltener Stadtmusikkapelle hatte mit Kapellmeister Tanzer in ihrer schmucken Tracht Aufstellung genommen und harrte auf das Zeichen zum Beginn eines schneidigen Begrüßungsmarsches. Zwischen den Bahnsteigen und unauffällig im Publikum verstreut, bewachten an die 200 Sicherheitsorgane die Bahnhofsanlagen und garantierten so für die Sicherheit der hohen Gäste, die nun schon seit geraumer Zeit in Europa von Land zu Land reisen. « TT, Nr. 279, S. 3.

10. DEZEMBER »

Kopfschütteln vor Weilers Gemälde am Hauptbahnhof

Gestern fiel das Gerüst in der Abfahrtshalle des Hauptbahnhofes, hinter dessen Schilfmatten sich bisher das große Gemälde verborgen hatte, das der akademische Maler Max Weiler im Auftrag der Bundesbahn in den letzten Wochen schuf. Gleichzeitig fand eine abschließende Begutachtung durch die Auftraggeber und Fachleute auf dem Gebiet der Kunst statt. Innsbruck ist damit um eine Sehenswürdigkeit bereichert, die bereits in den ersten Stunden eifrig besprochen wurde. [...] « TT, Nr. 285, S. 3.

30. DEZEMBER »

Raubmord an einem Altersrentner in Innsbruck

Zwei deutsche Landstreicher als Täter – Sie dürften noch in Tirol sein

Gestern, Mittwoch, kurz vor Mittag, wurde in Innsbruck im Hause Innstraße 21 der alleinstehende 62jährige Altersrentner Ferdinand K[...] in seinem Bett mit gefesselten Händen und einem Knebel im Mund tot aufgefunden. Sein Wohnzimmer war vollkommen in Unordnung und sämtliche Kästen und Behältnisse waren durchwühlt. Nach den bisher vorliegenden Erhebungen handelt es sich um einen Raubmord. « TT, Nr. 301, S. 3.

Die Innstraße als Idyll. Manchmal aber trügt der Schein ...

1955

17. MAI

Heinrich Harrer berichtet im Blitztempo

Der Du-Freund des tibetanischen Gottes, Doktor Heinrich Harrer, beehrte auf seiner nahezu pausenlosen Fahrt durch die Welt die Landeshauptstadt Tirols mit einem Blitzbesuch. Niemand hätte in dem noblen Mercedes, der die Nummer 2965 des Fürstentums Liechtenstein trägt, den berühmten Forscher, Photographen, Bergsteiger und Lebenskünstler Heinrich Harrer vermutet. Lediglich sein typisch österreichischer Hut verriet den Landsmann.

Harrer hat wieder Großes hinter und ebenso Großes vor sich. Im September des vergangenen Jahres reiste er in den hohen Norden nach Alaska, um dort drei Erstbesteigungen zu unternehmen. Mit wenig Gepäck und viel Optimismus machte er sich an den Mount Hunter, den Mount Deborah und den Mount Trum, also an drei Berge, die ihren Fuß im eisigen Meer baden. „Ich habe von dieser Fahrt einmalig schöne Farbaufnahmen gemacht“, berichtete Harrer, während er seinen Wagen volltanken ließ, „die demnächst im ‚American Geographical Magazin‘ erscheinen werden.“ TT, Nr. 113, S. 3.

21. MAI

Menschen, Tiere, Sensationen wieder in Innsbruck

Wenn es grün im Lande wird, pflegen die Räder der Zirkuswagen ins Rollen zu geraten. Es ist schon wieder geraume Zeit her, daß in Innsbruck eine von exotischen Tieren und Artisten bewohnte Zeltstadt eines Zirkus errichtet wurde. Doch nun hat der große deutsche Zirkus Friederike Hagenbeck bei Bregenz die österreichische Grenze überschritten, um seine Österreich-Rundreise, die zirka ein Jahr währen wird, zu beginnen. TT, Nr. 116, S. 3.

Auf dem Platz zwischen dem „Hochhaus“ und dem Gastgarten des Café Greif, am Areal des heutigen Casinos, schlugen reisende Attraktionen wie Jahrmärkte und Zirkusse häufig ihre Zelte auf.

23. MAI

Innsbruck von schwerem Erdbeben erschüttert

In Innsbruck wurde Sonntag früh, 5.58 Uhr, ein heftiges Erdbeben verspürt, das von dumpfem Grollen begleitet war. Das Beben war so stark, daß die Leute aus dem Schlaf gerissen wurden und im Morgenlicht sahen, wie der ganze Raum schwankte, Vasen umkippten, die Lampen schwangen und Wasser in den Waschschüsseln schwappte. Leute, die es miterlebt haben, behaupten, unter dem Bombenhagel des Krieges nicht so erschrocken zu sein wie durch dieses Beben, das als das stärkste bezeichnet wird, das in Österreich seit dem Jahre 1939 wahrgenommen worden ist. « TT, Nr. 117, S. 1.

13. JUNI

Das Gutachten der FIS über Innsbruck

Das Exekutivkomitee des Internationalen Olympischen Komitees in Paris erhielt gestern das offizielle Gutachten des Internationalen Skiverbandes (FIS) über die Bewerber um die Olympischen Winterspiele 1960. Darin heißt es wörtlich:

Die Bewerbungen von St. Moritz und Innsbruck sind als glücklich zu bezeichnen. Einige ungünstige Faktoren für Innsbruck, wie beispielsweise der Föhn, werden die Schneelage wahrscheinlich beeinträchtigen, doch stehen völlig ausreichende und schneesichere Reservestrecken zur Verfügung.

Die vorgesehenen Reservestrecken in Garmisch sind zu schwer. Die Damen-Abfahrt in Garmisch entspricht nicht den Anforderungen.

Die FIS hat zuwenig Einblick nehmen können über die Abfahrten von Squaw Valley. Die Herren-Abfahrt ist im oberen Teil sehr schwer, im Schlußstück aber zu leicht. Die FIS müßte die Strecken von Squaw Valley erst genau überprüfen. «

TT, Nr. 133, S. 5.

17. JUNI

Das baufällige Fleischbankgebäude wird geräumt

18 kinderreiche Familien erneut von Obdachlosigkeit bedroht – Erdbeben vollendet das Werk der Bomben

Das alte Fleischbankgebäude am Innrain (Hausnummer 4) ist schon lange das Sorgenkind der Stadt Innsbruck. Durch Bombentreffer hat das an sich ziemlich stabile Haus schwer gelitten. Manchmal mußte man sich direkt wundern, daß es überhaupt noch steht.

Dann kamen die Verhandlungen wegen der Verbreiterung des Marktgrabens. Dort delogierte Familien fanden hier im Fleischbankgebäude eine notdürftige Unterkunft. Wiederholt wurde allen nahegelegt, sich alsbald um Wohnräume „umzusehen“, da der gesamte Trakt eines Tages doch abgetragen werden müsse. Leichter gesagt als getan, denn wo sollten die durchwegs kinderreichen Familien ein neues Heim finden? Und so hofften sie, daß man wenigstens so lange in dem Bau bleiben könne, bis die größte Wohnungsmisere behoben sein wird und Ersatzwohnungen zur Verfügung stehen. [...] « TT, Nr. 137, S. 3.

Die Feierlichkeiten zum Abzug der letzten französischen Besatzungskräfte waren ein lange erwartetes Ereignis. Nur spielte das Wetter nicht so ganz mit.

20. OKTOBER »

Max Prinz, ein glücklicher König im Reich der Sprachen

Ein städtischer Beamter, der das Idiom der Sioux-Indianer lernt – Arabisch, „Geheimschrift" für persönliche Zwecke

Max Prinz, städtischer Beamter in Innsbruck, ist ein König im Reiche seiner Liebhaberei. Es gibt manchen wirklichen König, der das nicht beherrscht, was Prinz beherrscht. Man darf ihn wohl als einen sprachbegabten und sprachgewandten Mann bezeichnen, der Vokabeln sammelt, wie andere Briefmarken sammeln, und damit Sätze baut, die man nicht nur in Europa, sondern auch in Asien und im Wilden Westen verstehen würde. Wenn ein Mann 47 Jahre alt geworden ist und von sich in aller Bescheidenheit behauptet, daß er seine ganze Freizeit dem Erlernen und der Pflege fremder Sprachen gewidmet hat, darf man wohl annehmen, Fremdsprachen sind sein Steckenpferd. « TT, Nr. 243, S. 3.

26. OKTOBER »

Unser Vaterland ist wieder frei

Der Landeshauptmann von Tirol sprach auf der großen Freiheitskundgebung vor der Hofburg

Über die tausende aufgespannten Regenschirme klingt plötzlich ein helles Trompetensignal: Der Landeshauptmann kommt. Dumpf fällt die Polizeimusikkapelle mit den getragenen Klängen der Landeshymne ein. Dazwischen schmettern die Hornisten des neuen Bundesheeres und der Ehrenformationen von Polizei und Bundesgendarmerie den Generalmarsch. Die wuchtige Gestalt des Landeshauptmannes von Tirol wird sichtbar. Sein weißes Haupt überragt den größten der in Reih und Glied angetretenen Soldaten am rechten Flügel. [...] « TT, Nr. 248, S. 1.

26. OKTOBER »

„Weltmacht Reisebüro" erhielt Besuch aus Innsbruck

In der Zeit vom 5. bis 20. Oktober bereiste der Verkehrsdirektor Dr. Dietmar Kettl 84 Reisebüros in Paris, London, Brüssel, Den Haag und Amsterdam. Der Hauptzweck der Reise war, Unzulänglichkeiten, die sich in der abgelaufenen Saison zugetragen haben, offen zu besprechen, das Programm der Reisebüros mit Einschaltungen aus dem Raume Innsbruck-Igls zu beleben, die Vor- und Nachsaison, vor allem aber die eigentliche Wintersaison zu kräftigen. Dr. Kettl hat den Beherbergungsbetrieben in Innsbruck und Igls einen interessanten Erfahrungsbericht zur Verfügung gestellt. « TT, Nr. 248, S. 3.

Organisierte Gruppenreisen erfreuten sich seit den 1950er Jahren immer größerer Beliebtheit. Ein Führer lotst den interessierten Gast durch fremde Länder und Städte.

2. NOVEMBER »

„Rotjacken“ konzertieren in 36 Weltstädten Südamerikas

Fast vier Monate unterwegs. Polnischer Prinz als Manager. 7000 Innsbrucker Prospekte im Gepäck. Rückkehr im Flugzeug

Am 8. November sticht von Le Havre aus der französische Passagierdampfer „Lavassier“ in See mit Kurs nach Rio de Janeiro. Wenn sich die Schrauben des Schiffes zu drehen beginnen, werden 32 Musiker in roten Jacken ihre Instrumente ergreifen und zum Abschied von Europa das Lied „Muß i denn zum Städtele hinaus ...“ spielen. Bei diesen Klängen wird die Wiltener Stadtmusikkapelle ihre große Südamerikareise antreten. Sie fährt unter der Leitung ihres Obmanns Baron Rudi Wagner-Wehrborn und ihres Kapellmeisters Sepp Tanzer. Am 23. November werden die Rotjacken in ihrer Tracht von Bord gehen und sofort nach ihrer Ankunft noch im Hafen von Rio das erste Konzert geben. Die Südamerikareise der „Wiltener“ endet am 14. März 1956 in Innsbruck. Sie werden im Flugzeug nach Österreich zurückkehren. « TT, Nr. 253, S. 3.

20. DEZEMBER »

Böses Ende einer Schwarzfahrt im Auto des Onkels

Am Sonntag abends nahm ein 16jähriger Kochlehrling heimlich seinem Onkel die Autoschlüssel für sein in Innsbruck, Sebastian-Scheel-Straße, abgestelltes Personenauto und fuhr damit durch mehrere Straßen in Pradl, bis der Wagen in der Jahnstraße an eine Gartenmauer anstieß. Der Lehrling erlitt mehrere stark blutende Schnittwunden im Gesicht und dürfte auch eine Gehirnerschütterung davongetragen haben. Er wurde in die Klinik gebracht. Das schwerbeschädigte Auto wurde von der Berufsfeuerwehr abgeschleppt. « TT, Nr. 293, S. 5.

Auf dem Weg zur Gegenwart

1956

14. FEBRUAR »

Bald tief im Urwald – bald hoch durch die Lüfte

Bericht von der Südamerikareise der Wiltener Stadtmusikkapelle – Jetzt spielen die Rotjacken in Montevideo

Einverstanden mit der Südamerikareise der Wiltener Stadtmusikkapelle oder nicht – unser Interesse begleitet unsere Musikanten. Sie sind nach dem ersten Mißgeschick offenbar zu routinierten „Stars auf Tournee" geworden. Nach dem erfolgreichen Gastspiel in Curitiba – wir haben ein Bild der modernen Großstadt veröffentlicht – fuhren die Wiltener Rotjacken tagelang von einer deutschen Siedlung zur anderen. Über diese Fahrten schreibt ein Teilnehmer: „Wir fuhren täglich acht Stunden lang in Omnibussen, zum Teil durch Urwald, in dem kaum eine Straße zu erkennen war. Wenn es bergauf ging, mußten wir aussteigen und unseren Wagen schieben. Dann ging es wieder durch halbmetertiefen Schlamm. Aber wir besuchten deutsche Siedlungen, und um diesen einen Gruß aus der Heimat zu bringen, nahmen wir diese Strapazen gerne auf uns. Wir besuchten Joinville, Blumenau, Florianopolis und andere Orte, in denen wir überall viele Deutsche trafen. Oft haben uns sogar Neger in deutscher Sprache angesprochen. In São Bente wohnten wir bei einem Brasilianer, dessen Urgroßeltern aus Bayern eingewandert waren. Unser Gastgeber sprach waschechtes Bayrisch. [...]" « TT, Nr. 37, S. 3.

25. FEBRUAR »

Innsbruck ist heute noch ein Sichtflughafen

Warum hat der Innsbrucker Flughafen noch keine Radaranlage? – Radar mit Fernsehen kombiniert macht den Piloten auch im Blindflug sehend

Wissen Sie, was eine Beleidigung ist? – Wenn ein Eisenbahner zu einem Flieger sagt: „Siehst du, bei schlechtem Wetter seid ihr halt doch auf das sichere Schienenfahrzeug angewiesen." – Ja, zweimal mußten sich die Piloten der Innsbruck anfliegenden Fluggesellschaft in der Wintersaison diesen versteckten

Vorwurf gefallen lassen, zweimal hatte das schlechte Wetter, hatten dichter Nebel und Schneetreiben den Kursflug unmöglich gemacht. Das ist gewiß kein großer Ausfallsfaktor, dennoch aber ein kleiner schwarzer Fleck auf der Weste der Fliegerei, die bei dem heutigen Stand der Entwicklung gerne von einer Allwetterfliegerei sprechen möchte.

Allwetterfliegerei. Ist das nur ein leeres Wort? Nein, die Entwicklung in der Verkehrsfliegerei ist soweit fortgeschritten, daß die Flugpläne keine Tages- und Nachtzeiten mehr kennen, die Wetterverhältnisse nur eine ganz untergeordnete Rolle spielen. Unser Problem hat also mehr Lokalkolorit und ist in gewisser Hinsicht eine typische Innsbrucker Angelegenheit. Denn der Innsbrucker Flughafen – und das muß man in erster Linie wissen – ist ein Sichtflughafen. Landungen können nur bei Tag und unter günstigen Wetterbedingungen durchgeführt werden. « TT, Nr. 47, S. 5.

Ein Flughafen benötigt für seine internationale Klientel ein Hotel. So auch der Innsbrucker Flughafen mit dem alten Tower als „Nachbarn".

14. AUGUST »

Linie 1 der Straßenbahn fuhr erstmals über die K-Brücke

Unsere alte „Trampl" hat sich leise Sohlen zugelegt – Die Geleise auf der Brücke sind gummigelagert

Für die Bevölkerung von Innsbruck war gestern ein bemerkenswerter Tag. Nach längerer Unterbrechung fuhr wiederum eine Straßenbahn der Linie 1 von den Remisen und Werkstätten im Süden der Stadt bis zur Andreas-Hofer-Straße. Dabei wurde die Strecke über die neue K-Brücke benützt, die im Zusammenhang mit der Verwirklichung des Bauvorhabens „Konzert-Kurve" durch die Österreichischen Bundesbahnen und die Stadtgemeinde Innsbruck errichtet wurde. Die Innsbrucker Verkehrsbetriebe haben während der Umgestaltungen im südlichen Teil der Stadt die Linie 1 nur bis zur Ecke Egger-Lienz-Straße–Neuhauserstraße geführt und die Linie 3 dafür über den Kaiserschützenplatz (Wiltener Platzl) hinaus bis zum Berg Isel weiterfahren lassen. Nunmehr wird der alte Zustand wieder hergestellt. Schon ab morgen wird die Linie 1 wieder bis zum Berg Isel fahren und die Linie 3 am Kaiserschützenplatz wenden. « TT, Nr. 187, S. 3.

Um die Westbahn gefahrlos überqueren zu können, befuhr die Straßenbahn Linie 1 bis 1956 ein etwa 200 Meter langes, ansteigendes Viadukt mit einer scharfen Kurve. Durch den Bau der sogenannten Konzert-Kurve wurde diese Konstruktion obsolet.

5. SEPTEMBER »

Maharadscha Roya Singha mit Gefolge in Innsbruck

Auch die oberen Zehntausend besuchen unsere Stadt – Ein Spaziergang durch die Gästelisten der Hotels

Auf den steinernen Tafeln, die am „Goldenen Adler" als Gästeverzeichnis so viele leuchtende Namen tragen, wimmelt es nur so von Kaisern, Königen und Fürsten. Es war also damals durchaus ein gutes Publikum, das in diesem Gasthof abstieg, und hätte es dazumal schon einen internationalen Hotelanzeiger gegeben, hätte man dieses Logis zweifelsohne mit „Ia" bezeichnet.

Die Gästelisten in den heutigen erstrangigen Innsbrucker Hotels sehen allerdings etwas anders aus. Die Prominenz ist nicht mehr mit so vielen illustren Namen vertreten, aber das kommt hauptsächlich daher, weil inzwischen die Zahl der Kaiser, Könige und Fürsten erheblich abgenommen hat, und da es auch derzeit keine „Goethes" gibt, die auf Reisen gingen, sondern vorwiegend nur Generaldirektoren und Filmstars, werden diese Gästeverzeichnisse wohl kaum mehr für die staunende Nachwelt in Stein gemeißelt werden.

Wer jedoch daraus den Schluß zöge, daß die sogenannte „Creme der guten Gesellschaft" nicht nach Innsbruck komme, sondern anderswo Erholung suche, der irrt. Abgesehen, daß die Güte des Publikums heute nicht mehr unbedingt identisch ist mit der Schwere des Bankkontos der Reisenden oder, deutlicher ausgedrückt, daß das Geld heute kein untrügliches Zeichen der besagten Güte ist, hat sich eine beträchtliche Umwälzung in der Struktur der „oberen Zehntausend" vollzogen. Die oberen Zehntausend aber kommen heute genau so gerne nach Innsbruck, wie ehedem die anderen. […] « TT, Nr. 205, S. 3.

12. DEZEMBER »

Dr. Alois Lugger Bürgermeister der Landeshauptstadt

Hans Flöckinger und Otto Gamper zu Vizebürgermeistern bestellt – Auch das achte Stadtratsmandat wurde vergeben

Am 11. November wurden in Innsbruck die Ergänzungswahlen zum Innsbrucker Gemeinderat durchgeführt. Gestern trat nun das neue Gemeindeforum zu seiner ersten Sitzung zusammen. Auf der Tagesordnung stand die Angelobung der neugewählten Gemeinderatsmitglieder, die Wahl des Bürgermeisters und der Bürgermeisterstellvertreter, die Angelobung des Bürgermeisters und seiner Stellvertreter durch den Landeshauptmann sowie die Wahl des Stadtrates und der Ausschüsse. Die „Tiroler Tageszeitung" hat bereits am vergangenen Freitag ausführlich über die Verhandlungen zwischen den Parteien berichtet. Die Wahlen stimmten mit diesen Verhandlungen durchaus überein. « TT, Nr. 287, S. 3.

Bürgermeister DDr. Alois Lugger prägte wie kein Zweiter Innsbruck im 20. Jahrhundert. Wie Bürgermeister Wilhelm Greil hat auch er viele Höhen und Tiefen der Stadt erlebt.

1957

Sterbebild mit dem Portrait von Monsignore Josef Weingartner, Probst zu St. Jakob in Innsbruck. Der Geistliche war auch als Kunsthistoriker überaus geachtet, und seine Publikationen werden bis heute geschätzt.

13. MAI

Propst Dr. Weingartner am Samstag in Meran gestorben

Samstag vormittag traf in Innsbruck die Trauerkunde ein, daß Propst Dr. Josef Weingartner in der Meraner Privatklinik Kneringer um 9.30 Uhr entschlafen ist. Schon seit Jahren leidend, hatte er sich im Vorfrühling nach Meran begeben, das er besonders liebte. Am Karsamstag nahm man einen chirurgischen Eingriff an ihm vor, der zufriedenstellend verlief. Am vergangenen Mittwoch mußte eine zweite schwierige und mehrere Stunden andauernde Operation vorgenommen werden. Man durfte Hoffnung haben. Am Samstag aber versagte das durch die lange Krankheit geschwächte Herz und Propst Weingartner schlief ruhig hinüber in die andere Welt, der er zeitlebens aufrichtig und ergeben diente. TT, Nr. 110, S. 3.

3. JUNI

Umfassende Verbesserungen auf dem Flughafen Kranebitten

Start- und Landebahn auf 1800 Meter verlängert. Der Innfluß liefert den Schotter. 2000-Meter-Piste erwogen

Auf dem Innsbrucker Flughafen in Kranebitten wird derzeit fleißig gearbeitet, so daß dieser von welterfahrenen Piloten als schönster Flughafen Mitteleuropas gepriesene Platz immer mehr den Anforderungen der zu erwartenden Frequenzsteigerung entspricht. Folgende Arbeiten werden geleistet: Der Abstellplatz wird vergrößert, so daß in Zukunft dort sechs bis sieben Verkehrsmaschinen und etwa sechs Sportmaschinen Raum finden. Ein dritter Rollweg soll demnächst angelegt werden. Die 1600 Meter lange Start- und Landepiste wird derzeit auf knapp 1800 Meter verlängert. Eine weitere Verlängerung auf 2000 Meter wurde während der Aufsichtsratssitzung der Flughafenbetriebsgesellschaft (Direktor: Landesrat Egger) kürzlich ins Auge gefaßt und von Bürgermeister DDr. Lugger zustimmend zur Kenntnis genommen. Das österreichische Luftamt arbeitet gegenwärtig eine Anflugbefeuerung aus. Zur Versorgung des Flughafens, des Hotels und aller in diesem Bereich untergebrachten Dienststellen wurde die Hochdruckwasserleitung aus der Lohbachsiedlung herübergeleitet. Drei Hydranten werden eingebaut. « TT, Nr. 127, S. 3.

7. NOVEMBER »

Die Innsbrucker Polizei hat endlich eine Funkstreife

Ab Dezember werden die drei Streifenwagen, die drahtlos „auf Draht“ sind, Dienst machen

Seit kurzer Zeit stehen in der Polizeigarage drei neue Volkswagen. Äußerlich unterscheiden sich die grünen Fahrzeuge nur durch die Antenne auf dem Dach von anderen Polizeiautos, sobald jedoch die Tür geöffnet wird, sieht man am rechten Vordersitz ein graues Kästchen mit Druckknöpfen, Schaltern, roten und grünen Lämpchen, die in verschiedener Reihenfolge aufleuchten, je nachdem, ob der Sender in Betrieb ist oder nicht. Ein Telephonhörer ersetzt Mikrophon und Kopfhörer, so daß der Laie, der bei dem Namen „Funkanlage“ sofort an umfangreiche Apparate, Drahtgewirr und Röhren denkt, etwas enttäuscht ist. « TT, Nr. 258, S. 3.

Mit dem immer stärker werdenden Autoverkehr musste die Polizei auch in kleineren Städten wie Innsbruck für dessen möglichst reibungsfreien Ablauf sorgen.

Der Verkehr in Wilten ist bis heute ein Problem. So beschaulich ist es auf dem Südring schon seit Jahrzehnten nicht mehr.

12. NOVEMBER »

Die Innsbrucker Botenzentrale wurde nach Wilten verlegt

Straßenverbreiterung Ecke Höttinger Au–Fürstenweg vorgesehen – Tankstelle oder Geschäftshaus auf dem alten Grund

Wer aufmerksam die Geschehnisse in der Landeshauptstadt Innsbruck verfolgt hat, hat feststellen müssen, daß der rege Verkehr an der Kreuzung Höttinger Au–Fürstenweg in unmittelbarer Nähe der Universitätsbrücke seit kurzem etwas nachgelassen hat. Die Botenzentrale sorgte neben dem Durchgangsverkehr für ein lebhaftes Hin und Her von Fernlastwagen, großen Lastautos und kleineren Fuhrwerken aller Art. Die Botenzentrale hat seit langen Jahren an dieser Stelle ihre Aufgabe vorbildlich erfüllt und für eine Verteilung der Güter in alle Richtungen gesorgt. [...] « TT, Nr. 262, S. 3.

15. NOVEMBER »

Eine Großgarage unter dem Innsbrucker Landhausplatz?

Die unaufhaltsame Steigerung des Verkehrs fordert eine großzügige Lösung – Ein Vorschlag von Dipl.-Ing. Otmar Rhomberg

Als Gast des Vereins der Ingenieure und Architekten in Tirol sprach Gemeinderat Dipl.-Ing. Otmar Rhomberg über das Projekt einer unterirdischen Parkanlage im Stadtzentrum von Innsbruck. Der Vortragende, der unterirdische sowie Hochgaragen in München, Köln, London und in Paris besichtigt hat, trat für den Bau einer Großgarage unter dem Landhausplatz in Innsbruck ein. [...]

„[...] In Innsbruck ist bis jetzt nichts versäumt worden, wenn inzwischen andere Städte mehr oder weniger kostspielige Versuche unternahmen. In rund drei Jahren wird bei uns die Parknot aber so groß geworden sein, daß bis dahin – das ist meine Überzeugung – die notwendige Abhilfe geschaffen werden muß. Zwar sind in den letzten zehn Jahren verschiedene Gedanken und Pläne zur Lösung des Parkproblems aufgetaucht. Als erster wurde der Bismarckplatz als Gelände für ein großes Parkhaus mit eingebauten Büros, Servicestation, Tankstellen, Fremdenunterkünften usw. genannt. [...]"

Zu erwähnen ist noch der Vorschlag in einer Innsbrucker Zeitung, zwischen den Bahnhofgeleisen Säulen aufzustellen und auf sie eine Parkfläche zu legen. Die Idee ist bestimmt interessant, doch ist u. a. zu überlegen, ob zwischen dem Weichbild der Stadt und Pradl ein solcher Abstellplatz so notwendig wäre wie unmittelbar im Stadtzentrum, wo der Schwerpunkt des verparkten Gebietes liegt.

Betrachtet man den Innsbrucker Stadtplan unvoreingenommen, so wird jeder feststellen, daß sich im Schwerpunkt der Massierung der Häuser ein Platz für einen solchen Zweck geradezu anbietet: der Landhausplatz. « TT, Nr. 265, S. 3.

Die neuen Zeiten halten Einzug: Mit der raschen Zunahme an privaten Automobilen wurde der (Park-)Platz rasch knapp. Es lag also nahe, unter die Erde auszuweichen.

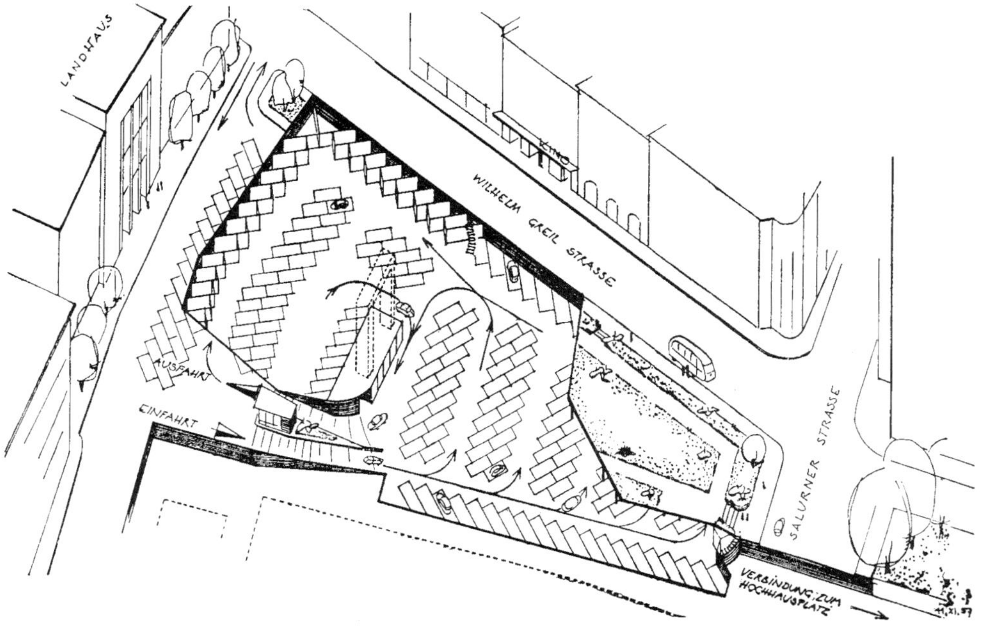

1958

Blindgänger sind bis heute auf dem Tivoli zu finden. Nur dass die modernen Blindgänger meist kurze Hosen tragen und einem Ball hinterherlaufen.

16. APRIL »

Suche nach Blindgängern auf dem Tivoli

Seit Dienstag suchen in Pradl auf dem für das Schwimmbad bestimmten Gebäude Männer des Linzer Entminungsdienstes nach Blindgängern. Sie verwenden dabei ein neuartiges Metallsuchgerät, das fast fünfzehn Kilo wiegt. Das Gerät erzeugt magnetische Felder. Jeder Eisenteil stört das Magnetfeld und bringt einen Zeiger zum Ausschlagen. 250-Kilo-Bomben, wie die unlängst am selben Gelände entschärfte, werden bis in eine Tiefe von fünf Metern aufgespürt. Man rechnet damit, daß die Beamten des Entminungsdienstes einige Blindgänger finden und entschärfen werden. Seit 1945 verloren allein beim Linzer Entminungsdienst 18 Beamte ihr Leben bei Explosionen von Munition und Bomben. « TT, Nr. 87, S. 3.

22. APRIL

Neunjährige tödlich verunglückt

Am Sonntag gegen 17 Uhr lief bei der Lorettoübersetzung auf der Haller Straße die 9jährige Helene D[...] knapp vor dem Personenkraftwagen des Angestellten Hans K[...] aus Innsbruck über die Fahrbahn. Das Kind wurde im weiten Bogen an den Straßenrand geschleudert und schwer verletzt. Der Autolenker versuchte zwar, seinen Wagen anzuhalten, kam dabei mit dem Fahrzeug aus der Fahrbahn und stieß mit dem aus der Gegenrichtung kommenden Mopedfahrer Josef M[...] zusammen. Der Mopedfahrer wurde unbestimmten Grades verletzt. Die im Auto mitfahrende Frau Martha K[...] erlitt einen Schlüsselbeinbruch und deren Sohn Peter leichte Verletzungen. Das Auto und das Moped wurden schwer beschädigt. Das Kind Helene D[...] ist im Krankenhaus Solbad Hall seinen schweren Verletzungen erlegen. « TT, Nr. 92, S. 4.

29. APRIL

Ungarisches Mädchenheim in Innsbruck feierlich eröffnet

Prinzessin Liliane von Belgien übernahm den Ehrenschutz über die Festveranstaltung

Der Bürgermeister von London des Jahres 1957, Sir Cullum Welch, übergab gestern in Innsbruck ein ungarisches Mädchenheim, das der Weltkirchenrat erworben hat und leiten wird, seiner Bestimmung. Der Eröffnung wohnten Landeshauptmann Dr. Tschiggfrey, Landesrat Dr. Gamper, der englische Botschafter in Österreich, Sir Geoffrey Allinger, ein Vertreter des amerikanischen Außenministeriums, Mr. Brown, Superintendent Braun als Vertreter des evangelischen Landesbischofs, Doktor May, sowie weitere Persönlichkeiten des Weltkirchenrates und aus dem öffentlichen Leben bei.

Der Saggen – aber ein ungewöhnlicher Blickwinkel: das Kapuzinerkloster gegen die Arzler Scharte.

Ein Gefängnis mitten in der Stadt birgt immer Probleme.
Die „Schmerlinger Alm“ war zudem eine Einrichtung, die nicht mehr den Anforderungen der Zeit entsprach.

Das Heim für ungarische Mädchen in der Gänsbacherstraße wurde vom Weltkirchenrat für 640.000 Schilling erworben und mit dem Aufwand von einer halben Million Schilling ausgebaut; es beherbergt derzeit 65 ungarische Mädchen. In den beiden Stockwerken befinden sich je fünf Schlaf- und ein Wohn- und Unterrichtszimmer. Im Kellergeschoß sind eine Küche und ein Speisesaal untergebracht. «

TT, Nr. 98, S. 3.

19. MAI »

Sensation im Gefangenenhaus

Ein aufsehenerregender Vorfall ereignete sich am Samstag in den Morgenstunden im Hof des Gefangenenhauses des Landesgerichtes in der Fallmerayerstraße in Innsbruck. Zwischen 7 und 8 Uhr, als die Gefangenen ihren „Morgenspaziergang“ antraten, brach plötzlich der 26jährige Strafgefangene Hermann R[...] aus dem Kreis der 30 Gefangenen aus, eilte zu dem in der Mitte des Hofes stehenden zwölf Meter hohen Lichtmast und turnte mit großer Gewandtheit daran hinauf, vermutlich in der Absicht, sich an der Spitze des Mastens mit seinem Ledergürtel zu erhängen. Die Bewohner der umliegenden Häuser verfolgten die dramatische Szene mit gespannter Aufmerksamkeit. Gefangenenwärter redeten dem „vertikalen“ Ausreißer gut zu, doch R[...] ließ sich nicht dazu überreden, freiwillig auf die Erde zurückzukehren. Er mußte vom Personal des Gefangenenhauses heruntergeholt werden, nachdem er zehn Minuten in luftiger Höhe verweilt hatte. R[...] war erst am Vortage ins Gefangenenhaus eingeliefert worden. Er stammt aus Solbad Hall. « TT, Nr. 113, S. 3.

Auch der Bahnhof musste mit seinen zahlreichen Einrichtungen mit der Zeit gehen. Das Bahnhofzollamt scheint hier nachgehinkt zu sein.

7. JUNI

Das Innsbrucker Bahnzollamt – eine unmögliche Bruchbude

Vierzig Beamte arbeiten dort unter menschenunwürdigen Umständen – Die heimische Wirtschaft leidet unter dem Kompetenzstreit zweier Ministerien – Dienstbetrieb mit Parteienverkehr in zwei winzigen Barackenlöchern – Ein Amtshaus, das täglich eine Million einbringt

Zu den Sehenswürdigkeiten Innsbrucks zählt, obwohl es in keinem Baedeker vermerkt steht, das hiesige Bahnzollamt. Diese alte Bruchbude, die schon sehr lange ohne Verputz dasteht und nach 13 Jahren an den zerbröckelnden Mauern noch deutlich sichtbar die Spuren des Bombenkrieges trägt, würde heute sogar auf dem Balkan als rückschrittlich empfunden werden. Für ein Grenzzollamt einer Landeshauptstadt scheint es jedoch immer noch gut genug zu sein.

Da sich ein Teil des Hauses in letzter Zeit bedenklich zu senken begann und sich in den öden Mauern beachtliche Risse zeigten, wurden etliche Zollbeamte aus ihren Diensträumen delogiert und in eine winzige Baracke einquartiert, die alle Nachteile des Barackenbaustils in potenziertester Form aufweist. Die Beamten, die dort Dienst machen, amtieren in zwei winzigen Löchern zusammengepfercht, die jedem Häftling begründete Aussicht auf erfolgreiche Haftbeschwerden böten. Im Sommer schwitzen sie wie in einem gutfunktionierenden Brutkessel, um dafür zum Ausgleich im Winter gottsjämmerlich zu frieren. Ein vorsintflutliches Öfchen sucht vergeblich die Probleme einer modernen Raumheizung zu lösen. Frühmorgens, wenn der Dienst beginnt, ist es im Winter sibirisch kalt. Es dauert dann lange, bis sich die Räume erwärmen. Mittags aber herrscht eine Gluthitze, so daß der Ofen abgeschaltet werden muß. Kurze Zeit darauf ist es dann wieder lausig kalt. [...] TT, Nr. 128, S. 3.

14. JUNI

Kinder in Tretautos werden zu Verkehrskavalieren erzogen

Moderner Großstadtverkehr in der Parkanlage – Fahrschule der Jugend wird eröffnet

Auf drei Seiten von Wohnblocks umrahmt, befindet sich am Südende der Speckbacherstraße ein Platz, der bis vor kurzem nur unangenehm auffiel. Auf dem zertrampelten Rasen wurde Fußball gespielt, und Hundebesitzer ließen ihre Vierbeiner hier ungehindert herumwühlen. Wenn man jetzt an diesem Platz vorbeikommt, ist man angenehm überrascht. Zwischen neu geschaffenen Grünflächen führen zahlreiche Wege, die derzeit einen staubfreien Belag erhalten, durch die Anlage. Schon in wenigen Wochen werden sich auf den Wegen zahlreiche Kinderautos tummeln, die von Schulkindern jeden Alters gelenkt werden, denn diese Grünanlage ist der „Unterrichtsraum" der Fahrschule der Jugend.

Auf der ganzen Welt haben die Polizeibehörden die Erfahrung gemacht, daß Verkehrskavaliere von Kindesbeinen an dazu erzogen werden sollen. Zu diesem Zweck wurden in allen größeren Städten Kinderfahrschulen eingerichtet, in denen die Schulkinder sowohl mit der Theorie als auch mit der Praxis des Verkehrs im Spiel vertraut gemacht werden. TT, Nr. 134, S. 3.

Ein Blick auf den Verkehrsübungsplatz in der Speckbacherstraße. Die Südtiroler Bauten, die den Platz umgeben, wurden im Zweiten Weltkrieg zum Teil schwer beschädigt.

1959

15. APRIL

Innsbrucker Markt bleibt heuer noch am Innrain

Vorläufig keine Verlegung auf den neuen Platz, der nach seiner Fertigstellung als Parkfläche und für Herbstmärkte verwendet wird

»Mit der Inangriffnahme der Erstellung der neuen Markthalle am Herzog-Siegmund-Ufer und dem Ausbau des neuen Marktplatzes drohte den Innsbrucker Marktbeschickern, wie ein Damoklesschwert, schon in allernächster Zeit eine Übersiedlung. In Anbetracht der bereits im kommenden Frühjahr zur Verfügung stehenden neuen Markthalle und der adaptierten Großmarkthalle wäre diese wohl nur eine Lösung für kurze Zeit und daher lediglich ein Provisorium gewesen, das nur beträchtliche Kosten verursacht, aber wohl keine Vorteile gebracht hätte. Mit Berechtigung liefen daher die Marktbeschicker gegen dieses Vorhaben Sturm. [...] «

TT, Nr. 86, S. 3.

Die Baustelle der neuen Markthalle am Innrain.
Bis heute ist die Markthalle ein Ort des Handels und der Betriebsamkeit.

Heute unvorstellbar! Nahversorgung am Adolf-Pichler-Platz mit einem separaten Eingang für Großhändler und Endverbraucher.

28. APRIL

Christina wurde die Schönste im ganzen Land

Im Stadtsaal wurde die „Miß Tirol" gewählt – Ein Wahlergebnis, das allen recht war

Am Sonntagabend wurde im überfüllten Großen Stadtsaal der „Wahlkampf" beendet. Da es keine Listen, sondern schöne Mädchen zu wählen gab, war die Spannung natürlich ungleich größer. Acht junge Damen traten zu dieser Entscheidung an, und das Urteil der Jury, die es gar nicht leicht hatte, wurde von der Wählerschaft ohne Widerspruch aufgenommen.

Die Jury entschied also wie folgt: „Miß Tirol" und damit erste Siegerin wurde Fräulein Christina Himberger, Sekretärin. Als zweite Siegerin ging aus der Wahl Fräulein Gerlinde Kirsch, Zahnassistentin, und als dritte Fräulein Edith Homolka, Mannequin, hervor. Diese drei Auserwählten werden bei der Wahl der „Miß Austria" in Wien am 23. Mai ihr Heimatland Tirol vertreten und sich dort mit den Schönsten aus den übrigen Bundesländern messen. TT, Nr. 97, S. 3.

9. MAI

Innsbrucker „Kellertheater" wird echte Bühne

Mit allen technischen Neuheiten ausgestattet – Verlegung von ganzen Abonnementsgruppen möglich – Auch Aufführung musikalischer Werke

Innsbruck wird von Tag zu Tag schöner und von Jahr zu Jahr größer. Das merken nicht nur die Fremden, selbst als Einheimischer stellt man dies mit sichtlichem Stolz fest. Mit der Erreichung der sechsstelligen Einwohnerzahl darf sich unsere Landeshauptstadt auch als Großstadt bezeichnen. Auf dem Gebiet des Theaters ist aber Innsbruck nach wie vor eine Kleinstadt. Wohl strahlt das Landestheater am Rennweg Tradition und Würde aus und paßt baulich auch vorzüglich in das Bild des Rennweges, seine technische Ausstattung hinkt aber modernen Anforderungen um Jahrzehnte nach. Ohne moderne Bühne muß aber jeder Intendant und Regisseur ein Zauberer sein, um das nicht wenig anspruchsvolle Innsbrucker Theaterpublikum bei der Stange zu halten und ihm auch etwas zu bieten, was über dem Niveau einer Kleinstadt liegt. [...] TT, Nr. 103, S. 3.

27. MAI

Innsbruck wurde auf der IOC-Tagung in München Olympiastadt 1964

Am Dienstag um 11.15 Uhr wurde Innsbruck durch die Abstimmung des Internationalen Olympischen Komitees mit der Durchführung der Olympischen Winterspiele 1964 betraut. Die Abstimmung erbrachte für Innsbruck 49 Ja von 58 stimmberechtigten Vertretern, die restlichen Stimmen (9) entfielen auf Calgary (Kanada). Der dritte Bewerber, Lahti (Finnland), erhielt keine Stimme. Die Olympischen Sommerspiele 1964 wurden mit 34 Stimmen an Tokio vergeben. Detroit erhielt 9, Wien 8 und Brüssel 7 Stimmen. Bürgermeister DDr. Lugger sandte unmittelbar nach der Abstimmung an Bundeskanzler Raab, Vizekanzler Pittermann, Unterrichtsminister Dr. Drimmel und Landeshauptmann Dr. Tschiggfrey folgende Telegramme: „Die österreichische Delegation übermittelt, freudig bewegt, die Nachricht, daß Innsbruck Olympiastadt 1964 wurde." [...] « TT, Nr. 119, S. 1.

25. JULI

Ferdinand und Philippine hausen im Nylonschloß

Drei Camping-Vorstädte bei Innsbruck –
Die weiße Fahne wurde gehißt –
Zurück zur Natur mit viel Komfort und wenig Ruhe

Die Zeit des frohen Campings ist gekommen. Der Mensch kehrt in motorisierten Horden zurück zur Natur, sucht sich eine Stelle aus, wo deren Busen möglichst flach ist, und errichtet dort sein Zelt. Aus grimmigen Bürovorständen werden flotte Naturburschen. Notorische Eigenbrötler drängt es nach Zelttuchfühlung mit ganzen Stämmen moderner Zigeuner. Camping wandelt den Menschen.

Auf Campingplätzen werden täglich hunderte Firstfeiern begangen, ohne daß zuvor auch nur ein einziger Spatenstich getan wurde, denn nur der Zeltler aus der Steinzeit der Campingbewegung zieht einen Graben um seine Hütte, in dem sich der Regen sammeln kann. Das moderne Camping aber hat einen wasserdichten Gummiboden und einen goldenen Boden: Noch nie wurden in unseren Breiten soviel Zelte und Campingartikel verkauft wie in diesem Jahr. Ganz klar: je mehr Autos, desto mehr Camping. Wer sich Camping nicht leisten kann, muß eben mit einem Hotel vorliebnehmen. Die andern aber packen zentnerweise Campingkomfort in die Kofferräume, um endlich einmal nach Herzenslust primitiv leben zu können. Sie errichten luftige Paläste aus Leinwand und vertauen sie an Pflöcken, als wären es Luxusjachten. Dann wird über alle Zeltgiebel geflaggt, und der Herr Naturboß klappt die Campingmöbel höchstpersönlich auseinander, damit seine Gattin endlich einmal auf offener Flamme pasta asciutta mit Rasenzutaten kochen kann, lekker, lecker! « TT, Nr. 169, S. 3.

17. AUGUST

Tirol beging das Hochfest des Jubiläumsjahres

Ehrengäste aus nah und fern bei der Festmesse am Berg Isel – Bischof Dr. Rusch weihte die Gedächtniskapelle „Unsere Hohe Frau"

Das Hochfest Tirols im Jubiläumsjahr fand in einem äußerst würdigen Rahmen statt. Die Bevölkerung hatte dem Aufruf zur Beflaggung der Häuser mit großer Bereitwilligkeit Folge geleistet. Besonders festlich gestaltete sie die Beflaggung der Innbrücken. Während am Samstagabend das Glockengeläute Berg und Tal erfüllte – zum erstenmal wurde die neue Herz-Jesu-Glocke der Jesuitenkirche geläutet, und prächtig stimmte ihr Klang zu den altvertrauten der Pfarrkirchenglocken –, flammten auf den Höhen die Feuer auf. Hatte noch am Freitagabend die Hoffnung auf Schönwetter bestehen können, so zeigte sich allerdings am Hohen Frauentag in der Frühe, daß man mit einem Wettersturz rechnen mußte. Dieses Ungemach hat die Stimmung jener, die zum Festakt am Berg Isel sich versammelten, nicht trüben können. Die leuchtenden Farben der Trachten und Uniformen boten dem Grau, mit dem sich der Himmel bedeckt hatte, Paroli. TT, Nr. 187, S. 3.

Landeshauptmann Tschiggfrey salutiert einer Abordnung Osttiroler Jungschützen am Bergisel.

1960

4. JÄNNER

Flaggenstreit kostete Innsbruck 150.000 Schilling

Nun hat auch Innsbruck seinen „Flaggenstreit". Beim Empfang der ausländischen Mannschaftsführer zum Berg-Isel-Springen am Samstag hatte er begonnen, um Mitternacht wurde er ergebnislos abgebrochen, und am Sonntag, 30 Minuten vor Beginn des 10. Internationalen Berg-Isel-Springens, auch er schließlich ohne Erfolg beendet.

Der „Flaggenstreit" steht zum Leidwesen aller in Deutschland schon seit längerer Zeit auf der Tagesordnung. Seit nämlich die DDR ihre eigene Fahne besitzt – schwarzrotgold mit Hammer und Zirkel – kommt es immer wieder zu „Auseinandersetzungen" mit der Deutschen Bundesrepublik, weil die Bonner Regierung die ostdeutsche Fahne als „Spalterflagge" bezeichnet und das Aufziehen dieses Sinnbildes bei Veranstaltungen in der Deutschen Bundesrepublik verbietet. [...] TT, Nr. 2, S. 3.

Ein verwegener Sportler stürzt sich von der alten Bergisel-Sprungschanze „auf" den Wiltener Friedhof, der damals noch von Wiesen umgeben war.

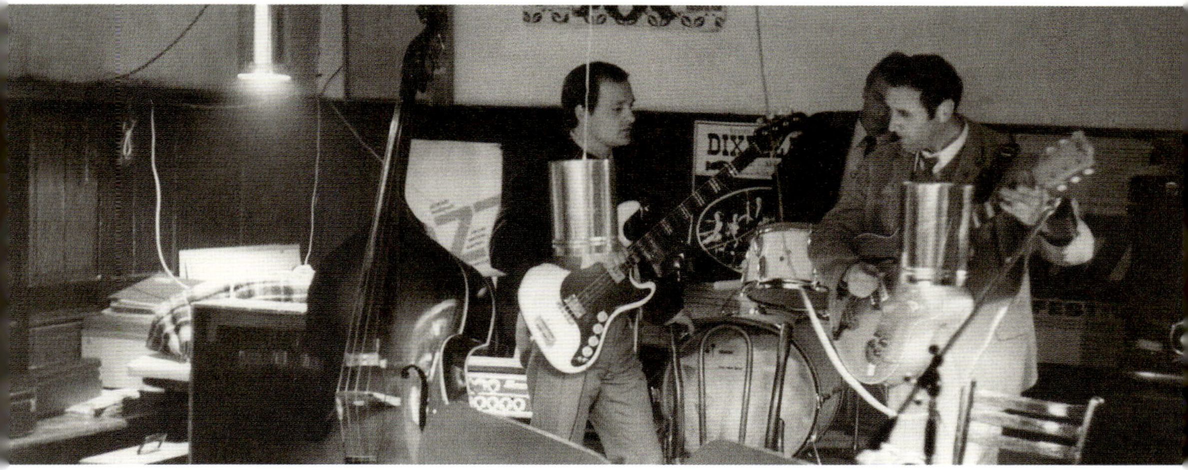

Neue Musikrichtungen kamen im 20. Jahrhundert, vor allem aber nach dem Zweiten Weltkrieg, meist aus den USA und wurden rasch Teil der hiesigen Jugendkultur.

14. JÄNNER »

Forum-Lichtspiele: Marktplatz der Bilder

Modernes Kino im Stadtteil Dreiheiligen nach den Plänen von Architekt Heltschl

Im kinofreudigen Innsbruck wird ein neues Lichtspieltheater eröffnet: das „Forum". Die alten Römer bezeichneten mit dem lateinischen Ausdruck „Forum" ursprünglich den Marktplatz, auf dem Waren verschiedenster Art angeboten wurden. Wir wollen das Innsbrucker „Forum" als einen Marktplatz der Bilder auffassen, wo uns aus der Produktion der Filmhersteller das Neueste dargeboten wird.

Das Forum-Kino öffnet seine gläsernen Pforten im bisher kinolosen Stadtteil Dreiheiligen, und zwar im Kolpinghaus. Der Besitzer des Lichtspielhauses ist der aus Wien stammende Kinobesitzer Direktor Zuleger, der sein Haus als Privatunternehmer führt, nachdem der ursprüngliche Plan, an dieser Stelle ein Kino des Kolpingvereins zu schaffen, gescheitert ist. « TT, Nr. 10, S. 3.

16. JÄNNER »

Jugend-Jazzkeller im Zeichen von 19 C + M + B 60

Musikalisches Dynamit aus der Unterwelt – Basketball, Eishockey und Zeitschriftenkritik – Moderne Jugenderziehung in der Sillgasse

Ein Stück dunkles New York mitten in Innsbruck: Aus einem grauen Hinterhof quält sich durch ein halbunterirdisches Fenster Musik ins Freie, die irgendwo in der Tiefe fabriziert wird. Man hört dumpfe Trommelschläge und schrille Klarinettentöne, die flink und übermütig wie ein betrunkenes Wiesel aus den Ritzen der Mauern gleiten. Irgendwer zerhackt in wilder Lust ein Klavier. Jazz!

Lauschenden Ohres trinken junge Burschen und Mädchen, die sich an die brüchige Hausmauer drängen, aus der ergiebigen Musikquelle. In ihre Augen tritt der begeistert aufleuchtende Kennerblick, wenn der unsichtbare Schlagzeuger auf seinen Instrumenten verwegene Kapriolen schlägt. Stundenlang könnten sie draußen im Freien frieren, die jungen Leute, wenn das Programm, das von unten nach oben quillt, nicht zeitweilig unterbrochen werden müßte. Wenn im Negerviertel zu New York die Schwarzen an den Unterflurfenstern der Jazzkeller Harlems beisammenstehen und ihrer Lieblingsmusik als „Zaunhörer" lauschen, kann die Szene nicht anders aussehen als in der Sillgasse, wo sich die Jugend einen Jazzkeller geschaffen hat, indem sie einen unnützen Heizkessel zertrümmerte und den dadurch gewonnenen Raum zünftig einrichtete. « TT, Nr. 12, S. 3.

21. JÄNNER »

Konferenz über Südtirol in Innsbruck

Raab, Kreisky und Gschnitzer beraten mit den Führern Südtirols über die Antwort Österreichs an Segni

Bundeskanzler Ing. Raab, Bundesminister Doktor Kreisky und Staatssekretär Dr. Gschnitzer haben sich nach Innsbruck begeben. Die Reise steht, wie die APA erfährt, mit dem Brief des italienischen Ministerpräsidenten, Segni, im Zusammenhang. Dieser Brief, der im Ministerrat bekanntlich zur Diskussion stand, enthält den Vorschlag, die österreichisch-italienischen Verhandlungen fortzusetzen. Vor Beantwortung dieses Schreibens wollen die drei österreichischen Staatsmänner mit maßgeblichen Persönlichkeiten aus Nordtirol und Südtirol Fühlung nehmen. Dies sei auch, wie es in informierten Kreisen heißt, der Grund gewesen, warum der Ministerrat eine endgültige Stellungnahme in dieser Frage auf nächste Woche verschoben hat. Man spricht auch von der Möglichkeit einer Begegnung der drei österreichischen Regierungsvertreter mit einem Mitglied der italienischen Regierung zur Aussprache über die Südtirolfrage und ihre Lösung im Sinne des Rechtes. « TT, Nr. 16, S. 1.

6. FEBRUAR »

Stadtsaalausschmückung durch Max Weiler

Ein sechs Jahre altes Problem wird gelöst – Auftragserteilung durch den Stadtrat erfolgt

Vor über sechs Jahren, bald nach der Fertigstellung und Einweihung des Großen Stadtsaales, wurde von der Stadtgemeinde Innsbruck ein Wettbewerb für eine künstlerische Ausschmückung der oberen Teile der Seitenwände ausgeschrieben. Die Jury hat damals dem Entwurfe des akademischen Malers Max Weiler den ersten Preis zuerteilt. Die Ausstellung der eingesandten Arbeiten in den Räumen der Theologischen Fakultät in der Universitätsstraße fand starkes Interesse in der Öffentlichkeit und löste lebhafte Diskussionen aus. Zu einer Ausführung des Wandschmuckes konnte man sich damals aus verschiedenen Gründen allerdings nicht entschließen, und so vergingen die Jahre, in denen nur die nicht gerade schönen, nur mit Rohverputz getünchten 2,60 Meter hohen und 28 Meter langen Wandstreifen an den Stadtsaalwänden daran gemahnten, daß hier etwas geschehen sollte, was aber nie geschehen ist. [...] « TT, Nr. 30, S. 4.

21. MÄRZ »

Schutzengelkirche in Pradl feierlich geweiht

Die katholische Kirche sieht im Altar den Mittelpunkt des Gotteshauses. Aus diesem Grunde mußte auch die feierliche Kirchweihe der Schutzengelkirche in Pradl-Ost so lange verschoben werden, bis ein aus gewachsenem Stein errichteter Hochaltar zustande kam. In großer Feierlichkeit nahm Bischof Dr. Paulus Rusch die Weihe der also vollendeten Kirche vor. Samstag abend wurde er beim Portal der Kirche durch eine große Schar von Gläubigen willkommen geheißen. Ein in Burggräfler Tracht gekleideter Bläserchor spielte einen Choral. Kirchenrat Feiersinger sprach die Worte der Begrüßung. « TT, Nr. 66, S. 3.

Die offizielle Einladung zur Einweihung der Schutzengelkirche in Pradl.

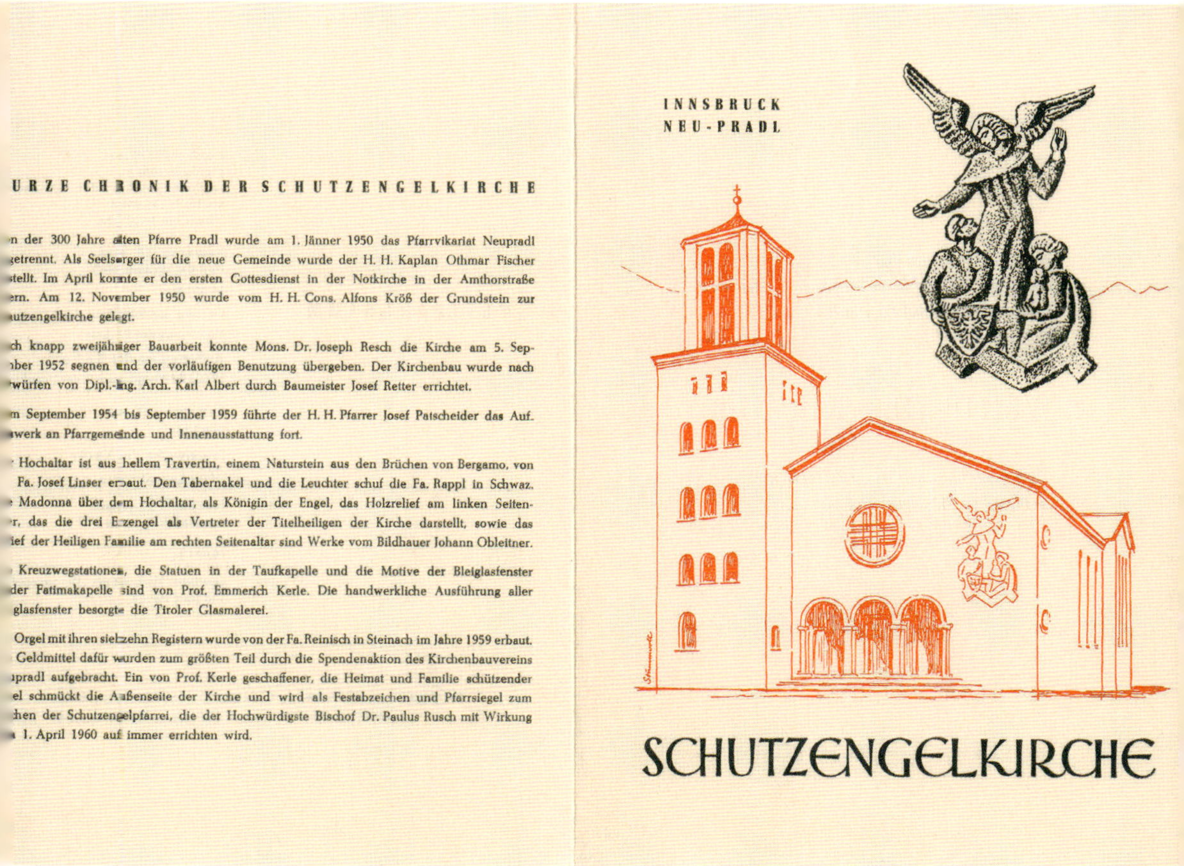

URZE CHRONIK DER SCHUTZENGELKIRCHE

n der 300 Jahre alten Pfarre Pradl wurde am 1. Jänner 1950 das Pfarrvikariat Neupradl getrennt. Als Seelsorger für die neue Gemeinde wurde der H. H. Kaplan Othmar Fischer stellt. Im April konnte er den ersten Gottesdienst in der Notkirche in der Amthorstraße ern. Am 12. November 1950 wurde vom H. H. Cons. Alfons Kröß der Grundstein zur utzengelkirche gelegt.

ch knapp zweijähriger Bauarbeit konnte Mons. Dr. Joseph Resch die Kirche am 5. September 1952 segnen und der vorläufigen Benutzung übergeben. Der Kirchenbau wurde nach würfen von Dipl.-Ing. Arch. Karl Albert durch Baumeister Josef Retter errichtet.

m September 1954 bis September 1959 führte der H. H. Pfarrer Josef Patscheider das Auf. werk an Pfarrgemeinde und Innenausstattung fort.

Hochaltar ist aus hellem Travertin, einem Naturstein aus den Brüchen von Bergamo, von Fa. Josef Linser erbaut. Den Tabernakel und die Leuchter schuf die Fa. Rappl in Schwaz. Madonna über dem Hochaltar, als Königin der Engel, das Holzrelief am linken Seiten- r, das die drei Erzengel als Vertreter der Titelheiligen der Kirche darstellt, sowie das ief der Heiligen Familie am rechten Seitenaltar sind Werke vom Bildhauer Johann Obleitner.

Kreuzwegstationen, die Statuen in der Taufkapelle und die Motive der Bleiglasfenster der Fatimakapelle sind von Prof. Emmerich Kerle. Die handwerkliche Ausführung aller glasfenster besorgte die Tiroler Glasmalerei.

Orgel mit ihren siebzehn Registern wurde von der Fa. Reinisch in Steinach im Jahre 1959 erbaut. Geldmittel dafür wurden zum größten Teil durch die Spendenaktion des Kirchenbauvereins ıpradl aufgebracht. Ein von Prof. Kerle geschaffener, die Heimat und Familie schützender el schmückt die Außenseite der Kirche und wird als Festabzeichen und Pfarrsiegel zum chen der Schutzengelpfarrei, die der Hochwürdigste Bischof Dr. Paulus Rusch mit Wirkung 1. April 1960 auf immer errichten wird.

INNSBRUCK
NEU-PRADL

SCHUTZENGELKIRCHE

1961

17. JULI »

„Beinliche“ Darbietungen

Als ich vor knapp 30 Jahren an einem Julitag mit einem Freunde über die Cannebière in Marseille schlenderte, blieb plötzlich die Straßenbahn auf freier Strecke stehen. Der Wagenführer starrte herüber, Passanten zeigten mit Fingern auf uns. Wir trugen kurze Hosen. Ein Skandal für das sittenstrenge Marseille. Erst als wir uns in lange Röhren gestürzt hatten, konnten wir unbehelligt durch die Stadt ziehen.

Inzwischen ging der Fortschritt mit Siebenmeilenstiefeln über uns hinweg. Fern von Sand und Strand spazieren heute Mädchen, mitunter sogar ältere Damen, in Höschen und luftigen Ballettröckchen durch Innsbruck: Ausländer, die in der Überzeugung leben, sich im Urlaub all das leisten zu können, was zu Hause Ärgernis schafft. Aber in Innsbruck bleibt deswegen keine Straßenbahn stehen, und die Öffentlichkeit nimmt die „beinlichen“ Darbietungen kritiklos zur Kenntnis. Wir leben ja vom Tourismus... In Innsbruck ist das „Strip-tease“ mitten auf der Straße [...] fast zur Selbstverständlichkeit geworden. « TT, Nr. 163, S. 3.

2. OKTOBER »

Unbekannte sprengten Andreas-Hofer-Denkmal

Mittel: Zwei Plastikbomben –
Landeshauptmann Dr. Tschiggfrey hat Wiedererrichtung des Denkmals in „kürzestmöglicher“ Zeit angeordnet

Unbekannte Täter sprengten Sonntag früh um 4 Uhr das Andreas-Hofer-Denkmal auf dem Bergisel. Von den Tätern fehlt bis jetzt jede Spur. Der Schaden, der entstand, ist nicht irreparabel. Man darf hoffen, daß das Symbol der Freiheit unseres Landes, das Andreas-Hofer-Denkmal, schon nach verhältnismäßig

Andreas Hofer am Boden. Das Denkmal wurde aber in kurzer Zeit saniert und der Tiroler Freiheitsheld steht seither wieder auf seinem steinernen Sockel.

kurzer Zeit wieder unversehrt aufgerichtet sein wird. Der Landeshauptmann von Tirol, Dr. Hans Tschiggfrey, der schon im Morgengrauen auf dem Bergisel erschien und sich den Schaden besah, gab bereits an Ort und Stelle entsprechende Anweisung.

Die Explosion war so stark, daß die ganze Stadt durch das Krachen, das einem Kanonenschuß glich, aufgeweckt wurde. Sogar auf dem linken Innufer war das Beben der Luft zu spüren und viele Sekunden lang wurde der Schall von allen Seiten der die Stadt umgebenden Berge reflektiert. « TT, Nr. 228, S. 3.

Ein Rückblick auf das Rennen von 1960: Der Innsbrucker Erwin Gassler kämpfte das ganze Rennen lang mit Bremsproblemen und hatte meist nur die Handbremse zur Verfügung, bis in der letzten Runde alle Bremssysteme versagten und er das Auto auslaufen lassen musste.

7. OKTOBER »

Motoren dröhnen auf dem Innsbrucker Flughafen

Morgen Sonntag ab 12.30 Uhr Flugplatzrennen für Automobile – Start bei jeder Witterung – 119 Teilnehmer aus 10 Nationen gemeldet

Mit dem 4. Internationalen Flugplatzrennen für Automobile, das bei jeder Witterung morgen Sonntag ab 12.30 Uhr, auf dem Flughafen Innsbruck-Kranebitten vom OeASC veranstaltet wird, findet die Motorsportsaison in Österreich ihren Abschluß. Das Saisonfinale auf der Innsbrucker Betonpiste entscheidet nicht nur den österreichischen Cupbewerb (Wien – Gaisberg – Innsbruck), nach diesem Rennen werden auch die österreichischen Staatsmeister im Motorsport feststehen. Mit 119 Teilnehmern hat die Innsbrucker Veranstaltung eine erfreulich starke Besetzung zu verzeichnen. Allein 48 Nennungen entfallen auf das Formel-Junior-Rennen, so daß schon am Vormittag ab 10 Uhr ein eigenes, scharfes Ausscheidungsrennen in der Formel-Junior-Klasse stattfinden wird, nur die 22 schnellsten Fahrer können am Finale der Formel-Junior-Rennwagenklasse teilnehmen. Grundsätzlich aber sollte es heuer ein besonders ausgeglichenes Feld sein: es gibt keine todsicheren Siegesanwärter und demnach sicherlich auch in keinem Rennen einen Fahrer, der vom Start weg auf und davon zieht und alle distanziert. « TT, Nr. 233, S. 12.

Mit der schrittweisen Beseitigung der Baracken wurden auch neue Infrastrukturbauten – wie hier der Kindergarten in der Reichenau – erforderlich.

13. OKTOBER

Wohnbarackenlager verschwinden

» Im Rahmen des Barackenbeseitigungsprogramms der Stadtgemeinde Innsbruck hat die Gemeinnützige Wohn- und Siedlungsgesellschaft „Pax" in der Reichenau, Andechsstraße – Klappholzstraße als letzten Teilabschnitt 60 Wohneinheiten eines Gesamtbauvorhabens von 180 Wohnungen, an dem auch die Gemeinnützige Bau- und Siedlungsgesellschaft „Frieden" und die Gemeinnützige Wohn- und Siedlungsgesellschaft „Schönere Zukunft" beteiligt sind, fertiggestellt. Am Sonntag um 11 Uhr wird diese neue Wohnanlage nach einer festlichen Einweihung ihrer Bestimmung übergeben. Damit werden die letzten Barackenlager in Hötting, am Rechenweg und am Sieglanger aus dem Stadtbild verschwinden. « TT, Nr. 238, S. 3.

23. OKTOBER

Innsbrucks Telephonzellen sind keine Imbißstuben

Unverstand und Böswilligkeit wüten gegen die 107 Münzfernsprecher im Ortsnetz – Sinnlose Vandalenakte stiften schweren Schaden

» Hosenknöpfe in Opferstöcken zeugen als Fremdkörper von einem übersteigerten Sparsinn. Aber wenn sparsame Zeitgenossen in Telephonzellen das Schillingstück durch Zehnliremünzen zu ersetzen suchen, ist dies ein vergebliches Bemühen. Auch selbstgebastelte „Ersatzschillinge" aus Blech schaffen keine Verbindung, denn die Sprechautomaten sind so raffiniert gebaut, daß sie nur auf echte Schillinge ansprechen. Bei der Prägung unserer Schillinge hat es Serien gegeben, die fehlerhaft waren. Nicht einmal diese an sich echten Schillinge ermöglichen das gewünschte Gespräch. So genau funktionieren diese Automaten.

Aber was diesen Dingern zugemutet wird, geht nicht einmal auf die geräumigste Kuhhaut. Die beiden Postangestellten, die täglich die 107 Münzfernsprecher im Innsbrucker Ortsnetz betreuen, wissen darüber ein tieftrauriges Lied zu singen. Immer wieder treffen die beiden wenig Beneidenswerten auf Bosheitsakte, die oft so dumm sind, daß sie den Tätern kaum eine besondere Freude machen könnten. Leider sind es durchaus nicht immer nur „Lausbuben“, die in den Fernsprechzellen ihren Unfug treiben. Auch Erwachsene betätigen sich als erfindungsreiche Vandalen, um sinnlos Schaden zu stiften. « TT, Nr. 244, S. 3.

23. OKTOBER »

Die 88jährige Innbrücke rüstig wie Anno 1873

Ein solides Bauwerk, das zwar zittert, aber hart im Nehmen ist – Ausbesserung eines Gehsteiges – Elektrochemischer Rostschutz

Seit einiger Zeit ist der Fußgeherverkehr auf der Innbrücke in Innsbruck behindert, weil der flußaufwärts gelegene Gehsteig ausgebessert wird. Sooft ein schwerer Lastkraftwagen oder ein Obus über die eiserne Fachwerkbrücke rollt, spürt man ein Zittern in den Beinen und fragt sich sorgenvoll, ob dies nicht ein Zeichen von Brückenaltersschwäche ist. Keine Angst! Als Fachleute die Innbrücke im Jahre 1948 röntgenisierten, gewannen sie die Überzeugung, daß der Stahl nicht die geringsten Ermüdungserscheinungen zeigt und die Brücke noch Jahrzehnte den täglichen Belastungen gewachsen sein wird.

Die Innbrücke wird am 19. März 1963 genau 90 Jahre alt sein. An ihrem Geburtstag, der auf den Josefstag 1873 fiel, wurde eine Korsofahrt veranstaltet und höchstoffiziell festgestellt, daß das Bauwerk „eine wahre Zierde der Landeshauptstadt“ wäre. Davon sind wir heute nicht mehr so ganz überzeugt. « TT, Nr. 244, S. 3.

Ein kleines „Lifting“ an einer alten Brücke kann nie schaden, immerhin hat sie ja auch eine enorme Last zu tragen.

9. NOVEMBER »

Innsbruck kaufte Fernsehrechte um 20.000 Dollar

Das Organisationskomitee der Olympischen Winterspiele in Innsbruck hat vom IOC (Internationales Olympisches Comite) die Fernsehrechte für die Olympischen Winterspiele in Innsbruck um 20.000 Dollar (das sind 520.000 Schilling) gekauft. Damit kann das OK in Innsbruck diese Fernsehrechte weiter verkaufen an wen immer es will. Verhandlungen sind bereits im Gange. Wie Generalsekretär Prof. Friedl Wolfgang von der in Innsbruck gegründeten Vereinigung internationaler Skifachjournalisten (Präsident wurde Serge Land, Basel – Bgm. Dr. Lugger übermittelte die Grüße der Stadt Innsbruck) erklärte, darf Innsbruck mit diesem Betrag mehr als zufrieden sein, denn Tokio als Veranstalter der Olympischen Sommerspiele 1964 mußte 130.000 Dollar (3,38 Millionen Schilling) bezahlen. « TT, Nr. 260, S. 5.

22. NOVEMBER »

Ab Dezember: Patscherkofel-Gipfellift

Die Rohbauten in der Bergstation für den Umbau der Seilbahn vor der Vollendung

In wenigen Wochen werden die Innsbrucker bequem auf ihren Hausberg fahren können. Der Patscherkofel-Gipfellift, der in diesen Tagen von den Beauftragten des Verkehrsministeriums „abgenommen“ wird, tritt im Dezember bereits in Aktion. Seine Förderleistung von 450 Personen pro Stunde wird vor allem den vielen Skifahrern zugute kommen. Mit der Modernisierung der Seilbahn auf den Patscherkofel wird es allerdings noch eine Zeitlang dauern. Gegenwärtig laufen zwar die Bauarbeiten in der Bergstation auf vollen Touren. Auch der Rohbau für den neuen Antrieb ist fertig. Die Wagenhalle der Bergstation wird noch Ende November unter Dach kommen. Da der Seilbahnverkehr im bevorstehenden Winter aufrechterhalten werden soll, muß mit den Umbauarbeiten in der Talstation und in der Zwischenstation Heiligwasser noch zugewartet werden. Außerdem dient gegenwärtig die Seilbahn auch der Heranschaffung des notwendigen Baumaterials für die Arbeiten in der Bergstation. Im Sommer ist damit zu rechnen, daß der Umbau, wenn nicht besondere Verzögerungen in den Lieferterminen der Firmen hemmend wirken, in vollem Umfang weitergeführt werden kann. « TT, Nr. 271, S. 3.

1962

28. APRIL

Das erste „Agape“ in einer Innsbrucker Pfarre

Im Saggen wurde das festliche Liebesmahl der frühchristlichen Gemeinden gefeiert – Ein gelungener Schritt zur neuen Liturgie

Agape, das Liebesmahl der frühchristlichen Gemeinden, ist auch in unserer so sehr realistischen Zeit denkbar, ja notwendig. Die frühchristliche Gemeinde hat dieses Beispiel Jesu wohl verstanden und auch außerhalb des Gottesraumes nach jedem Meßopfer ein Liebesmahl gefeiert. Sie wußte, daß das heilige Erleben des Meßopfers auch äußeren Ausdruck, Gestaltung finden müsse und nicht bloß kirchliche Zeremonie sein dürfe. So saßen sie beisammen, aßen Brote, tranken Wein und erinnerten sich in feierlicher Stimmung, daß sie im Sinne Christi handelten. [...]

Bei einer Innsbrucker Pfarrgemeinde konnte dieser urchristliche Brauch des Agape innerlich Resonanz finden. Der Pfarrer dieser Gemeinde weckte die Begeisterung für dieses Liebesmahl und so war es möglich, daß man mit Aufgeschlossenheit und Freude daranging, zum Osterfest in urchristlicher Weise mit der ganzen Gemeinde die geweihten Osterbrote zu brechen. TT, Nr. 98, S. 3.

9. MAI

Überfüllte Stadtsäle in der Jugendwoche

Der Erfolg übertraf die Erwartungen – Ein neuer Weg der Jugendbewegung beschritten

Genaugenommen war es für die Veranstalter der „Woche der Jugend“ ein Wagnis. Die Katholische Jugend aller Gliederungen der Stadt Innsbruck suchte nach einer neuen Form der Jugendbegegnung, und der Erfolg übertraf die gesteckten Erwartungen. Eine ganze Woche stand, beinahe völlig unbemerkt von der breiten Öffentlichkeit, im Zeichen der Jugend.

Den Beginn dieser Woche leitete ein Tanzfest der Jugend im Großen Stadtsaal ein, der sich bereits am ersten Abend als zu klein erwies. Viele Jugendliche mußten nach Hause geschickt werden. Aber das war offenbar die beste Reklame, denn zum Filmabend am zweiten Abend sind gleich 200 Jugendliche mehr gekommen. Univ.-Prof. Dr. Plankensteiner zeigte und diskutierte mit einer Handvoll Mittelschüler den Film „Nachtwache“, der in den Herzen der 1000 jungen Menschen einen großen Eindruck hinterließ. Mehr als dreiviertel der Filmbesucher blieb bei der anschließenden Diskussion, und sicherlich wird eine solche hohe Zahl von Diskussionsteilnehmern selten sein. TT, Nr. 106, S. 3.

15. MAI

30.000 Schundhefte gegen gute Schriften

Buchklub der Jugend zählt 25.000 Mitglieder – 13. Jugendkulturwoche in Innsbruck

Der verderbliche Einfluß, den negatives Schrifttum auf den heranwachsenden Menschen auszuüben in der Lage ist, wird heute von niemandem mehr bestritten. Wohl aber ist man sich noch lange nicht in allen Kreisen klar darüber, daß „harmloser Schund" nicht weniger gefährlich sein kann wie eindeutige Schmutzlektüre, weil er das Gift sozusagen in einer Schokoladenhülle anbietet, es „unterschwellig" an das Kind heranbringt.

Im Kampfe gegen das für die Jugend verderbliche Schrifttum bildeten sich in Tirol zwei Arbeitsgemeinschaften, und zwar einerseits die „AG zum Schutze der Jugend" bei der Katholischen Aktion Tirols, andererseits die AG „Jugend und Schrifttum" beim Landesjugendreferat, in deren Rahmen auch die Agenden des Österreichischen Buchklubs der Jugend wahrgenommen werden. [...] TT, Nr. 111, S. 4.

9. JUNI

„Großes Welttheater" am Innsbrucker Pfarrplatz

Das Mysterienspiel Hofmannsthals wird im Juli unter der Regie Richard Hallers aufgeführt – Höhepunkt der Sommerveranstaltungen

Vor vier Jahren ertönte an so manchen Sommerabenden von den Türmen der Innsbrucker Altstadt der laute Ruf „Jedermann", mit dem die Menschen zur Teilnahme an den Aufführungen am Pfarrplatz aufgefordert wurden. Damals erkannte man zum ersten Male den Wert des Pfarrplatzes mit der Schönheit der Fassade der St.-Jakobs-Pfarrkirche, seiner harmonischen architektonischen Geschlossenheit und seiner einzigartigen Akustik als Theaterraum. Aus den Erfahrungen, die in jenem Jahre bei den „Jedermann"-Aufführungen gemacht wurden und aus denen man viel lernen konnte, wird nun auch heuer wieder ein großes Spiel auf diesem Platze vorbereitet. Initiator und Leiter ist wiederum der Schauspieler Richard Haller, der jetzt die Vorbereitungen für Aufführungen von Hugo von Hofmannsthals „Großes Salzburger Welttheater" abgeschlossen hat. TT, Nr. 132, S. 3.

21. JULI

Kurze Leitung zu „deinem Freund und Helfer"

Über die neuen Rufsäulen ist die Polizei jederzeit und unentgeltlich zu erreichen

Ein dreifacher Beweis für die Wahrheit des Spruches „Die Polizei – dein Freund und Helfer" steht und hängt seit gestern in Innsbruck. An der Innbrücke gegenüber der „Ottoburg", an der Mauer des Krankenhauses gegenüber der Universitätsbrücke und an der Friedhofsmauer in Wilten, an der Auffahrt zur Brennerstraße leuchten in hellem Grün die neuen „eisernen Wachmänner". Es handelt sich dabei um eine Polizeirufsäule und zwei -rufstellen, über die man zu jeder

Die Notrufsäule an der Innbrücke.

Tages- und Nachtzeit unentgeltlich die Polizei „an die Strippe“ bekommen kann. Ein Druck auf den Hebel genügt, und schon meldet sich die Polizeiwache des Rayons Innsbruck-Mitte, um Auskünfte zu geben, Ratschläge zu vermitteln oder aus der Not zu helfen. « TT, Nr. 166, S. 3.

18. AUGUST »

1963: In fünf Minuten zum Eingang des Stubaitales

Bauten der Autobahn Innsbruck–Schönberg werden termingerecht fertig – Autobahn auch für die Winterspiele 1964 in Rechnung gestellt

Wer in diesem Sommer, eingekeilt in einer endlosen Schlange, deren Kopf ein Fernlaster oder ein Auto mit Wohnwagen sein kann, wie ein Mohammedaner dem Schicksal ergeben, vom ersten auf den zweiten und vom zweiten auf den ersten Gang schaltend, die 70 Kurven des Schönbergs hinaufschleicht, der träumt gerne von einer nicht mehr allzu fernen Zukunft. Von einer Zukunft, in der die Fahrt vom Sonnenburgerhof bis zum Eingang ins Stubaital nur mehr fünf Minuten dauern wird. [...] « TT, Nr. 189, S. 3.

21. SEPTEMBER »

Start zum Innsbrucker Reit- und Springturnier

Mit 112 Pferden das bisher größte Turnier in Tirol – Sondervorführungen am Samstag/Sonntag

Das I. Internationale Reit- und Springturnier in der Innsbrukker Reichenau nimmt bereits heute morgen seinen Anfang. Über 100 Pferde werden in diesem Turnier eingesetzt, die besonderen Höhepunkte dieser Veranstaltung sind am Samstag und Sonntag zu erwarten. Sehr stark ist, wie schon berichtet, die deutsche, italienische und schweizerische Besetzung; für die österreichischen Teilnehmer gilt dieses Turnier auf dem vergrößerten Reitgelände als Qualifikation für die im November in der Wiener Stadthalle angesetzte Österreichische Staatsmeisterschaft. Zu den Veranstaltungen am heutigen Nachmittag haben sämtliche Innsbrucker Schüler freien Eintritt. Mit der Direktion der Innsbrucker Messe wurde ein neues Abkommen getroffen. Demzufolge gilt die Messekarte nicht zugleich als Eintrittskarte für das Reitturnier, vielmehr erhält jeder Inhaber einer für Samstag oder Sonntag gültigen Messekarte eine Ermäßigung von Schilling 7,– auf alle Plätze im Reitgelände. « TT, Nr. 218, S. 5.

Dieses Pferd steht Bundespräsident Adolf Schärf nicht beim Reit- und Springturnier, sondern bei der Innsbrucker Messe quasi Auge in Auge gegenüber.

1963

Die markante Konstruktion der Hungerburgbahnbrücke ist – auch wenn sie heute nicht mehr in Verwendung ist – ein Wahrzeichen der Stadt mit hohem Wiedererkennungswert.

12. JÄNNER »

Lebensgefährliche Bergung eines Betrunkenen

In das Gestänge der Hungerburgbahnbrücke eingestiegen – Polizei und Feuerwehr im Einsatz

Zu einer dramatischen Bergung eines Betrunkenen kam es gestern nachmittag bei der Hungerburgbahnbrücke. Kurz nach 3 Uhr nachmittag sahen Passanten einen sichtlich angeheiterten Mann in das Brückengestänge der Hungerburgbahn einsteigen. Sie verständigten sofort die Polizei und die Berufsfeuerwehr, die wenige Minuten später dort eintrafen. Der Mann war aber inzwischen etwa 30 Meter weit in das Gestänge geklettert. Da er auf gütliches Zureden nicht reagierte, stieg Polizeirayonsinspektor Alois Winderl in den Brückenbau ein, um den Betrunkenen zu erreichen. Immer wieder versuchte der Polizeibeamte, den Mann von der Sinnlosigkeit seines Vorhabens zu überzeugen und zur Umkehr zu überreden. Dieses Bemühen blieb vergeblich. Der Betrunkene konnte sich kaum noch im Gestänge festhalten.

Sein lebensgefährliches Balancieren über dem Inn fand erst ein Ende, als es dem Polizeirayonsinspektor gelang, ein von oben herabgelassenes Seil um den Mann zu schlingen und diesen festzubinden. Polizei und Feuerwehr waren inzwischen auf die Fahrbahn der Hungerburgbahn geklettert, während Schlauchboote im Wasser bereitlagen. Der Betrunkene wurde schließlich hochgezogen, in Empfang genommen und durch die Funkstreife zur Ausnüchterung in den Polizeiarrest gebracht. Der Polizeibeamte jedoch mußte seine waghalsige Klettertour bis zum Hohen Weg fortsetzen, ehe er festen Boden erreichte.

Bei dem Betrunkenen handelt es sich um den 1910 in Salzburg geborenen Theodor Robert S[...]. Nähere Personalien sind noch unbekannt. Der Vorfall hatte natürlich beträchtliches Aufsehen erregt. « TT, Nr. 10, S. 3.

Ein Regenschirm schützt vor neugierigen Blicken. Allerdings nicht ganz erfolgreich.

14. FEBRUAR »

Regenschirm im Fundamt nicht mehr führend

An der Spitze der Fundgegenstände liegen Geldbörsen – Die Innsbrucker sind ehrliche Leute

Verloren werden in Innsbruck, teils aus Unachtsamkeit, teils aus Vergeßlichkeit, immer noch die unmöglichsten Sachen. Für 1962 meldete das Fundamt der Bundespolizeidirektion den Eingang von 2600 Fundgegenständen. Dabei steht der Regenschirm, früher das beliebteste Objekt und Gegenstand zahlreicher Witze, längst nicht mehr an der Spitze der Verluste. Die Reihung nennt vielmehr Geldbörsen und Aktentaschen, Skigeräte aller Art und Rodeln werden gleichfalls mit Vorliebe verloren. Dann folgt Schmuck, wobei die Armbanduhren die erste Stelle einnehmen. Photoapparate und Rechenschieber folgen dicht dahinter und schließlich werden Studentenmützen und Couleurbänder gern verloren, nach deren Verbleib sich allerdings kaum jemand erkundigt.

Angezeigt wurden 1300 Verluste der verschiedenartigsten Gegenstände; etwa 1000 der angelieferten Fundstücke konnten den Verlierern wieder zurückgegeben werden. An Geldbeträgen „vereinnahmte" das Fundamt 125.000 Schilling; 101.000 Schilling konnte es den darüber sehr erfreuten Besitzern wieder zurückstellen. Die ehrlichen Finder durften an Finderlohn rund 15.000 Schilling kassieren.

Die durch die ständig neu anwachsenden Bestände von Zeit zu Zeit notwendigen Versteigerungen sichergestellter Fahrräder erbrachten einen Betrag von 40.000 Schilling, aus der Versteigerung anderer Fundgegenstände ergab sich ein Erlös von 11.000 Schilling. « TT, Nr. 38, S. 3.

28. FEBRUAR »

Innsbrucker Fasching noch müder als ehedem

Viele Bälle waren schwächer besucht –
Schlußbilanz wenig begeisternd –
Kälte und Grippewelle wirkten hemmend –
Öfen fraßen zuviel

Würde man Innsbruck nach dem Fasching beurteilen, käme man zu dem Trugschluß, daß es hierzulande keine Narren gibt. Schon der Gedanke, in unserer Stadt so etwas ähnliches wie eine Karnevalsgesellschaft, also eine Art „Narhalla" zu etablieren, ist so absurd, daß er aus weiser Beschränkung gar nicht erwogen werden könnte. Wenn nicht an den Plakatwänden schlichte Hinweise auf Bälle kleben würden, hätte man überhaupt nicht auf die Idee kommen können, in einer „närrischen Zeit" zu leben.

Nun ergab eine kleine Umfrage die nur zum Teil betrübliche Feststellung, daß der Fasching in Innsbrucker heuer noch ruhiger und müder war als ehedem. Die Bälle waren, Ausnahmen bestätigen auch hier die Regel, schwächer als im Vorjahr besucht. Die Tanzlustigen, die sich auf dem Parkett ihre Ellenbogen nicht wundzustoßen brauchten, freuten sich zwar darüber, aber die Vereinskassen würgen heute an den Defiziten herum. « TT, Nr. 50, S. 3.

Früher gab es keine fertigen Faschingskostüme zu kaufen.
Es war der eigenen Kreativität und handwerklichen Geschicklichkeit überlassen, wie gelungen eine Verkleidung sich präsentierte.

11. NOVEMBER »

Innsbruck darf auf Olympia-Eisstadion stolz sein

Das 10.500 Zuschauer fassende Bauwerk in einem feierlichen Akt seiner Bestimmung übergeben – Stadion fand größten Anklang

In einem feierlichen Akt wurde am Samstag die Übergabe des nach dreijähriger Bauzeit nunmehr fertiggestellten Kunsteisstadions in Innsbruck vollzogen. Von der Stadtmusikkapelle Wilten intoniert, erklang zu Beginn der Eröffnungsfeier die Olympiafanfare. Hunderte Festgäste hatten sich auf der Plattform vor den beiden Eingängen eingefunden, darunter Propst Dr. Huber, Landeshauptmann Ökonomierat Wallnöfer mit den Mitgliedern der Landesregierung, Landtagspräsident Obermoser mit Landtagsabgeordneten, National- und Bundesräte, hohe Ministerialbeamte, die Präsidenten der Landeskammern, die führenden Persönlichkeiten der Exekutive, des Bundesheeres und der Bundes-, Landes- und Stadtbehörde, darunter die Mitglieder des Stadt- und Gemeinderates sowie das Konsularische Korps. Der Platz vor dem Stadion war mit zahlreichen Fahnen geschmückt. Auch die mit Glas verkleidete Nordseite der Eishalle, durch die sich ein prachtvoller Blick auf die Nordkette bietet, und vor der das Rednerpult und ein kleiner Feldaltar aufgebaut waren, war mit Fahnen geschmückt. « TT, Nr. 261, S. 3.

26. NOVEMBER »

Das Innsbrucker Stadtarchiv soll baden gehen

Zum Jahresende wird das Volksbad in der Badgasse geschlossen – Feuchte Mauern für alte Akten wenig geeignet – Restaurierung zu teuer

Das Städtische Volksbad in der Badgasse hat nach einer recht bewegten Geschichte ausgedient. Am 31. Dezember soll es geschlossen werden. Und da das alte Badhaus selber ein gutes Stück Stadtgeschichte repräsentiert, wäre die geborene Idee, in diesem historischen Haus das heimatlose Innsbrucker Stadtarchiv unterzubringen, gar nicht einmal so abwegig. Geschichte käme zu Geschichte, wenn das alte Haus nicht Geschichten machen würde. Der Zahn der Zeit und das Wasser haben die Mauern arg hergenommen. Der Mauerschwamm hat sich eingenistet, und der ganze Bau befindet sich in einem sehr trostlosen Zustand. Eine Restaurierung dieses Bades, sosehr viele Innsbrucker an ihm hängen mögen, wäre sinnlos vergeudetes Geld. Dieses Bad zu erneuern, käme viel zu teuer. Man hat sich daher im Rathaus entschlossen, das Bad trockenzulegen, das heißt, aufzugeben. Das Badhaus steht zwar erst seit 1913. Ein halbes Jahrhundert wäre also noch kein Grund zur Schließung. Aber die technischen Einrichtungen des Bades sind längst veraltet, die Warmwasserversorgung liegt in den letzten Zügen und auch sonst entspricht vieles längst nicht mehr den Anforderungen, die ein zahlender Badegast heute stellen kann. [...]

Im Stadtarchiv/Stadtmuseum Innsbruck in der Badgasse 2 werden die wichtigsten Dokumente zur Stadtgeschichte aufbewahrt und stehen Interessierten zur Ansicht zur Verfügung.

Zum Jahresende soll es nun geschlossen werden, und statt der reinlichkeitsbeflissenen Bürger und Bürgerinnen sollen vergilbte Aktenbände Einzug halten. Das Stadtarchiv, das derzeit, sozusagen in alle Winde verstreut, heimatlos ist, soll im alten Volksbad untergebracht werden.

Nun ist allerdings ein Gebäude, in dem der Mauerschwamm haust und dessen Wände durch den jahrzehntelangen Wasserdampf pudelnaß sind, nicht gerade der idealste Ort, um verstaubte Akten und Archive zu beherbergen. In Graz hat man jedenfalls recht trübe Erfahrungen gemacht. In feuchten Kellerräumen ist ein erheblicher Teil des Stadtarchivs restlos verdorben. Was übrigblieb, mußte in die Mur geworfen werden.

Das alte Volksbad in der Badgasse müßte wohl erst gründlich trockengelegt werden. Ob diese Trockenlegung überhaupt noch technisch möglich ist, müßte geprüft werden. Jedenfalls dürfte diese Kur nicht ganz billig kommen. « TT, Nr. 274, S. 3.

29. NOVEMBER »

Dank der USA-Studenten

Von den in Innsbruck studierenden Amerikanern erhielten wir nachstehende Zuschrift:

An die Innsbrucker Bevölkerung! Da die Vereinigten Staaten in Innsbruck keine offizielle Vertretung unterhalten, möchten wir, die in Innsbruck lebenden amerikanischen Studenten, unsere herzlichste Dankbarkeit für die Sympathie und Beileidsbezeigungen aussprechen, die die Innsbrucker Bevölkerung anläßlich des tragischen Todes des amerikanischen Präsidenten Kennedy an den Tag gelegt hat. Wir haben niemals vorher eine solche warme und herzliche Verbundenheit von seiten der heimischen Bevölkerung erfahren wie in diesen schicksalsschweren Tagen. Möge diese Verbundenheit, für die unser verstorbener Präsident so leidenschaftlich eingetreten ist, über alle Grenzen hinweg weiter wachsen zu einer echten Liebe zwischen den Völkern, die die Freiheit zu verteidigen bereit sind.

Die amerikanischen Studenten von Innsbruck. « TT, Nr. 277, S. 3.

28. DEZEMBER »

Innsbruck baut ersten Journalistensteg der Welt

Vom Technikerhaus zum Pressezentrum unmittelbar über den Inn – Pioniere beginnen am 2. Jänner ein Werk für die Bequemlichkeit

Zum erstenmal in der Geschichte wird in Innsbruck eigens für Journalisten eine Brücke gebaut. Sie wird den Inn zwischen dem Technikerhaus am linken Ufer und dem Chemischen Institut auf der gegenüberliegenden Seite überqueren und gewiß als eine Besonderheit der IX. Olympischen Winterspiele gebührend erwähnt werden. Die olympischen „Winterspiele der Einfachheit" (man übersehe die Gänsefüßchen nicht) sollen auch Winterspiele der Bequemlichkeit sein. Jedenfalls wird es die Presse so bequem wie nie zuvor haben. Das Datenverarbeitungszentrum enthebt die schreibenden, sprechenden und bilderzeugenden Journalisten der Mühe, sich mehr zu merken, als unbedingt nötig sein wird; das internationale Studentenhaus umfängt sie mit dem Komfort eines Hotels, und nun wird eigens für die Beherrscher und Erzeuger der öffentlichen Meinung sogar eine Brücke über den Inn geschlagen, damit sich die strapazierten Journalisten, die im Technikerhaus wohnen und im Pressezentrum arbeiten werden, den Umweg über das Prandtauer-Ufer, die Universitätsbrücke und den Innrain ersparen. Diese Aufmerksamkeit wird sich lohnen. Je besser man für die Journalisten sorgt, desto lieber arbeiten sie. Eine alte Weisheit. « TT, Nr. 300, S. 3.

1964

Die Westseite der Evangelischen Auferstehungskirche in der Reichenau, die zwischen 1962 und 1964 errichtet wurde. Zehn Tage vor Eröffnung der Olympischen Winterspiele konnte sie geweiht werden.

9. JÄNNER

Auferstehungskirche in Innsbruck fertig

Einweihung am 19. Jänner – Kapellenwagen während der Olympischen Winterspiele

Die Evangelische Auferstehungskirche in Innsbruck-Pradl, die während der 9. Olympischen Winterspiele das Gottesdienstzentrum für die evangelischen Teilnehmer und Zuschauer bilden wird, geht ihrer Vollendung entgegen. Die neue Kirche wird am Sonntag, 19. Jänner, vom oberösterreichischen Superintendenten Mensig-Braun ihrer Bestimmung übergeben werden. Zum Bau der Kirche, die 400 Plätze hat, haben die Gliedkirchen der evanglischen Kirche in Deutschland, vor allem die Kirche in Hessen und Nassau, wesentliche Hilfe geleistet. Neben den bereits in Innsbruck amtierenden evangelischen Pfarrern werden drei deutsche evangelische Pfarrer und je ein schwedischer, englischer und ungarischer Pfarrer bei der Betreuung der Olympiadegäste zusammenwirken. Von deutscher Seite wird vor allem der Frankfurter Pfarrer Karl Zeiss entsandt, der bereits bei den Olympischen Spielen von Helsinki 1952 und Rom 1960 tätig war.

Das Amt für Gemeindedienst der bayrischen lutherischen Kirche hat für die Olympiade einen Kapellenwagen zur Verfügung gestellt, der von einem Pfarrer begleitet wird. TT, Nr. 6, S. 3.

28. JÄNNER

Schah Reza und Farah Diba in der Axamer Lizum

Sie trafen mit dem Arlex im Salonwagen des Bundespräsidenten in Innsbruck ein – Nach kurzer Begrüßung Abfahrt ins Sporthotel

Mit dem Arlberg-Expreß traf gestern um 17.31 Uhr, aus Wien kommend, der Schah von Persien, Reza Pahlevi, mit seiner Gattin, Farah Diba, auf dem Hauptbahnhof in Innsbruck ein. Der Zug hielt am ersten Bahnsteig, wo zur Begrüßung eine große Anzahl prominenter Persönlichkeiten des Landes und noch viel mehr Pressephotographen versammelt waren. An der Ausgangshalle hielt ein starkes Aufgebot von Polizisten die Innsbrucker in Schach, die ihr neugieriges Auge vor allem auf Farah Diba werfen wollten. Der Arlex hatte eine Verspätung von drei Minuten. Der Salonwagen des Bundespräsidenten, in dem der Kaiser reiste, hielt auf den Zentimeter genau an dem roten Teppich, der vom Bahnsteig 1 in die Ankunftshalle führte.

Als erster betrat Seine Kaiserliche Hoheit, Prinz Gholam, der Bruder des Schah, den Waggon, während die „Offiziellen" erwartungsvoll verharrten. Unter dem Zukken der Elektronenblitze entstieg der Kaiser von Persien dem Wagen. Er trug einen blauen Mantel. Farah Diba war in einen Ozelotmantel gehüllt. Sie trug eine Pelzmütze aus demselben Material. Unter dem Mantel schaute ein grüner Pullover mit Rollkragen hervor. Ihr Lächeln war bezaubernd. Auf dem Bahnsteig entbot Landeshauptmann Ökonomierat Eduard Wallnöfer den hohen Gästen aus dem Osten den Gruß des Landes. Dr. Wolfgang Oberkofler übersetzte seine Worte ins Französische. Der Schah antwortete in Französisch. « TT,.Nr. 22, S. 3.

31. JÄNNER

Gold für Österreich durch Egon Zimmermann im großen Abfahrtslauf

« TT – Vordruck des Sportteiles der Ausgabe, Nr. 25, S. 1.

Aus einer Serie mit Kleinfotografien zu den Wettkampfstätten der Olympischen Winterspiele stammt diese Darstellung des Patscherkofels.

Eishockey war immer ein Sport mit heftigem Körperkontakt. Allerdings sind die heute üblichen Schutzbekleidungen erst spät aufgekommen.

1. FEBRUAR »

Skandal im Eisstadion

Tätlicher Angriff auf Pfarrer Bauer

Zu einer Unsportlichkeit, wie sie am allerwenigsten bei Olympischen Spielen vorkommen sollte, ließ sich der schwedische Eishockeyspieler Karl Göran Öberg im Spiel Schweden – Kanada (1:3) in der Nacht auf Freitag im Olympiastadion hinreißen. Der Kanadier Dineen (Nr. 9) und Öberg (Nr. 18) hatten an der Bande eine Havarie, wutentbrannt schlug Öberg seinen Stock auf den Kanadier, daß der Stock zerbarst. Und diesen zerbrochenen Schläger knallte Öberg dem Trainer und Betreuer der kanadischen Olympiamannschaft, Pfarrer David Bauer, mitten ins Gesicht. Bauer hatte Glück: er erlitt an der Stirne eine blutende Wunde, dieser Hieb hätte aber genausogut ins Auge gehen können. Wir bewunderten Bauer, wie er diese skandalöse Entgleisung nur mit Kopfschütteln zur Kenntnis nahm. Und wunderten uns über die Schiedsrichter Olivieri (Schweiz) und Starovoitov (UdSSR), die eine solche Unsportlichkeit nur mit 2 Minuten (!) bestraften. (Nb. „Armer Öberg", wenn in diesem Falle ein Larry Regan statt Pfarrer Bauer an der Bande gestanden wäre.) «

TT – Vordruck des Sportteiles der Ausgabe, Nr. 26, S. 1.

8. FEBRUAR »

Wenn das Feuer im Stadion erlischt ...

Die IX. Olympischen Winterspiele 1964 in Innsbruck gehen am Sonntag, den 9. Februar, nach zwölftägiger Dauer mit einer Schlußfeier im großen Eisstadion der Olympiastadt zu Ende.

Um 20 Uhr wird Bundespräsident Dr. Adolf Schärf in Begleitung des ÖOC-Präsidenten, Unterrichtsminister Dr. Heinrich Drimmel, des Landeshauptmannes von Tirol, Dr. Eduard Wallnöfer, und des Innsbrucker Bürgermeisters, DDr. Alois

Lugger, im Eisstadion eintreffen, wo er nach einer Begrüßung durch den Präsidenten des IOC, Avery Brundage, in der Staatsloge Platz nehmen wird. Unmittelbar danach erfolgen die letzten Siegerehrungen, an die sich ein Schaulaufen in der Dauer von etwa einer halben Stunde anschließen wird. [...]

In einer kurzen Rede erklärt der IOC-Präsident hierauf die IX. Olympischen Winterspiele für beendet. Es erklingt die Olympiafanfare, worauf die erfolgreichsten Goldmedaillengewinner jeder Nation zu den Klängen der Olympischen Hymne langsam die Olympiafahne einholen und sie zum Südausgang des Eisstadions tragen. Während des Auszuges der Olympiafahne erlischt allmählich das in einer Schale vor dem Eisstadion brennende olympische Feuer, die Beleuchtung des Zuschauerraumes wird abgeschaltet und nur zwei Scheinwerfer folgen dem abziehenden Fahnenkommando. Sobald die Träger der Olympiafahne das Südtor durchschritten haben, werden durch eine Batterie des österreichischen Bundesheeres fünf Salutschüsse abgefeuert. Mit einem Abschiedslied, das von einem Chor vorgetragen wird, und dem Ausmarsch der Fahnenträger und Wettkämpfer endet die Schlußfeier, die voraussichtlich knapp zwei Stunden dauern wird. «

TT – Vordruck des Sportteiles der Ausgabe, Nr. 32, S. 3.

Das offizielle Plakat der IX. Olympischen Winterspiele in Innsbruck 1964.

Die schlimmste Tragödie der zivilen Luftfahrt in Österreich. Alle Menschen an Bord kamen ums Leben.

2. MÄRZ

83 Todesopfer bei Flugzeugkatastrophe im Glungezergebiet

Neuschnee auf den Bergen erschwerte die Suche nach den Überresten der viermotorigen Bristol-Britannia

TT, Nr. 51, S. 1.

9. MÄRZ

Würdige Trauerfeier auf dem Innsbrucker Flugplatz

Gesamte Tiroler Landesregierung nahm daran teil – Vertreter von vier Konfessionen beteten für die Opfer der Flugzeugkatastrophe

„El mule rachmim ... zur vollen Gnade überantwortet" sang mit Tränen in den Augen der Präsident der Israelitischen Kultusgemeinschaft von Glasgow/Schottland, Moritz Feldstein, den Rücken zum Altar, wie später die drei Priester der christlichen Religionsgemeinschaften. Zutiefst erschüttert sang er das „El mule rachmim", denn er hatte „zur vollen Gnade überantwortet" seinen Neffen Silverstein, dessen Frau und zwei Großnichten, die sich in der Unglücksmaschine befunden hatten, die am vorletzten Samstag knapp unter dem Kamm der Gamslahnerspitze im Glungezergebiet zerschellt war. Und dann setzte Präsident Feldstein zum Kaddisch-Totengebet an: „Gelobt und geheiligt seist Du, unser Herr." Tränen standen nicht nur in seinen Augen. In den Augenpaaren der vielen Hunderten, die sich eingefunden haben, um den Opfern der Flugzeugkatastrophe die letzte Ehre zu erweisen, schimmerte es feucht, und jedermann verstand plötzlich, daß es im Leid keine englischen oder österreichischen, keine katholischen oder jüdischen, protestantischen oder anglikanischen Tränen gibt.

Der Innsbrucker Flughafen mit dem Glungezer im Hintergrund.

Der Ort, wo die Trauerfeier für die Katastrophenopfer stattfand, war von symbolischer Bedeutung. Der Altar war nämlich vor der „Abfertigung" des alten Flugplatzgebäudes errichtet worden. Auf dem Altar stand in der Mitte ein Kreuz. Links und rechts davon brannten auf hohen Silberleuchten je zwei Kerzen. « TT, Nr. 57, S. 3.

13. MÄRZ »

Nur noch zwei Opfer am Glungezer vermißt

Schlechtwetter zwang wieder zum Abbruch der Bergung – Bisher 79 Leichen identifiziert

Knapp vor Abschluß der Bergungsaktion am Glungezer mußte diese gestern nachmittag wegen Schlechtwetters zum zweiten Male abgebrochen werden. Zwei weitere Opfer konnten gestern geborgen werden, womit sich die Zahl der geborgenen Leichen auf 81 erhöht, von denen 79 einwandfrei identifiziert werden konnten. Die gestern geborgenen beiden Opfer werden heute vormittag identifiziert werden. « TT, Nr. 61, S. 3.

8. AUGUST »

Das Innsbrucker „Kapuzinerbergl" verschwindet

Fahrbahn und Gehsteige werden gesenkt – Zwei Möglichkeiten in der Entscheidung – Noch vor Wintereinbruch hofft man fertig zu sein

Tirol wird um einen Berg ärmer. Und zwar restlos. Er ist wohl der niedrigste im Lande, denn sein „Gipfel" mißt nur ganze 130 Zentimeter. Er war auch bisher in der Stadt der Bergsteiger keinem Fußgeher sonderlich im Wege und sogar Asthmatiker erklommen ihn mühelos, nur die gute, alte Hallerbahn scheiterte öfter vor dem Gipfel und blieb stecken. Erst mit dem neuen Schwung konnte der Berg dann genommen werden.

Es dreht sich um das „Kapuzinerbergl“ in der Ing.-Etzel-Straße, das jetzt den Spitzhacken und Baggern weichen muß. Die Arbeiten sind im vollen Gang. Das Ganze sieht zwar technisch gesehen recht einfach aus; ist aber in Wirklichkeit äußerst schwierig, denn im Inneren des Berges liegen weit ausgedehnt die vielen Versorgungskabel und Rohre für Wasser, Gas, Strom für die Post und die Bahn. An diesem Gewirr müssen nun zahllose Operationen vorgenommen werden. Alle diese Rohre und Kabelstränge müssen herausoperiert und neu verlegt werden. Das ist natürlich sehr zeitraubend und mühevoll, denn die Versorgung soll ja nach Möglichkeit nicht gestört werden.

Nun werden sich wohl viele skeptische Innsbrucker fragen, ob denn dieses harmlose Kapuzinerbergl wirklich so störend war und die nunmehr begonnene Straßenkosmetik unumgänglich notwendig und vordringlich war. Es gäbe, so argumentieren Leute, so viel wichtigere Dinge, die gemacht werden müßten und für die ein echtes Bedürfnis (in des Wortes wahrster Bedeutung) vorhanden wäre. [...] « TT, Nr. 182, S. 3.

Das sogenannte Kapuzinerbergl in der Ing.-Etzel-Straße war wohl allen Menschen in Innsbruck bekannt. Viele können (Straßenbahn-) Anekdoten dazu erzählen.

1965

11. MÄRZ

Innsbrucks erste Blechkuh gibt Milch und Kakao

Das automatisierte Versuchsrind mit den zehn Eutern steht im Gebäude der Handelsakademie, wo es in den Pausen kräftig gemolken wird

Das Automatenzeitalter marschiert. Zuerst eroberte es sich die Bahnhöfe. Schon vor mehr als einem Menschenalter wurden dort „stumme Verkäufer" aufgestellt, die gegen Einwurf von zehn Groschen Süßigkeiten herausrückten, wenn man kräftig genug an einem Griff zog. Diese Urahnen der Automaten hatten aber nur ein beschränktes Verkaufsrepertoire. Trotzdem übten sie auf genäschige Leute eine geradezu suggestive Macht aus.

Inzwischen sind die „Kinder" und „Enkelkinder" dieser Automaten herangewachsen. Nun gibt es bereits eine ganze Sippe solcher stets einsatzbereiter Verkäufer. Die Musikautomaten, aus denen sich jederzeit Unterhaltung zapfen läßt, gaben den Auftakt zum Einmarsch der Verkaufsroboter. Manche haben die Musikautomaten schon wieder aus ihrer Stube entfernt, weil Musik bekanntlich auch als störend empfunden werden kann. Umso lebhafter vermehrten sich hingegen die allzeit bereiten, auf keinen Achtstundentag pochenden Verkaufsautomaten verschiedenen Typs. Sie begnügen sich mit schmalen Passagen, denn sie beanspruchen keinen großen Lebensraum. Heute kann man in der Landeshauptstadt notfalls ganze Haushalte aus Automaten versorgen. In den Klappfächern liegen Genuß- und Lebensmittel, Seife, Cremes und Fläschchen zur inneren Befeuchtung. Die Dame findet darin passende Strümpfe, der Photoamateur Filmpackungen, der musische Mensch Schallplatten und der eilige Fremdling Souvenirs. Mancherorts werden sogar auf-

Angesichts solcher Bilder darf man sich nicht wundern, wenn sich Kinder keine echte Kuh mehr vorstellen können. Damals waren solche Automaten noch eine Sensation.

fällig höchst diskrete Dinge angeboten, so daß man von einer gewissen Entartung der Automaten sprechen kann. Doch darf man dies einem Verkäufer, der nur aus Mechanismen zusammengesetzt ist, nicht vorwerfen. Ihm mangelt das moralische Empfinden. « TT, Nr. 58, S. 3.

Bis heute beinahe unverändert – die Herrengasse.

27. MÄRZ »

Wer kennt den Geistesgestörten?

Am Innufer nahe der Herrengasse in Innsbruck wurde am vergangenen Samstag ein geistesgestörter Mann aufgefunden, der nur mit Hemd, Unterhose und Socken bekleidet war. Der Mann ist mittelgroß, etwa 50 bis 60 Jahre alt und trägt einen englisch gestutzten Schnurrbart. Ein etwa 25jähriger Mann begleitete ihn im Rettungswagen, der den Erkrankten in die Nervenklinik brachte. Er gab dort an, der Geistesgestörte heiße Walter O[...], er selbst Josef M[...]. Da die Identität des Geistesgestörten nicht festgestellt werden konnte, wird der junge Mann aufgefordert, sich bei der nächsten Sicherheitsdienststelle zu melden, ebenso Personen, die zweckdienliche Angaben machen können. « TT, Nr. 71, S. 4.

5. JULI »

Funkstreife viel beschäftigt

Als Helfer in der Not mußte am Wochenende die Innsbrucker Funkstreife wiederholt eingreifen. Sie brachte einen 71 Jahre alten Pensionisten, der betrunken auf einer Bank vor einem Kino saß, in seine Wohnung. In der Fischerstraße wurde ein Mann aufgelesen, der dort blutüberströmt lag. Die Funkstreife veranlaßte die Einlieferung in die Klinik. Dieser Vorfall wird zur Zeit noch untersucht. Am Samstag früh wurde die Funkstreife verständigt, daß drei Burschen mit Hilfe einer Leiter in das Fenster einer Wohnung in der Doktor-Glatz-Straße eingestiegen seien. Beim Eintreffen der Streife waren die Einbrecher jedoch bereits geflüchtet. Darüber hinaus meldete der Polizeibericht einen Einbruch in eine Meinl-Filiale in der Haller Straße, wo die Täter beachtlichen Schaden verursachten. Auch hier ist die Polizei noch mit den Ermittlungen beschäftigt. « TT, Nr. 151, S. 3.

15. JULI »

Milch in Packungen nun auch in Innsbruck

Neue Verpackungsart bringt eine Fülle von Vorteilen – Weiterhin auch Milch in Flaschen

Die Innsbrucker Hausfrauen müssen sich nun nicht mehr mit vollen und leeren Milchflaschen abschleppen wie bisher, sie können allerdings in den Milch- und Lebensmittelgeschäften wählen, ob sie die Milch wie bisher in Flaschen, oder in der sogenannten „blocpak-Verpackung" erwerben wollen. Der Milchhof Innsbruck hat nämlich vor zwei Wochen eine Maschine in Betrieb genommen, die Milch in blocpak-Verpackung abfüllt. Mit dieser Maschine, der ersten dieser Art in ganz Österreich, können, wie gestern in einer Pressekonferenz der Direktor des Milchhofes, Dipl.-Ing. Haidl, erklärte, und der auch Vertreter des Lebensmittelhandels und der Bauernschaft beiwohnten, in einer Stunde 3600 Packungen, und zwar Halbliter- und Literpackungen, gefüllt werden. « TT, Nr. 160, S. 3.

10. AUGUST »

Ohne Unterführungen wird Ringverkehr Fiasko

Starker Fußgängerverkehr in der Innenstadt bringt den Kraftfahrzeugverkehr zum Erliegen

„Baut endlich Unterführungen für die Fußgänger, sonst bringt der Fußgängerverkehr den Fahrzeugverkehr in der Innenstadt von Innsbruck in absehbarer Zeit um!" Diese Forderung muß wieder erhoben werden, wenn man sieht, wie der Verkehr beim Stockereck, beim sogenannten Ischiaeck und beim Franziskanerbogen durch die Fußgänger, die ja schließlich auch ein Recht zum Überschreiten der Fahrbahn haben, aufgehalten und behindert wird. Es wird zwar schon seit einigen Jahren davon gesprochen, daß Schutzwege gebaut werden, doch ist bisher nichts geschehen. Angeblich fehlt dazu das Geld. Etwas Gutes ist aber doch an der ganzen Sache. Werden nämlich keine Unterführungen gebaut, dann wird es bereits nächstes Jahr soweit sein, daß der Verkehr um den Altstadtring zum Erliegen kommt. « TT, Nr. 182, S. 3.

Der steigende Wohlstand drückte sich vor allem in der Zunahme von privaten Automobilen aus. Da die Straßen nicht mit der Wirtschaft mitwachsen können, kommt es bald zu Verkehrsproblemen.

1966

Die Einweihung der Schützenkapelle oberhalb der Höttinger Alm war ein prächtiges Fest. Bis heute verweilen die Wanderer bei der Kapelle, um sich an ihrer Schönheit zu erfreuen.

12. SEPTEMBER »

Schützenkapelle auf der Höttinger Alm geweiht

200 Jungschützen von Innsbruck angetreten – Abt Stöger feierte den Gottesdienst – Neue Gastwirtschaft in Betrieb genommen

Am Samstagabend leuchtete weithin von der Nordkette die von den Jung- und Altschützen auf der Höttinger Alm in vielen Schichten erbaute Kapelle. Leutnant Ludwig Knoll und Schütze Siegfried Gasser hatten vor dem Sakralbau 30 Fackeln und einen Holzstoß entzündet. Bei herrlichem Wetter fand am Sonntagvormittag die Einweihung der Kapelle und der neuerbauten Gastwirtschaft durch Abt Alois Stöger von Wilten statt. Die Stadtverwaltung hatte wegen der heurigen unsicheren Wetterlage keine Verlautbarung über diese Festlichkeit herausgegeben. Trotzdem kamen mit der Gemeindevertretung und den Jungschützen und Ehrenformationen Hunderte von Innsbruckern, ja sogar viele Mütter mit ihren Kindern auf die Höttinger Alm. Die Kapelle, geschmückt mit den Wappen des Landes und der Stadt Innsbruck, hat im Innenraum akad. Maler Prof. Max Spielmann mit einer Muttergottes im Strahlenkranz an der Wand hinter dem Altartisch ausgestattet. Darüber zeigt ein Halbrelief die Geburt Christi und links von der Muttergottes die Verkündigung und rechts die Heimsuchung Mariens. Die Pläne für den Kapellenbau erstellte umsonst Dipl.-Ing. Neuwirth unter Mitwirkung von Hofrat Dipl.-Ing. Kirchebner. Anheimelnd wirkt auch die neue Gastwirtschaft, die von den Eheleuten Bucher geführt wird. « TT, Nr. 210, S. 3.

Das Gelände des Innsbrucker Flughafens wird nicht nur von Verkehrsmaschinen genutzt, sondern auch von zahlreichen Flugsportenthusiasten.

3. OKTOBER »

Schlechtwetter beeinträchtigte Alpensternflug

Nur 27 Maschinen erreichten den Alpenflughafen – Trotzdem erfreuliches kameradschaftliches Treffen mit guten Leistungen

Das Wetter meinte es heuer nicht gut mit dem XI. Alpensternflug nach Innsbruck. Obwohl es im Raum Innsbruck aufklarte, nützte das nicht viel, weil die auswärtigen Teilnehmer, insbesondere die deutschen Flieger, infolge Schlechtwetters von ihren Heimatflughäfen nicht weg kamen. Auch General a. D. Galland, der seine Nennung als erster abgegeben hatte, telephonierte aus Köln, daß er infolge des schlechten Wetters nicht kommen könne. Frau Elly Beinhorn ließ sich allerdings nicht entmutigen. Sie ließ ihre Messerschmitt-Taifun in Freiburg stehen, fuhr mit dem Auto nach Salzburg und charterte dort eine Piper PA 18, um doch nach Innsbruck kommen zu können. Hans Wolf, der Vertreter der Obersten Nationalen Flugsportkommission, war ihr Kopilot. « TT, Nr. 228, S. 3.

10. OKTOBER

Neuer Rundenrekord von Rindt, doch die „Zermürbungsschlacht" gegen Berg-Europameister Mitter ging verloren Dramatische Positionskämpfe auf dem Flughafen

Das 9. Internationale Flugplatzrennen, das gestern in Anwesenheit von LHStv. Prof. Prior, Bgm. Dr. Lugger und Landessportreferent LR Erlacher bei geradezu idealen Bedingungen vom ÖASC veranstaltet wurde und vor rund 10.000 Zuschauern auf dem Innsbrucker Flughafen Kranebitten abrollte, war reich an Höhepunkten – an dramatischen Einlagen, die wirklich jeden Motorsportfreund begeistern mußten. Was sich Rindt und Mitterer lieferten, was Huber und Walleczek im Kampf um den Formel-Vee-Sieg inszenierten und mit welchem Einsatz ein Großteil der über hundert Rennfahrer kämpfte, war sehenswert. Mehr noch – war Voraussetzung zu sportlichen Höchstleistungen. Daß es auf dem Innsbrucker Kurs neue Rekorde gibt, gehört eigentlich schon zur Tagesordnung. Diesmal fuhr Vizeweltmeister Jochen Rindt diese Rundenbestzeit, wobei der bestehende Rekord (1962: Barry, Formel Junior, 1:11,02 Minuten = 141,57 km/h und 1965 eingestellt von Mitter, Abarth Sport) auf 1:09,06 Minuten (145,96 km/h) verbessert wurde. Im Training waren Mitter bereits 1:07,63 und Rindt 1:08,98 gefahren. [...] TT, Nr. 234, S. 9.

Nochmals ein Blick zurück: Start des Rennens der Formel-Junior-Klasse am Innsbrucker Flughafen 1963. Im Hintergrund der noch im Bau befindliche Tower.

Auch die katholische Kirche musste sich zumindest etwas an die neuen Zeiten anpassen. Das Zweite Vatikanische Konzil von 1962 bis 1965 legte den Grundstein dafür.

23. NOVEMBER »

Ernsthaftes Religionsgespräch im Stadtsaal

Katholiken und Evangelische sprachen miteinander über ihr Eucharistieverständnis – Diskussion rief großes Interesse hervor

Die in den drei „christlichen Studentengemeinden der Universität Innsbruck" vereinigten Hochschüler hatten im Rahmen der Katholischen Hochschulgemeinde zu einer Forumsdiskussion über die Eucharistie in den Großen Stadtsaal geladen. Hochschulseelsorger P. Dr. Rieser S. J. läßt es sich angelegen sein, den dafür aufgeschlossenen Jungakademikern das religiöse Problem im Sinn einer echten Erweiterung des Horizontes in mehrfachen Schichtungen vorzulegen. Es war darum sehr erfreulich, daß diesem ernsthaft geführten Gespräch zweier hervorragender Vertreter des ökumenischen Gedankens in Deutschland so viele Interessierte Folge leisteten. Man sah außer Hochschülern, die teilweise auch in Couleur erschienen waren, viele erwachsene Mitbürger unserer Stadt, mit ihnen zahlreiche Angehörige der evangelischen Pfarrgemeinde Innsbrucks. Geleitet wurde das Forumsgespräch umsichtig und nicht ohne freundlichen Humor von Univ.-Prof. Dr. Engelbert Gutwenger. Den Standpunkt der Katholiken legte Univ.-Prof. Dr. Johannes Betz aus Mainz, jenen der Evangelischen Univ.-Prof. Dr. Peter Meinhold aus Kiel dar. Beide Wissenschaftler gaben freimütig zu, zu den äußersten Vorposten der um die Ökumene interessierten Kreise ihrer eigenen Kirchengemeinschaft zu gehören. Der evangelische Vertreter sprach sogar einmal davon, er fühle sich „wie ein Schwimmer, der weitab vom Ufer hinausgeschwommen wäre und nun von besorgten Freunden und Vorgesetzten besorgt zurückgerufen würde". «

TT, Nr. 270, S. 3.

30. DEZEMBER »

AUA plant Direktverbindung Innsbruck–Wien

Flugzeit 90 Minuten – Rationalisierung und Intensivierung – Keine neuen Reiseziele

Erstmals seit Bestehen der AUA sieht das Programm für 1967 keine neuen Zielorte vor. Wie Pressevertretern mitgeteilt wurde, ist der Aufbau des Streckennetzes, entsprechend den gegebenen Möglichkeiten, im wesentlichen abgeschlossen. Vorgesehen ist eine weitere Rationalisierung der Dienste und eine Intensivierung des Verkehrs auf den bestehenden Routen. Geplant ist eine Steigerung der Produktion um 14 Prozent und eine Steigerung des Verkaufs um 16 Prozent.

Zu den angestrebten Qualitätsverbesserungen der Dienste zählt auch die Auflassung von Zwischenlandungen auf den bisherigen Routen. Dies bringt nicht nur kürzere Reisezeiten für den Passagier, sondern erlaubt auch einen rascheren, flotten Umlauf und damit Erhöhung der Kapazität. Unter anderem werden sämtliche Zwischenlandungen auf den Strecken nach Osteuropa aufgelassen. Jeder Punkt in diesem Gebiet wird von Wien aus nonstop angeflogen. Die Reisezeit von Wien nach Moskau etwa verkürzt sich dadurch auf 2 Stunden 40 Minuten gegenüber gegenwärtig 3 Stunden 45 Minuten mit einer Zwischenlandung in Warschau. « TT, Nr. 292, S. 2.

Als Fliegen noch ein Luxus war, gab es originell gestaltete Flugtickets. Man war Gast in der mondänen Welt und nicht Teil einer riesigen Herde, die durch die Hallen getrieben wird.

1967

25. JÄNNER »

Innsbrucks Außenbezirke versinken im Wasser

Abfluß infolge der verstopften Gullys nicht möglich – Fußgänger besonders arg betroffen

Innsbrucks Außenbezirke versinken im Wasser. Schimpfende Fußgänger, meterhoch spritzende Wasserfontänen, Windschutzscheiben waschende, fluchende Autofahrer, das sind Bilder, die man jetzt täglich in unserer Stadt sehen kann. Das Schneewasser kann nicht abrinnen, weil die Gullys mit einer dicken Eiskruste verdreckt sind, und so wird es einmal hin und einmal her geschwemmt, je nachdem, wie viele Kraftfahrzeuge durchfahren. Radfahrer tun gut daran, sich mit Gummistiefeln auszurüsten. Fußgänger bleiben am besten zu Hause hinter dem warmen Ofen, auf der Straße werden sie jetzt ihres Lebens nicht froh. „Dreck konserviert!" sagt man zwar manchmal in Kraftfahrerkreisen, doch dürften die dauernden Waschungen mit der auf den Straßen liegenden braunen Brühe den Karosserien der Kraftfahrzeuge doch nicht besonders wohl tun.

Es ist ohne weiteres zu verstehen, daß zuerst die Hauptverkehrsstraßen und die Innenstadt geräumt werden. Nicht zu verstehen ist aber, daß in der Innenstadt eine stattliche Zahl von Arbeitern damit beschäftigt ist, mehr oder weniger dicke Eiskrusten wegzupickeln, während in den Außenbezirken noch nicht einmal die Gullys offen sind. Unser Vorschlag geht also dahin, nach Schneefällen wohl zuerst die Innenstadt und die Hauptverkehrsstraßen zu räumen, dann aber unverzüglich die Abflüsse in den Außenbezirken frei zu machen, bevor mit dem Abräumen der Eiskrusten in der Innenstadt begonnen wird. « TT, Nr. 20, S. 3.

Der Inn und die Sill – hier im Bild – sind als Gebirgsbäche bis heute auch eine Gefahr. Rasch steigende Hochwässer machen aus kleinen Bächen reißende Ströme.

Der Südring von der Grassmayr-Kreuzung Richtung Westen gesehen.

25. JÄNNER

Südring ohne Unterführungen eine „Todesfalle“

Die tödlichen Verkehrsunfälle, vor allem von Kindern, sollten die zuständigen Stellen veranlassen, endlich Maßnahmen zu ergreifen

Der Südring in Innsbruck ist die gefährlichste Straße der ganzen Stadt. In keiner anderen Straße sind in so kurzer Zeit so viele und so schwere Verkehrsunfälle erfolgt. Innerhalb von drei Monaten sind drei Kinder getötet worden. Besonders tragisch ist der Unfall auf dem Schutzweg beim Eisstadion, bei dem zwei Kinder einer Familie ums Leben kamen. An derselben Stelle sind seit 1. Jänner 1966 ebenfalls zwei Kinder schwer und eine weitere Person leicht verletzt worden. Es ist also hoch an der Zeit, daß die Verantwortlichen etwas unternehmen, um die Sicherheit auf diesem Straßenstück zu garantieren.

Wir wollen aber nicht den Slogan hören: „Jetzt kommt eh die Autobahn, da wird dann auf dem Südring nichts mehr los sein!“ Man hat schon vor Jahren Unterführungen in der Innenstadt damit abgelehnt, daß man gesagt hat: „Wenn der Südring fertig ist, wird die Innenstadt so entlastet, daß wir keine Unterführungen mehr brauchen!“ Inzwischen sind die Verantwortlichen wohl vom Gegenteil überzeugt worden. Auch die Autobahn wird keine Erleichterung bringen. Erstens deshalb, weil inzwischen wieder eine beträchtliche Anzahl von Fahrzeugen neu zugelassen wurde und zweitens, weil der Südring die Ostein- und -ausfahrt der Autobahn darstellt. Es ist also zu erwarten, daß der Südring nach Fertigstellung der Autobahn noch stärker frequentiert wird als jetzt. Außerdem ist die Lage auf dem Südring ja doch so, daß die Kraftfahrer der Meinung sind, sich auf einer Schnellverkehrsstraße zu bewegen. Rein optisch und psychologisch gesehen, haben sie damit auch recht. TT, Nr. 20, S. 3.

11. MÄRZ

„Schwebendes Bürohaus“ ein ästhetisches Bild

Ein Beispiel dafür, in welch eleganter Weise sich die Innsbrucker Bauordnung durch Verzicht auf restlose Ausnützung erfüllen läßt

An einem der schönsten Punkte in Innsbruck hat der durch seine Industriebauten im In- und Ausland bekannt gewordene Architekt Dipl.-Ing. Fred Achammer ein modernes Bürohaus gesetzt, das ihm nun als Schaffensstätte dient. Das Bauwerk erhebt sich am Rande des Hofgartens an der Ecke Karl-Kapferer-Str.–Rennweg. Mattsilbern schimmert der Umriß durch das Geäst, in den blanken Fenstern spiegeln sich Wolken, Berge und der spitze Turm der Kirche in St. Nikolaus.

Noch vor einem Jahr wuchsen auf dem kostspieligen privaten Baugrund eine Menge Fichten und mitten drin eine 40 Jahre alte Rotbuche. Aus Hochachtung vor der Schönheit und Würde des Baumes ließ der Architekt die Rotbuche mitsamt einem Erdkern von 3,50 Metern im Durchmesser ausgraben und an den Rand des Grundstücks setzen. Die Verpflanzung kostete 6000 Schilling. Das Beispiel, das der hochherzige Baumfreund gegeben hat, ist noch mehr wert als 6000 Schilling, denn es könnte andere Bauherren dazu ermutigen, im gegebenen Fall ehrwürdigen Geschöpfen der Natur ähnliche Reverenz zu erweisen. TT, Nr. 59, S. 5.

13. APRIL

Ein SOS-Kinderdorf nun auch in Uruguay

Kinderdorfidee hat sich auf dem südamerikanischen Kontinent segensreich entwickelt

Hermann Gmeiner befindet sich derzeit als offizieller Gast der Regierung von Uruguay in Montevideo, wo er im Beisein der Gattin des Staatspräsidenten Oscar D. Gestido das erste uruguayanische SOS-Kinderdorf feierlich eröffnet hat. Dieses SOS-Kinderdorf wurde in der Nähe der Hauptstadt Montevideo in Santiago Vacquec errichtet, wo die Stadtgemeinde einen Teil des botanischen Gartens kostenlos zur Verfügung gestellt hat. TT, Nr. 86, S. 3.

Die SOS-Kinderdorf-Idee Hermann Gmeiners eroberte von Innsbruck aus die Welt. Heute werden in 133 Ländern mehrere tausend Einrichtungen betrieben, die mit Ihrer Spende Kindern und Jugendlichen eine Perspektive bieten können.

Eine Aufnahme von der 20. Österreichischen Jugendkulturwoche 1969 anlässlich einer Ausstellungseröffnung im Ferdinandeum.

8. MAI »

Exponenten der jungen österreichischen Literatur in Innsbruck

Vorstellung der Preisträger der Jugendkulturwoche – Innere Notwendigkeit entscheidet über das Kunstwerk – Jugend auf neuen Wegen

Ansehen und Bedeutung von Kunst- und Literaturpreisen steigen im allgemeinen mit ihrer Tradition. Nun ist die österreichische Jugendkulturwoche, jenes einzigartige Forum zur Förderung schöpferischer Talente, zwar eine verhältnismäßig junge Institution, deren Auszeichnungen doch Geltung haben.

Das alte Gebot der Kunst von der inneren Notwendigkeit eines Kunstwerkes muß bei der Beurteilung der eingereichten Arbeiten erster Maßstab bleiben. Ob sich nun die dichterische Aussage traditionell oder experimentell gibt, sie muß aufrichtig, folgerichtig, sich selbst verantwortlich sein. Dieser Forderung haben die Arbeiten der Preisträger der diesjährigen Jugendkulturwoche im wesentlichen entsprochen. Sie wurden an zwei Abenden dem Innsbrucker Publikum und allen Teilnehmern der Jugendkulturwoche vorgestellt. Drama und Hörspiel im Theater 107, Prosa und Lyrik beim Festabend im Claudiasaal, wo Stadtrat Haidl, der „Vater" der österreichischen Jugendkulturwoche, die Preise überreichte. « TT, Nr. 105, S. 5.

Gerade in einem vom Tourismus lebenden Land wie Tirol ist bestens ausgebildetes Personal von größter Bedeutung.

25. MAI

Die ersten Absolventen wurden verabschiedet

In der Hotelfachschule Villa Blanka – Gutes Ergebnis der Abschlußprüfungen

„Die Schule ist eine Grundlage dafür, um nun weitere Wege eines erfolgreichen Berufslebens einzuschlagen, wobei den fachlich gebildeten Kräften die Verpflichtung obliegt, die Dienstleistung stets so zu erbringen, daß der zu uns kommende Gast als Freund des Landes scheidet“, erklärte Direktor Dipl.-Vw. Othmar Graus von der Tiroler Hotelfachschule Villa Blanka bei der Verabschiedung der ersten 24 Absolventen des dreijährigen Lehrganges bei einer Abschlußfeier am 23. Mai. « TT, Nr. 119, S. 3.

5. JUNI

Stück um Stück wird das alte Gefangenenhaus in Innsbruck dem Erdboden gleichgemacht.

Am Samstag stand als bisher dritte Sprengung der „Schmerlingeralm“ der Stiegenhaustrakt auf der Abschußliste. Nach bewährtem Muster wurden in das Fundament Löcher gebohrt und mit Donarit gefüllt. Wenige Sekunden nach der Zündung (Bild rechts) bäumte sich der bis unter den First aus Stein gefertigte Bau auf und sackte dann unter gewaltigem Getöse in sich zusammen (Bild rechts). Das niederstürzende Gemäuer verursachte wie bei den vorangegangenen Sprengungen wieder eine große Staubwolke. Die nächste Sprengung ist für den 17. Juni vorgesehen. « TT, Nr. 127, S. 3.

20. JUNI

Neues Sportzentrum im Westen der Stadt Innsbruck

Auf dem Tiergartengelände entstehen die neuen Sportstätten der Universität – Auch Nichtstudenten zugänglich – Ergebnis des Wettbewerbs

Innsbruck erhält ein neues Sportzentrum. Als Gegenstück zum Sportgelände Tivoli entsteht im Westen der Stadt auf dem Tiergartengelände östlich des Pulverturms eine Anlage, die das Herz jedes Sportlers höher schlagen lassen wird. Die Planungsarbeiten für dieses 50-Millionen-Projekt werden demnächst aufgenommen. Da es sich hiebei um die neuen Sportstätten der Universität Innsbruck handelt, wurde dem Bauvorhaben in der Dringlichkeitsreihe der Universität die erste Stelle eingeräumt, da mit dem Neubau der Philosophischen Fakultät westlich der Blasius-Hueber-Straße erst begonnen werden kann, wenn die dort stehenden alten Sportanlagen aufgelassen werden können. So soll voraussichtlich schon im Frühjahr 1968 mit dem Bau begonnen werden. Die neue Anlage wird sich über rund zehn Hektar erstrecken. Das Grundstück gehört dem Bund, der auch Bauherr ist. Einen Hektar schenkte die Stadt Innsbruck her, wofür sie vertraglich das Recht erhält, die Anlagen mitbenützen zu dürfen, falls diese nicht gerade von den Sportstudenten benötigt werden. Verantwortlich für die Ausführung ist die Bundeshochbauverwaltung unter der Leitung von Hofrat Arch. Jung. TT, Nr. 140, S. 3.

Ein Gefängnisausbruch? Nein, der Abbruch der „Schmerlinger Alm“ von der Maximilianstraße aus gesehen.

1968

Jazz ist nicht nur ein Musikstil, sondern auch ein Lebensgefühl.

10. APRIL

» Erfolgreiches Jazz-Festival in Innsbruck

Uptown-Jazz-Saloon feierte zweijähriges Bestehen – Auch ausländische Bands spielten

Vor genau zwei Jahren wurde der Uptown-Jazz-Saloon in der Schneeburggasse eröffnet. Seither ist der Uptown-Jazz-Saloon Ort der Begegnung mit jungen Musikern des Jazz. Auch stellen sich in seinen Räumen junge Maler und Graphiker der Öffentlichkeit. So wurde in kaum zwei Jahren der Uptown-Jazz-Saloon zu einem Begriff im Kulturleben der Landeshauptstadt. Grund genug, aus diesem Anlaß die eigene künstlerische Auffassung in einem „Festival des Dixieland" zu dokumentieren. Daß es Gerhard Hübner als Veranstalter dabei gelungen ist, sowohl einen Überblick über Tradition und Entwicklung dieser Stilrichtung des Jazz zu geben, als auch namhafte Bands aus dem In- und Ausland zu verpflichten, macht die Veranstaltung doppelt interessant. « TT, Nr. 84, S. 3.

27. APRIL

» Kongreßhaus: 1. Preis zur Ausführung empfohlen

Jury begründete Vergebung der Preise – Extreme Modelle fielen durch – Harmonische Überleitung Dogana-Neubauten ausschlaggebend

Wie bereits in unserer gestrigen Ausgabe in Wort und Bild ausführlich berichtet, sind mit dem Entscheid der Jury die Würfel im internationalen Architektenwettbewerb für den Kongreßhausbau in Innsbruck gefallen. Hiermit wurde aber auch der Startschuß zur Realisierung eines Projektes gegeben, das seit vielen Jahren die Gemüter der Innsbrucker erregt und zu endlosen Diskussionen geführt hat. Die Gespräche um die Dogana und um den Kongreßhausbau werden nurmehr sicher wieder aufleben, an der Inangriffnahme dieses Baues aber nichts ändern können. Es ist sicher auch gut so, hat doch Innsbruck durch die Verzögerungen schon so viele wertvolle Jahre versäumt, daß es schwerfallen wird, mit den eingesessenen Kongreßstädten und der inzwischen herangewachsenen Konkurrenz Schritt halten zu können. [...] « TT, Nr. 98, S. 3.

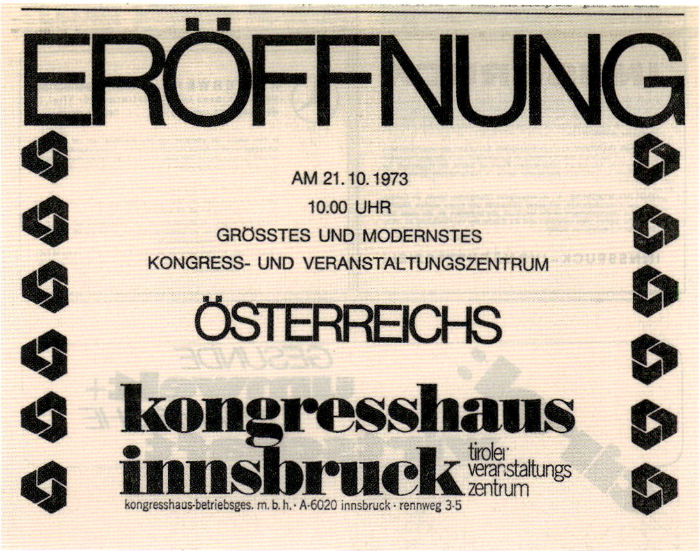

Das Kongresshaus in Innsbruck legte den Grundstein für Innsbruck als Messe- und Kongressstadt.

6. MAI »

Hauptbahnhof: Südafrika umwirbt Gastarbeiter

„Zehn Gebote" für Jugoslawen in Österreich – Broschüre vermittelt praktische Lebenshilfe – Noch kein Arbeitszentrum in Innsbruck

Der 8. März dieses Jahres wird in die Geschichte der Fremdarbeiter in Österreich eingehen. An diesem Tag trafen sich, wie berichtet, die in Österreich tätigen jugoslawischen Gastarbeiterseelsorger in Innsbruck zu einer Konferenz, um die Probleme ihrer Landsleute zu erörtern. Die Zeit drängte, ungewöhnlich viele Selbstmorde, Kindesmorde, familiäre Tragödien, Trunksucht, Spielleidenschaft, Messerstechereien und Ausbeutung ließen erkennen, daß die Jugoslawen, die nach Österreich arbeiten kamen, hier keineswegs das gelobte Land fanden, das sie suchten. Unkenntnis der Sprache und vor allem der Mangel an Betreuung bewirkten ein Gefühl des Alleingelassenseins, die Ursache vieler Übel. [...] « TT, Nr. 104, S. 3.

9. MAI

Gesteigerte Aktivität unserer Studentenschaft

Hochschülerschaft legt nach der Arbeitstagung auf dem Grillhof ein Forderungsprogramm vor – Häfele neuer ÖH-Vorsitzender

Derzeit ist eine erhöhte Aktivität der österreichischen Hochschülerschaft an der Innsbrucker Universität festzustellen. Die verschiedenen organisierten Gruppen beschäftigen sich eingehend mit den notwendigen Reformen des Hochschulstudiums. So fand zum vergangenen Wochenende auf dem Grillhof eine Arbeitstagung der Hochschülerschaft statt, die überaus fruchtbare Ergebnisse zeitigte. In einer allgemein gehaltenen Resolution heißt es eingangs, das in Geltung stehende ÖH-Gesetz aus dem Jahre 1950 werde den gegebenen Verhältnissen in keiner Weise mehr gerecht. Als konkrete Mängel werden in der Resolution erwähnt: eine allzu starke Konzentration auf dem sozialen Sektor und hier zudem die Überlastung der Funktionäre durch Routinearbeit; die weitgehende politische Einflußlosigkeit der Studentenschaft; das Fehlen eines eigenen Verwaltungsapparates, wie er bei anderen Interessenvertretungen selbstverständlich ist, und vor allem die ungenügende Vorsorge für das Mindestmaß an Räumlichkeiten. Das letztgenannte Problem ist in Innsbruck besonders aktuell, wo die Studentenvertretung mit einem umgebauten ehemaligen Heizungskeller das Auslangen finden muß. TT, Nr. 107, S. 3.

Im Westen der Stadt wurden – weit außerhalb des Stadtzentrums – die Gebäude der Technischen Fakultät errichtet.

11. MAI

Feierliche Grundsteinlegung für die „Technik“

Urkunde in Anwesenheit zahlreicher Persönlichkeiten eingemauert – Raumprogramm für 1200 Hörer ausgelegt – Professoren ernannt

Auf dem 120.000 Quadratmeter großen Gelände in Innsbruck-Höttinger-Au wird seit Oktober vergangenen Jahres an der Errichtung der Gebäude für die Technische Fakultät der Universität Innsbruck gearbeitet. Aber erst gestern, also mit einiger Verspätung – der Rohbau ist schon recht weit gediehen – fand die Grundsteinlegung statt. Gewitzigt durch die Erfahrungen beim Bau der Innsbrucker Mensa, bei der nach dem feierlichen Spatenstich bis zum Baubeginn ziemlich viel Zeit vergangen war, hatte man im Falle der Baufakultät auf eine Spatenstichfeier verzichtet, um erst während des Baues selbst offiziell den Grundstein zu legen.

TT, Nr. 109, S. 3.

12. JUNI

Kein erster Preis im Rundfunkhaus-Wettbewerb

Niveau des Architektenwettbewerbes unterdurchschnittlich – Preisgekrönte Arbeiten nicht verwirklichungsreif – Frühjahr 1969 Baubeginn

Im Wiener Künstlerhaus gab gestern Rundfunkgeneralintendant Gerd Bacher die Ergebnisse des Architektenwettbewerbes bekannt, der für den Neubau von Funkhäusern in Innsbruck, Dornbirn und Linz ausgeschrieben worden war. Zu dem mit 525.000 Schilling dotierten Wettbewerb wurden 44 Projekte eingereicht. Bei der Beurteilung durch die Jury unter dem Vorsitz von Prof. Dr. Roland Rainer standen vor allem die Funktion und die Wirtschaftlichkeit der Funkhäuser im Vordergrund. Bezüglich der äußeren Form der Gebäude sprach Generalintendant Bacher von einer „spartanischen Einfachheit“. Diese Forderungen bewirkten, daß das Niveau dieses Architektenwettbewerbes unterdurchschnittlich war. [...] TT, Nr. 134, S. 3.

12. JUNI

Kennedy-Haus: Schüler spielen modernes Theater

Geistige Erziehung mit Zukunft – Was das Landestheater nicht bringt, sieht man auf der Bühne der Marianischen Kongregation – Programm

Am Vormittag übersetzen sie Cäsar und Tacitus, blättern in Logarithmenbüchern und versuchen sich mit Goethes klassischem Weltbild auseinanderzusetzen. Nachmittags aber diskutieren sie über Handke und Sartre, lernen Texte und basteln Bühnenbilder. Eine kleine Schar von Innsbrucker Mittelschülern hat sich nämlich in ihrer Freizeit ganz dem Theater verschrieben und sich in der Theatergruppe der Marianischen Kongregation zusammengeschlossen.

Im Kennedy-Haus, dem Jugendzentrum der Jesuiten in der Sillgasse, haben junge Leute Gelegenheit, sich mit Gleichgesinnten zu treffen, dort gemeinsam ihren Hobbys zu frönen. Die 700 Buben und 200 Mädchen verschiedener Innsbrucker Mittelschulen sind – je nach Interessengebiet – in verschiedenen Gruppen zusammengefaßt. Da gibt es u. a. Amateurfunker, begeisterte Köche, Filmrunden und natürlich etliche Sportsektionen. Hin und wieder mißt man sich in einem fröhlichen Leistungsbewerb, allerdings ganz intern. « TT, Nr. 134, S. 7.

20. JUNI »

Sachliche Gespräche besser als Showdiskussion

Studenten der Universität Innsbruck bemühen sich um die Lösung brennender Probleme – Hohe Persönlichkeiten in ihren Versammlungen

Diskussionen verschiedener studentischer Gruppen und Organisationen, Gespräche mit Professoren und Assistenten, Flugblattaktionen und Resolutionen wechseln einander in diesen Tagen an der Alma mater ab: Zeichen der studentischen Bewegungen, an der auch die Öffentlichkeit lebhaften Anteil nimmt.

Assistentenverband auf seiten der Studenten

Der Assistentenverband der Universität Innsbruck hat sich gestern durch seinen ersten Obmann, Doz. Dr. Osmund Menghin, hinter die Forderung der Studenten gestellt, wonach die Rektorwahl durch ein erweitertes Gremium vorgenommen werden sollte. Da der Rektor nicht nur als der Repräsentant der Professoren, sondern der Gesamtuniversität zu gelten habe, sei es durchaus vorstellbar, daß neben den Vertretern der Professoren auch solche der Assistenten und Studenten an der Rektorwahl teilnehmen. Hierzu erklärte Rektor Univ.-Prof. Dr. Ernst Kolb, daß für derartige Forderungen der Nationalrat zuständig sei, nicht aber der Akademische Senat. « TT, Nr. 140, S. 3.

16. NOVEMBER »

Neue Mädchen- und Knabenvolksschule Reichenau

Feierliche Einweihung und Eröffnung – Je viergeschossiger Knaben- und Mädchentrakt mit 26 Klassenzimmern, zwei Turnsälen – TT-Halle

Mit der von Dompropst Dr. Heinz Huber vorgenommenen Weihe und Eröffnung der neuen Mädchen- und Knabenvolksschule Reichenau in Innsbruck, von der die Reichenauer Kinder schon zu Schulbeginn Besitz ergriffen hatten, wurde am Freitagvormittag diese nach den Plänen des Architekturbüros Diplomingenieure Charlotte und Karl Pfeiler errichtete Anstalt nun auch offiziell ihrer Bestimmung übergeben. Zu der Feierstunde, die durch den Innsbrucker Bläserchor unter der Leitung von Professor Vinzenz Weber musikalisch umrahmt

Die Doppelvolksschule in der Wörndlestraße in der Reichenau. Das Areal ist mehr als 10.000 Quadratmeter groß und beherbergt heute über 20 Klassen.

und durch Gedichte und Vorträge der Schüler selbst originell aufgelockert wurde, hatten sich alle führenden Persönlichkeiten der Stadtgemeinde und die Vertreter der Schulbehörden eingefunden.« TT, Nr. 265, S. 3.

22. NOVEMBER »

In Tirol gibt es nur eine Handvoll Computer

Seminar der Arbeitsgemeinschaft für Datenverarbeitung – Überraschend viele Teilnehmer

Gestern fand in den Stiftssälen ein ganztägiges Seminar statt, in dem die Vorteile des elektronischen Rechnungswesens eingehend erörtert wurden. Veranstalter dieser Tagung war die Arbeitsgemeinschaft für Datenverarbeitung (ADV), eine Institution, die es sich zur Aufgabe gemacht hat, möglichst viele Betriebe auf den Kostenvorteil der elektronischen Datenverarbeitung aufmerksam zu machen. Ing. Hutter, der Leiter der Tiroler Zweigstelle der ADV, versicherte, daß ähnliche Seminare in gewissen Zeitabständen in Tirol stattfinden werden, um interessierten Kreisen eine intensive Information zu ermöglichen. « TT, Nr. 270, S. 7.

14. DEZEMBER »

Städtische Hosteß – Traumberuf mit kleinen Fehlern

Drei Innsbruckerinnen an der vordersten Front des Fremdenverkehrs – Dienst auf Abruf – „Oenipontessen" plaudern aus der Schule

Sie blühen im verborgenen wie die Veilchen. Doch wenn sie in ihr nachtblaues, maßgeschneidertes Kostüm schlüpfen, die „Hirtentasche" schick über die schmalen Schultern hängen und das flotte Käppchen in die Locken drükken, umweht sie der Hauch der großen Welt. Man möchte sie für die Chefhostessen der größten Fluglinien der Welt halten, denn ihr Englisch klingt genau nach Kennedy Airport, ihr Französisch nach Orly, ihr Deutsch ist akzentfrei wie das einer Hamburger Fernsehansagerin. Nur ein diskretes Metallschildchen verrät, daß die drei Damen im Dienste Innsbrucks und seines Verkehrsamtes stehen. Sie sind die Hostessen der Landeshauptstadt: die Oenipontessen. « TT, Nr. 289, S. 5.

1969

9. MAI

Fünf Stunden Jubel für die Königin

Tausende Tiroler säumten Straßen und Wege – „Ich freue mich, das Land Andreas Hofers zu sehen"

Nach einer Pause von knapp zehn Jahren war Innsbruck gestern wieder einmal der Schauplatz eines Ereignisses, das in seiner Intensität und Ausstrahlung an den großen Schützenaufmarsch erinnerte, der im September 1959 den Abschluß der Landesgedenkfeier 1809–1959 gebildet hat. Damals stand die Vergangenheit im Mittelpunkt aller Geschehnisse, diesmal war es die lebendige Gegenwart: Königin Elisabeth II. von Großbritannien und Nordirland besuchte die Landeshauptstadt, und es wurde ihr ein Empfang bereitet, den die an Empfänge gewohnte Herrscherin nicht so bald vergessen wird. Die Folie zu diesem Ereignis war „handgeschmiedet". Den Rahmen bildeten wiederum die Schützen mit ihren Trachten, mit ihren von Würde gezeichneten Mienen und mit ihrer unbeirrbaren Hingabe an alles, was patriotisch betont ist. Dem Blick der Königin wird es vermutlich entgangen sein, daß etliche dieser Wackeren ihr Feingefühl damit zeigten, daß sie auch die

Ein wahrhaft königlicher Besuch! Die Visite von Elisabeth II., Königin des Vereinigten Königreiches von Großbritannien und Nordirland, in Innsbruck war das Ereignis des Jahres für die Tiroler Landeshauptstadt.

Kriegsauszeichnungen des Zweiten Weltkrieges trugen. Obwohl die Innsbrucker an Herrscherbesuche gewöhnt sind, säumten sie zu Tausenden die Wege, auf denen die Königin dahinrollte. Ihr Interesse, immer wieder aus Illustrierten gespeist, galt vor allem einer liebenswerten Frau, von der man unmittelbar erfahren wollte, wie sie sich bewegt, wie sie sich kleidet, wie sie lächelt. « TT, Nr. 106, S. 1.

Der Bau des unter mehreren Namen bekannten Hotels in unmittelbarer Nachbarschaft zur Triumphpforte war ein massiver Eingriff in die Silhouette der Stadt.

16. MAI »

Stadtväter für Tourist-Center am Hochhausplatz

Das neue Projekt entspricht der baurechtlichen Voraussetzung und wird auf Grund der wirtschaftlichen Bedeutung begrüßt, allerdings ist der Ruf nach besserem finanziellem Abschneiden der Stadt bei Grundablösungs- bzw. Pachtfragen laut geworden – Konferenz der BOE

Die meisten von ihnen – Mitglieder des Innsbrucker Gemeinderates, aber auch Funktionäre der Wirtschaft und des Fremdenverkehrs – waren skeptisch, als sie sich am Mittwoch im Hotel „Maria Theresia“ zu einer Informationskonferenz einfanden, zu der die Bauobjekts-Entwicklungsgesellschaft eingeladen hatte. Auf dem Programm stand die eingehende Information über das Tourist-Center-Projekt am Hochhausplatz, über das wir in der Ausgabe vom 10. Mai berichteten und das in seiner ursprünglichen Fassung im Vorjahr viel Staub aufgewirbelt hatte. Als dann die Stadtväter den Konferenzraum verließen, war man zwar in der „Gemeindestube“ und hier auch innerhalb der einzelnen politischen Fraktionen wohl noch geteilter Meinung, im großen und ganzen aber infolge der wirtschaftlichen Bedeutung dieses Projekts für Innsbruck fast einhellig dafür. Ja selbst nicht einmal mehr die Höhe des „Hotelturmes“ von 49 Metern stand zur Debatte. Hiermit dürfte also die BOE (Bauobjekts-Entwicklungs-Ges.m.b.H.), deren geschäftsführender Gesellschafter Dipl.-Vw. Franz Fornwagner über die wirtschaftliche und rechtliche Konzeption, Herbert Mihatsch über die fremdenverkehrspolitischen Grundlagen und Auswirkungen und Dipl.-Ing. Dipl.-Arch. Fred Achammer über die von ihm stammende Planung und die technische Ausführung des Tourist-Center referierten, einen entscheidenden Schritt weitergekommen sein. Voraussetzungen hiefür waren allerdings die Neuprojektierung und eine Klärung hinsichtlich der Grundfrage, die allerdings noch nicht völlig abgeschlossen scheint. « TT, Nr. 111, S. 3.

12. JUNI »

Innsbrucker „Müllberg" hat bald Maximum erreicht

In spätestens zweieinhalb Jahren kein Platz mehr für Müllablagerung in der Roßau – Ohne Verbrennungsanlage schwerwiegende Folgen

Auch wenn die Stadtgemeinde Innsbruck zur Zeit noch größere Sorgen haben dürfte, als sich um den Abfall zu kümmern – der „Müllberg" in der Roßau ist ein Problem, das man jetzt schon angehen muß, wenn man nicht Gefahr laufen will, daß er der Stadt „über den Kopf wächst". Den Berechnungen zufolge sind nämlich in der Roßau die Müllablagerungsmöglichkeiten in spätestens zweieinhalb Jahren erschöpft. Was dann, wenn zu diesem Zeitpunkt Innsbruck noch nicht über eine Müllverbrennungs- und -zertrümmerungsanlage verfügt? Die Zeit drängt aber um so mehr, als man für die Erstellung einer derartigen Anlage über zwei Jahre Bauzeit benötigt. Volkstümlich gesagt: Es brennt also jetzt schon der Hut, auch wenn dies die Bevölkerung erst in zwei Jahren zu spüren bekommen würde. Dann wäre es allerdings für erfolgversprechende Maßnahmen bereits zu spät. « TT, Nr. 132, S. 3.

Heute nicht mehr vorstellbar: Die Mülldeponie in der Rossau um 1965.

17. JUNI

Technik: Kein Quadratmeter Verputz und Malerei

Neuzeitliche Baumethoden angewandt und modernste Baustoffe verwendet – Tiroler Landtag und Innsbrucks Gemeinderat beeindruckt

Seit im September 1967 mit der Errichtung der Technischen Fakultät in Innsbruck-West begonnen wurde, konnte man direkt „zusehen", wie die Gebäude in die Höhe schossen. Wenn nun nach rund eineinhalb Jahren Bauzeit die zwölf Objekte im Rohbau fertiggestellt sind, alle gesteckten und gestellten Termine eingehalten wurden und man sich keine Sorgen zu machen braucht, daß die für das erste Studienjahr erforderlichen Anlagen an dem für 3. November d. J. anberaumten Eröffnungstermin zur Verfügung stehen werden, dann kommt man – gemessen an den bei ähnlich großen Projekten meist auftretenden Terminüberschreitungen – nicht darum herum, den planenden Architekten, Statikern, den Baufirmen und deren Arbeitern, kurzum allen, die an der Errichtung dieser Fakultätsbauten beteiligt sind, ein Kompliment zu machen. Als nichts anderes konnte man daher auch die anerkennenden Worte auffassen, die am Montagvormittag bei der Besichtigung der Bauten durch den Tiroler Landtag und den Innsbrucker Gemeinderat seitens der Abgeordneten gefallen sind. [...] TT, Nr. 136, S. 3.

Rund um die „Technik", wie der Gebäudekomplex bis heute im Volksmund bezeichnet wird, hat sich binnen weniger Jahre ein sehr reger Stadtteil entwickelt.

Anna Exl an ihrem 85. Geburtstag.

18. NOVEMBER »

Der großen Tiroler Volksschauspielerin Anna Exl zum Gedenken

Eine der bedeutendsten deutschsprachigen Tragödinnen des Jahrhunderts ist dahingegangen – Das gesamtdeutsche Theater trauert

„Die Duse des Volksstückes" – so haben nicht etwa Freunde und Theaterliebhaber, sondern bedeutende Kritiker und Theaterwissenschaftler Anna Exl schon vor Jahrzehnten genannt. Siebenundsechzig Jahre ist es her, seitdem am Geburtstag der Exl-Bühne mit der Eröffnungsvorstellung „Der Pfarrer von Kirchfeld" im „Österreichischen Hof" die wenige Jahre später schon über Tirol hinaus berühmt gewordene Bühne ihre Geschichte begonnen und dabei auch Anna Gstöttner – damals ein frisches, aber auch rassiges Dirndl – als Debüt in der Rolle der Anna Birkmeier ihren ersten großen Bühnenerfolg errungen hat. Mit diesem Tag und mit diesem ersten Auftritt begann eine Laufbahn, die das Innsbrucker Naturkind ohne jede fachliche Ausbildung, nur getragen von Talent und Begeisterung, von willensstarker Disziplin, geistiger Spannkraft und Hingabe an das dichterische Wort, zur größten Tragödin des Volksstückes reifen ließ. « TT, Nr. 266, S. 5.

1970

6. APRIL

Innsbruck: Ein ungebetener Gast im Kamin

Aus einem Kamin holte die Innsbrucker Polizei am Wochenende einen Einbrecher. In der Höttinger Au hatte eine Gastwirtin bemerkt, daß im Stöcklgebäude des Anwesens eingebrochen worden war. In der Decke des darüberliegenden Stadels gähnte ein Loch, das der Unbekannte gebohrt hatte. Die Wirtin rief sofort die Polizei an. Nach kurzer Zeit entdeckten die Beamten den ungebetenen Gast. Er steckte im Kamin. Es handelte sich um den Innsbrucker Hilfsarbeiter Ekkehard S[...]. Der Mann leugnete bei seiner Festnahme hartnäckig. Nicht er sei der Dieb, sondern ein „Fremder", den er beim Diebstahl überrascht habe. Er habe ihn verfolgt und sei dabei in den Kamin gefallen. Die Beute von 2310 Schilling wurde in einem Versteck im Stadel gefunden. TT, Nr. 78, S. 3.

Die Pfarrkirche St. Norbert, errichtet von 1970 bis 1972 nach Plänen von Architekt Josef Lackner. Heute ist dieser Anblick nicht mehr so einfach möglich. Die Kirche ist etwas in der „Hintergrund" getreten.

30. APRIL

Innsbrucks 5. großer Kirchenneubau seit Kriegsende

An Stelle der bisherigen „Konradskapelle" in Pradl entsteht die Pfarrkirche zum hl. Norbert – Zweistöckiger Bau des Architekten Lackner

Anfangs der kommenden Woche wird die unter dem Namen Konradkapelle an der Ecke Burgenlandstraße und Köldererstraße stehende ehemalige Totenkapelle des „neuen" Garnisonsspitals abgerissen werden. An ihrer Stelle wird eine neue Pfarrkirche für den Stadtteil Pradl-Süd, der rund viertausend Einwohner zählt, errichtet werden. Es ist eines der Zeichen des rapiden Wachstums der Landeshauptstadt, daß dies in ihr der fünfte große Pfarrkirchenneubau innerhalb rund zehn Jahren sein wird, wozu noch mehrere Kapellenbauten in Instituten usw. kommen. Die Erweiterung der Stadt und die starke Zunahme der Bevölkerung machte eine Dezentralisation des Pfarrwesens erforderlich, und diese hat wohl sehr dazu beigetragen, daß Innsbruck in den letzten zehn Jahren zu einem Brennpunkt des modernen Kirchenbauwesens geworden ist, der nicht nur in ganz Österreich, sondern auch in anderen Ländern bis nach Amerika Beachtung und Erörterungen gefunden hat. « TT, Nr. 99, S. 8.

3. SEPTEMBER »

„Sandler" in Innsbruck: Von Romantik keine Spur

Arbeitsscheu, unterstandslos, doch selten kriminell –
Sie leben und sterben einsam –
Über den ärgsten Hunger hilft die Klostersuppe

Am Innsbrucker Westbahnhof wurde kürzlich – wir berichteten darüber – von einer Verschubgarnitur ein Mann überfahren. Es war, wie es in der trockenen Sprache des Polizeiprotokolls hieß, ein „unterstandsloser Hilfsarbeiter", der auf der Suche nach einer Schlafgelegenheit in einem abgestellten Waggon bei Nacht die heranrollende Zuggarnitur übersehen haben dürfte. Die Räder trennten ihm den Kopf vom Leibe. Ein anderer starb weniger effektvoll: man fand ihn, der im strömenden Regen unter dem Flugdach eines Fahrradständers Schutz gesucht hatte, am Morgen tot auf. Er war hinübergegangen, ohne zu klagen und ohne jemandem lästig zu fallen, und als man ihn abholte, geschah dies diskret. Kein Angehöriger, falls solche noch lebten, hat sich um sein Begräbnis gekümmert, so wenig wie sich, als er selbst noch lebte, jemand um den einbeinigen Kriegsinvaliden aus dem Bezirk Kitzbühel etwas scherte, der nie mehr in das selbstgefällige Gefüge zurückgefunden hat, das wir so überlegen „geordnete Verhältnisse" nennen. « TT, Nr. 202, S. 3.

Ein Unglück, ein Schicksalsschlag oder ein anderes Ereignis können Menschen aus „geordneten Lebensbahnen" werfen. Die Folge kann Obdachlosigkeit sein. Auch wenn es inzwischen mehrere Hilfseinrichtungen gibt, ist es für die Betroffenen meist schwer, wieder Fuß zu fassen.

15. SEPTEMBER »

Rettung Dr. Judmaiers – es war allerhöchste Zeit

Der am Mount Kenia abgestürzte Innsbrucker Arzt hätte eine weitere Nacht am Berg nicht mehr überlebt – Überführung nach Innsbruck

„Mander, wenn ihr mich heute nicht obibringt, nacher isch's aus mit mir." Mit diesen Worten begrüßte Dr. Gert Judmaier seine Tiroler Bergkameraden, als sie am Samstag um 20 Uhr nach einer einmaligen bergsteigerischen Leistung bei dem abgestürzten Innsbrucker eintrafen. In einer unwahrscheinlich kurzen Zeit hatten die Tiroler Bergrettungsleute den Aufstieg geschafft. Sofort begannen sie damit, den Verunglückten abzutransportieren, was wiederum in einer Zeitspanne glückte, die man kaum für möglich gehalten hatte. Sie bauten, um nur eine ihrer Meisterleistungen zu erwähnen, innerhalb einer Stunde eine „Seilbahn" von einem Turm des Mount Kenia zum anderen und sparten auf diese Weise fast acht Stunden Kletterei schwerster Weise ein. « TT, Nr. 212, S. 3.

5. OKTOBER »

Fußball im Lande der Skipetaren

Wacker Innsbruck flog mit einer Chartermaschine nach Tirana. Und der Innsbrucker Reisegesellschaft hatten sich zwei türkische Schlachtenbummler angeschlossen. Türken? Keiner hatte jemals Ahnung davon, daß sich für Österreichs Cupsieger auch Türken interessieren würden. In Tirana, am Flughafen, wußten wir um diese Begeisterung: ein Koffer mit 100 Uhren wurden den türkischen „Schlachtenbummlern" abgenommen. Im Sport haben Schmuggler nichts zu erben ... «

TT, Nr. 229, S. 12.

Der sportliche Erfolg der Fußballer in Lederhosen ist höchst unterschiedlich. Die Reise ins Nationalstadion nach Tirana war jedenfalls ein Abenteuer, das alle in Erinnerung behielten.

Der Sparkassenplatz, wie wir ihn heute kennen, wurde in den letzten Jahrzehnten mehrfach grundlegend umgebaut. Dabei wurde er schrittweise immer mehr zu einem „Platz".

24. OKTOBER »

Bau im Sparkassendurchgang ohne Grünverlust

Mitten im lärmenden Innsbruck liegt eine Oase der Stille. Blumen blühen, Sitzbänke locken zur Rast, ein Springbrunnen plätschert. Das ist der Sparkassendurchgang. Ein kleiner Bezirk, dem man eine städtebauliche Planung anmerkt. Ältere Herrschaften werden sich daran erinnern, daß dieses Verbindungsstück von der Hauptstraße in die Gilmstraße früher Brixdurchgang genannt wurde. Ein Tapezierer namens Brix hatte dort seine Werkstätte. Damals gelangte man durch ein tunnelartiges Gewölbe von der Maria-Theresien-Straße in die Gilmstraße. Es war ein ziemlich lustloser Weg. Er führte an Stöcklgebäuden, einem Zaun und an einer hochfrequentierten Bedürfnisanstalt vorbei, aus der es durchdringend nach Salmiak stank. Die Bürgerhäuser in der Maria-Theresien-Straße mit dem beängstigenden Schluff des Durchganges wurden im Jahre 1933 abgerissen. An ihrer Stelle errichtete die Sparkasse der Stadt Innsbruck einen repräsentativen Neubau. Der Durchgang aber blieb bestehen. « TT, Nr. 246, S. 9.

1971

Die erste Vorlesung an der neuen Technischen Fakultät wurde von zahlreichen Herren besucht – allesamt honorige Ehrengäste.

13. JÄNNER »

Nächsten Mittwoch wählen in Innsbruck 4500 Hörer

Wahlkampf hat am Montag begonnen – Woher die Studentenparteien ihr Geld beziehen – Bisher ruhiger Verlauf – Wichtige Entscheidung

Am 20. Jänner wählen Österreichs Hochschüler für die nächsten zwei Jahre ihre Standesvertreter. Wahlberechtigt sind nur die inländischen Hörer. In Innsbruck sind es rund 4500. Von einem Wahlkampf kann in Innsbruck kaum die Rede sein. Der Grund liegt einerseits in der Tatsache, daß die Weihnachtsferien bis zum 11. Jänner gedauert haben, andererseits im Geldmangel der vier kandidierenden Parteien. Um die Wählergunst streiten sich das „Team Aichbauer", der „Ring Freiheitlicher Studenten", die „Liste sozialistischer Hochschüler" und die „Aktion". Der Student bekommt beim Urnengang gleich drei Wahlzettel in die Hand gedrückt: Er muß seine Stimme zunächst für den in Wien beheimateten „Zentralausschuß" abgeben, dessen 41 Mandatare das gesamtösterreichische Gremium der Hochschülerschaft (ÖH) – einer Körperschaft öffentlichen Rechtes – darstellen. Der zweite Stimmzettel ist für den Innsbrucker „Hauptausschuß" reserviert, bei dem 13 Mandate zu vergeben sind, mit dem dritten Stimmzettel wählt er seinen Vertreter für die „Fachschaftsausschüsse" an den einzelnen Fakultäten. In Innsbruck gab bisher die der ÖVP nahestehende „Österreichische Studentenunion" (ÖSU) mit sechs Mandaten im Hauptausschuß den Ton an, gefolgt vom „Ring Freiheitlicher Studenten" (RFS) mit vier. Jeweils auf einen Vertreter brachten es die Liste der Theologen, die „Aktion" und die linksstehende „Liste Studentischer Demokratie" (LSD). « TT, Nr. 9, S. 3.

21. JUNI

Österreichs neuer Fußballmeister heißt – FC Wacker Innsbruck

Wacker Innsbruck wurde am Samstag nachmittag durch den 4:2(2:0)-Sieg in Wien-Meidling über Wacker Wien endgültig österreichischer Fußballmeister 1971. Das ist nach dem großen Triumph der Innsbrucker, Pokalsieger 1970, ein derart sensationeller Erfolg, an den niemand, zumindest nicht nach Abschluß der Herbstmeisterschaft, gedacht hätte. Damals wurde Austria Salzburg, es war im Dezember, Herbstmeister der österreichischen Nationalliga. Mit vier Punkten Vorsprung und mit einer um 7 Tore besseren Differenz im Trefferverhältnis als die Tiroler. Im Frühjahr aber trat Wacker Innsbruck unter der sportlichen Leitung von Otto Baric einen Siegeszug an, der in der österreichischen Fußballgeschichte nur wenige Gleichnisse hat. Insgesamt wurden im Frühjahr nur 4 Punkte abgegeben: 2 gegen Vienna (das war die einzige Frühjahrsniederlage), einer gegen Rapid und einer gegen VÖEST. Damit erreichte Wacker Innsbruck als einzige Mannschaft 26 Punkte aus 15 Spielen (30 mögliche Punkte), überflügelte damit Austria Salzburg und Rapid, die im Herbst auch noch vor den Tirolern lagen und wurde auf Grund dieses geradezu sagenhaften Erfolges erstmals österreichischer Fußballmeister. Dabei muß allerdings berücksichtigt werden, daß es so etwas in der österreichischen Fußballgeschichte noch nicht gegeben hat: mit Wacker Innsbruck und Austria Salzburg führen gleich zwei Bundesländervereine die Abschlußtabelle des letzten Meisterschaftsjahres an. TT, Nr. 140, S. 9.

23. SEPTEMBER

Erschreckende Intoleranz

An der Innsbrucker Uni beginnt Anfang Oktober das neue Studienjahr. Tausende junge Tiroler, Österreicher und Ausländer kommen nach Innsbruck zur Ausbildung. Der Mangel an Wohnraum für Studenten – die „TT" hat mehrmals darüber berichtet – veranlaßte nun Landeshauptmann Wallnöfer, an die „Hauswirte von Innsbruck und Umgebung" einen Aufruf zu erlassen, in dem die Privatzimmervermieter gebeten werden, soziale Mietpreise zu verlangen, da die Studenten – entgegen der landläufigen Meinung – zu den sozial schwachen Schichten gehören.

Die Ablehnung „Farbiger" durch Innsbrucker Zimmervermieter verurteilte Wallnöfer in seiner Stellungnahme scharf: „Mit Bedauern und Befremden muß ich als Tiroler Landeshauptmann hören, daß – mit dankenswerten Ausnahmen – unseren jungen Gästen aus dem kleinasiatischen, asiatischen und afrikanischen Raum erschreckende Intoleranz entgegengebracht wird. Wir alle sollten bedenken, daß diese jungen Leute später einmal zur Elite ihres Landes gehören werden und somit entscheidend daran mitwirken, welches Bild von Tirol im Ausland entsteht."

Zum Aufruf des Landeshauptmannes teilt die Hochschülerschaft Innsbruck mit, daß Zimmervermietungen dem Sekretariat der ÖH in der Josef-Hirn-Straße 5, 2. Stock (Studentenzentrum, Tel. 20 7 50/15), mitgeteilt werden mögen.

TT, Nr. 221, S. 3.

Ein Blick über Arzl Richtung Südwesten. Die Wiesen sind inzwischen meist unter Wohnbauten verschwunden.

5. OKTOBER

Volksschule Arzl der Bestimmung übergeben

Bevölkerung hat sich seit 1958 verdreifacht – Turnhallentrakt wird im Frühjahr 1972 fertig

Die neue Volksschule Arzl wurde am Freitagnachmittag feierlich ihrer Bestimmung übergeben. Nach der kirchlichen Segnung durch Pfarrer Johannes Posch wies Vizebürgermeister Haidl in seiner Eigenschaft als Baureferent darauf hin, daß es gelungen sei, die erste Bauetappe trotz größerer Schwierigkeiten in der Grundbeschaffung und der Erstellung der Zufahrtsstraße rechtzeitig abzuschließen. Der Bau werde zügig fortgesetzt, so daß noch im Frühjahr 1972 auch der Turnhallentrakt bezogen werden könne. BM Lugger erklärte, daß die Bevölkerung Arzls sich seit 1958 verdreifacht habe und schon deshalb der Schulneubau notwendig geworden sei. Er versicherte, daß die Turnhalle nach ihrer Fertigstellung nicht nur für den schulischen Gebrauch, sondern auch für die Vereine offenstehen werde. « TT, Nr. 231, S. 3.

12. OKTOBER

Pythonschlange tauchte nach 47 Tagen lebend auf

Das Reptil hatte sich unter einem Kasten eines Hotelzimmers verkrochen – Aufräumerin dachte, es sei ein Selbstbinder

Die Pythonschlange in den Händen des Tierhändlers: Vor gut eineinhalb Monaten wurde Innsbruck durch das Verschwinden einer Pythonschlange beunruhigt. Am 20. August war einem Fakir, der in einer Schau in einem Innsbrucker Kaufhaus auftrat und in einem Hotel in der Innenstadt wohnte, aus einem Jutesack in seinem Gästezimmer eine Pythonschlange entkommen. Einige Tage später hatten drei Buben angeblich die Schlange in Pradl gesehen. Darauf suchten Polizei und Bevölkerung fieberhaft nach der zwei Meter großen, aber ungiftigen Schlange. Vergeblich. Was niemand mehr angenommen hat, ist nun eingetreten: Das Reptil tauchte wieder auf – lebend! « TT, Nr. 237, S. 3.

23. OKTOBER »

Mondauto Lunochod, Star der Weltraumausstellung

Die Akademie der Wissenschaften der UdSSR zeigt im Innsbrucker Volkshaus 15 Modelle der Raumraketentechnik aus jüngster Zeit

In Innsbruck werden demnächst die österreichisch-sowjetischen Kulturtage abgehalten. Es sind daran beteiligt: die Kammer für Arbeiter und Angestellte, die Volkshochschule Innsbruck und die Österreichisch-Sowjetische Gesellschaft. Die Kammer zeigt im Volkshaus Radetzkystraße 47 ab Dienstag, den 26. Oktober, eine von der Akademie der Wissenschaften der UdSSR gestellte Weltraumausstellung. Die Ausstellung ist bis 7. November täglich von 10 bis 19 Uhr geöffnet. Das Programm der Volkshochschule sieht zehn Veranstaltungen vor, die in unserer Zeitung jeweils angekündigt werden. Diese Bildungsveranstaltung wird von der Volkshochschule in Zusammenarbeit mit der Österreichisch-Sowjetischen Gesellschaft abgewickelt. Sie beinhaltet Filmabende, Vorträge und literarische Veranstaltungen von hohem Wert.

Gestern führte Dr. Eugen Tabakejew, Mitglied der Akademie der Wissenschaften der UdSSR, Funktionäre der Arbeiterkammer und Pressevertreter in die im Aufbau befindliche Weltraumausstellung ein. Die Ausstellung hatte in Linz 52.000 Besucher angezogen. [...] « TT, Nr. 247, S. 5.

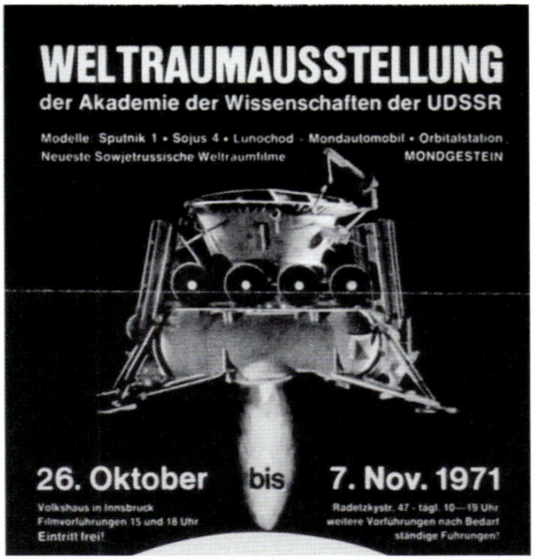

Die Eroberung des Weltraumes war auch ein ideologisches Wettrennen zwischen Ost und West, wobei lange Zeit die UdSSR einen technologischen Vorsprung hatte. Dieser sollte anhand dieser Ausstellung dem Besucher nähergebracht werden.

1972

Ob Kaffee in der Nachmittagssonne oder ein Bier am Abend: Die abwechslungsreiche „Aussicht“ macht die Innsbrucker Altstadt immer zu einem unterhaltsamen Ort des Verweilens.

3. MAI »

Fußgängerzone: Ein ganz neues Altstadtgefühl

Seit gestern 10.30 Uhr ist die neue Regelung in Innsbruck in Kraft – Viel Pro und Kontra

Ein ganz neues Altstadtgefühl: Die Herzog-Friedrich-Straße in Innsbruck ohne Autos ... Obwohl geranienbesetzte Blumenkisten am Eingang von der Theresienstraße her wirkungsvoll ein Verkehrsschild unterstreichen, das die Benzinrösser von 10.30 vormittags bis 6 Uhr früh aussperrt und nur 2-PS-Droschken passieren läßt, bleibt der Spaziergänger mißtrauisch. Die verbliebenen Verkehrstafeln „Einbahnstraße“ und „Parken im gesamten Altstadtbereich verboten“ scheinen dieses Gefühl zu nähren. Unvermittelt wendet man sich, im Vollgefühl seines neu erworbenen Rechtes mitten auf der bisher den Autos vorbehaltenen Straße wandelnd, verstohlen um – ob nicht doch so ein Gefährt kommt, das Menschen unter die Lauben verscheucht ...

Doch nichts dergleichen geschieht. Der patrouillierende Polizist bleibt weitgehend arbeitslos. Plaudernde Menschengruppen nützen einen Platz an der Sonne des frühsommerlich warmen Maitages, vereinzelt noch wagen sich zierliche Tischchen, Stühle dazu, Blumenkästchen als Begrenzung des Ganzen aus den Häusern und unter die Lauben, bis hart an den Straßenrand... Später werden sie sich wohl auch auf die Straße selbst getrauen, hoffentlich. « TT, Nr. 102, S. 3.

20. MAI

Innsbrucks Altstadt: „Außen hui, innen pfui!“

2. Bericht über die Untersuchungen eines Innsbrucker Architekturstudententeams – 52 Prozent der Gebäude reparaturbedürftig

Daß nicht nur den Innsbruckern, sondern auch den Tirolern und vielen die „Stadt am grünen Inn“ aufsuchenden Gästen Innsbrucks Altstadt eine Herzensangelegenheit ist, bewies das Echo auf den am 5. April d. J. in der „TT“ unter dem Titel „Innsbrucks Altstadt – Museum oder Greisengetto?“ erschienenen Artikel, der sich mit den Untersuchungen eines an der Technik studierenden Teams über die Altstadt befaßte. Peter Lorenz, Wolfgang Purrucker, Bruno Staggl, Gottfried Simbriger und Hans Webhofer hatten in monatelanger Kleinarbeit die Altstadt durchleuchtet und waren in ihrer ersten, zusammenfassenden Übersicht zu dem Schluß gekommen, daß aus einer einst organisch gewachsenen Marktstadt ein absterbender Stadtteil wurde, der nur mehr durch die Zusammenarbeit von Behörden, Fachleuten und Bevölkerung gerettet werden kann. Wohl wurde, wie unseren Lesern bekannt, in der letzten Zeit ein Altstadterhaltungsgesetz erarbeitet und damit ein erster Schritt zur Rettung der Altstadt getan, wenn man sich aber näher mit den Untersuchungsergebnissen der Architekturstudenten befaßt, bekommt man trotzdem das Gruseln. Mit einem voraussichtlich nur mit einigen wenigen Millionen Schilling dotierten Altstadtfonds wird man keine echte Sanierung herbeiführen können. Wohl kaum auf etwas anderes als auf die Altstadt trifft nämlich das alte Sprichwort „Außen hui – innen pfui!“ zu. TT, Nr. 116, S. 9.

Die Innsbrucker Altstadt und eine ihrer ehemaligen Institutionen: der Fechtl-Wirt in der Schlossergasse.

15. JUNI

Brand im Hochhaus – an einer Katastrophe vorbei

Großeinsatz der Innsbrucker Berufsfeuerwehr – Mehrere Personen mit Drehleiter geborgen – Von Balkonen und Fenstern abgeseilt

Typhonengeheul schreckte gestern um etwa 2 Uhr früh Innsbrucks Bevölkerung aus dem Schlaf. Der Grund: Im elfstöckigen Hochhaus Innrain 103, im Volksmund auch „Beamtensilo der Landesregierung" genannt, war es zu einem Kellerbrand gekommen, bei dem mehrere hölzerne Verschläge in Flammen aufgegangen waren – an und für sich für die schlagkräftige Innsbrucker Berufsfeuerwehr kein Problem. Im gegenständlichen Falle war aber durch die direkt vom Keller bis zum Dach führenden Entlüftungsschächte, an welche die Küchen, Bäder und Abstellräume angeschlossen sind, insbesondere in die Wohnungen der nordöstlichen Ecke des Wohnsilos Rauch gelangt. Die Bewohner wurden von den Kindern, aber auch von den Haustieren – Hunde und Vögel – geweckt, fanden sich aber in den meisten Fällen infolge der Rauchentwicklung und trotz Lichts kaum mehr in ihren Räumen zurecht. Als die Innsbrucker Berufsfeuerwehr nur wenige Minuten nach ihrer Verständigung durch einen der Hausbewohner mit einem Großaufgebot von Fahrzeugen, Leitern und Löschtrupps beim Hochhaus eintraf, wurde sie bereits von mehreren Personen von Balkonen und Fenstern aus um Hilfe gebeten. TT, Nr. 136, S. 3.

19. JUNI

Toni Thiel: Grund zur Freude, wenn wir echte Realisten bleiben

Zum zweitenmal wurde Swarovski Wacker Innsbruck nach dem 1:1 gegen VÖEST österreichischer Fußball-Staatsmeister. Noch dazu en suite. Im Vorjahr hieß der Meister Wacker Innsbruck, zwischenzeitlich erfolgte die Gründung der Spielgemeinschaft mit Swarovski Wattens. Und damit sind wir schon beim Kernproblem: die einen behaupteten seinerzeit, wäre doch die Meistermannschaft allein geblieben. Sie wäre wieder Meister geworden. Die anderen reagieren heute kaltblütig, wenn sie mehr Wattener Spieler als ehemalige „Titelverteidiger" in der Mannschaft sehen. TT, Nr. 139, S. 9.

24. JUNI

Statt Kadaververbrennung nun Uni-Institute

Universität Innsbruck übernahm altes Arbeitsamt in ihre Verwaltung – Firstfeier in Wilten

Die Universität Innsbruck, ein Bereich, dem fast 10.000 Menschen angehören, hat sich wegen ihrer großen Raumnot beinahe über die ganze Stadt ausgedehnt. Zahlreiche Institute sind vom Hauptgebäude am Innrain weggezogen. Diese Zersplitterung wird erst dann beendet sein, wenn die großen Bauvorhaben – Neubau der Philosophischen und Juridischen Fakultät – vollendet sind. Die „Wiedervereinigung" dürfte in fünf bis zehn Jahren eintreten. [...] TT, Nr. 144, S. 3.

1973

Die Lohbachsiedlung und das Gelände der späteren „Technik“ um 1965.

24. MÄRZ

Stadt Innsbruck fragt an: Ist der Bund bereit, das Flughafengelände als Erholungsraum abzugeben?

Am 12. April d. J. sollen die Würfel fallen. In der für diesen Termin anberaumten Sitzung des Aufsichtsrates der Innsbrucker Flughafen-Betriebsgesellschaft steht als wichtigster Punkt die Beschlußfassung über die Installierung des Wolkendurchstoßverfahrens, mit dessen Hilfe man sich eine Reaktivierung des Flugbetriebes und damit eine wenigstens teilweise Sanierung des Flughafens erhofft, auf dem Programm. Nach den Beratungen der vom Bund, dem Land Tirol und der Stadt Innsbruck bestellten Aufsichtsratsmitglieder im Herbst vorigen Jahres wäre alles andere als ein positiver Beschluß eine Überraschung – außer der Bund beantwortet eine Anfrage mit „Ja“, die der Stadtsenat an ihn gerichtet hat. In dieser wird der Bund aufgefordert, zu erklären, ob er bereit sei, den Flughafen aufzulassen und das Gelände den Innsbruckern als Erholungsraum zur Verfügung zu stellen. TT, Nr. 70, S. 3.

26. MÄRZ

Innsbruck: Straßenbahn in das Olympische Dorf?

Neue Linie über Gumppstraße–Langer Weg–neue Reichenauer Brücke–Olympisches Dorf geplant – Projekt der Verkehrsbetriebe

Das Olympische Dorf im Osten Innsbrucks wächst und wächst. Dort, wo vor zwölf Jahren noch Wiesen und Äcker waren, leben bereits jetzt schon weit über 3000 Menschen. Dieser neue Stadtteil wird aber schon in wenigen Jahren noch wesentlich größer und bevölkerungsdichter werden. Allein durch die im Rahmen der Winterspiele 1976 vorgesehenen Wohnbauten wird das Olympische Dorf schon kurz nach den Spielen rund 6000 Einwohner aufweisen, eine Zahl, die rasch auf 10.000 klettern wird. Die öffentlichen Verkehrsverbindungen tragen aber dieser Entwicklung kaum Rechnung. Eine Omnibuslinie und die durch ihre Anmarschwege nicht gerade besonders gefragte „Haller“ sind praktisch schon jetzt zuwenig, um den Bedürfnissen gerecht zu werden. Dieses Manko soll nun in den nächsten Jahren durch eine neue Straßenbahnlinie beseitigt werden. Die Einrichtung einer derartigen neuen Linie wird jedenfalls nach einer Aussprache mit dem Verfasser des Generalverkehrsplanes für Innsbruck, Dr. Knoflacher, in Direktionskreisen der Verkehrsbetriebe überlegt und beraten. TT, Nr. 71, S. 3.

Die An-der-Lan-Straße im Olympischen Dorf in den 1970er Jahren.
Die Straßen sind bereits von zahlreichen Autos gesäumt.

Auch die charmanteste Politesse kann wohl kaum über den „Schmerz“ einer Parkstrafe hinwegtrösten ...

14. APRIL »

Nunmehr auch in Innsbruck Einsatz von Politessen

Vorerst 20 junge Damen für Überwachung des ruhenden Verkehrs vorgesehen – Nur Tagdienst – Erfahrung beweist: „Frl. Inspektor“ ist streng

In der nächsten Zeit werden Innsbrucks Ordnungshüter Verstärkung, zugleich aber auch charmante „Konkurrenz“ erhalten. Zwanzig Politessen – wenn sich genügend Mädchen und junge Frauen für diesen Dienst melden sollten, ist an eine Aufstockung auf 30 Politessen gedacht – werden in den nächsten Monaten eingeschult und dann in den Dienst gestellt werden. Auch wenn nicht alle so hübsch sein werden wie jene Politesse, die gestern ihren ersten Einsatz absolvierte, so hofft man sich doch von deren Charme, verbunden mit „dienstlicher Härte“, eine bessere Überwachung vor allem des ruhenden Verkehrs in den verparkten Straßen der Stadt. « TT, Nr. 88, S. 5.

18. JUNI »

Innsbruck: Volksbefragung eine Farce

Nur 10,5 Prozent der 77.791 Wahlberechtigten gingen zur Urne – Große Mehrheit stimmte für den Flughafen

Erstmals in der Geschichte Innsbrucks wurden gestern die Bürger der Landeshauptstadt zu einer Volksbefragung aufgerufen, um sich darüber zu äußern, ob der Gemeinderat für die Auflassung des Flughafens eintreten soll. Mit einer Wahlbeteiligung von nur 10,59 Prozent der 77.791 Wahlberechtigten – 8240 abgegebene Stimmen, davon 8199 gültig – bestätigte der Urnengang die Prognosen, wonach auf Grund der sich in den letzten Wochen hinsichtlich der Flugplatzfragen überstürzenden „Ereignisse“ der erste Versuch einer direkten Demokratie nur ein Schlag ins Wasser sein wird. « TT, Nr. 139, S. 1.

Hier handelt es sich unverkennbar um ein Flugblatt der Flughafen-Befürworter. Da bekommt das Wort Flugblatt gleich eine neue Bedeutung.

19. JULI

Innsbruck: Todesurteil für die Haller „Trampl“

Straßenbahnlinie 4 wird aufgelassen – Neubau der Reichenauer Brücke mit großem Verkehrsknoten die Ursachen – Einsatz von Omnibussen

Die Tage der Straßenbahnlinie 4, im Volksmund auch „Haller Trampl“ oder „Tatzelwurm“ genannt, sind gezählt. Bei ihrer Eröffnung, noch mit Dampf betrieben, eine Attraktion, war sie dies in den letzten Jahren wohl nur mehr für die Fremden, dafür aber im Innsbrucker Stadtgebiet ein Verkehrshindernis ersten Ranges und durch ihren Lärm ein Alptraum aller Menschen, die in jenen Straßenzügen wohnen, durch die sie hindurchpoltert. Trotzdem wird man ihre Einstellung nicht nur mit einem lachenden, sondern auch mit einem weinenden Auge quittieren, verschwindet doch mit ihr ein altvertrautes Bild und geht ein Stück Innsbrucker und Haller Geschichte zu Ende. Die für das kommende Jahr vorgesehene Einstellung der „Trampl“ ist aber nicht etwa auf ihre Verkehrsbehinderung und auf den von ihr erzeugten Lärm zurückzuführen, sondern hat ihre Ursache einzig und allein im vierspurigen Ausbau der Haller Straße und im Neubau der Reichenauer Brücke, in dessen Zuge auch ein großer Verkehrsknoten errichtet wird. Für diesen aber war die „Haller“ nicht mehr tragbar, und so blieb dem Stadtsenat nichts anderes übrig, als die Einstellung der Linie 4 zu beschließen. Als Ersatz ist der Einsatz von Omnibussen vorgesehen. Welche Route diese befahren werden, darüber zerbrechen sich derzeit die Direktoren der IVB die Köpfe. « TT, Nr. 165, S. 3.

25. SEPTEMBER »

Es waren einmal progressive Rolling Stones

Die Show Mick Jaggers – die Statistenrolle der übrigen vier – Eine Million S Einnahmen

Von aufwendiger Promotion beeinflußt, hatte man sich ein Wiederauftauchen der Rolling Stones aus der Versenkung erwartet. Was sich jedoch den 8500 zahlenden Zuschauern im Innsbrucker Olympiastadion bot, war nichts weiter als die Show Mick Jaggers. Und selbst diese beschränkte sich, sehr zum Leidwesen der Fans, auf eine knappe Dreiviertelstunde. Da hopste – im Vergleich zu Billy Preston im Vorprogramm obendrein noch recht ungelenk – ein Riesenmundwerk auf die Bühne, das alles zu verschlingen schien, angefangen vom Transvestitengesicht Jaggers bis zu den ebenso kostbar wie nachlässig geschmückten Rest-Stones. Diese vier könnten sich genausogut ins Publikum setzen – niemand würde sie oben auf der Bühne vermissen. Nicht Charlie Watts, der hinter den Drums sitzt wie ein seriöser Geschäftsmann hinter dem Schreibtisch, nicht die starre Salzsäule Mick Taylor,

Ein symptomatisches Bild für den Wandel der Zeit: Die „Haller“-Straßenbahn ist bereits auf Autobus umgestellt. Gleichzeitig ist eine der letzten Fahrten des Großraumtriebwagens 60 zu sehen.

nicht den lammfrommen Bill Wyman oder nicht Keith Richards, der sich vom nun schon zehn Jahre währenden Rollen so abgeschlafft zeigte, daß er während des recht kurzen Auftritts gerade noch ein drei- oder viermaliges Beinschlenkern verkraftete.

Progressivität made by Rolling Stones hat sich überlebt. Stones-Chef Mick Jagger dürfte dies wohl auch nicht verborgen geblieben sein, und er verstärkte daher in seiner Show den Unterhaltungseffekt. Keine schlechte Alternative, denn „you can't always get what you want" – man kann nicht immer haben, was man will – in Innsbruck nicht einmal eine Zugabe.

Weder Fans noch Tourneeleitung waren ganz zufrieden. 800 Stehplätze waren frei geblieben. Eine Million Schilling standen unter dem Schlußstrich der Einnahmenrechnung. Für den Ausfall entschädigt wurden Hallenleitung und Manager dadurch, daß Einrichtung und Fenster auch nicht die kleinste Schramme davontrugen. Weder den 38 Polizisten noch dem Stones-„Selbstschutztrupp" bot sich ein Grund zum Eingreifen. « TT, Nr. 222, S. 6.

4. DEZEMBER »

Kennedy-Haus kirchlich unabhängig?

Nach eingehenden Beratungen haben die gewählten Vertreter der tausend Jugendlichen des Kennedy-Hauses, die gewählten Vertreter der Eltern dieser Jugendlichen und die zwölf Erzieher des Kennedy-Hauses beschlossen, einen kirchlich unabhängigen Verein mit Sitz im Kennedy-Haus zu gründen. Die genannten Vertreter werden deshalb in Bälde Verhandlungen mit dem Jesuitenorden aufnehmen, damit diese Vereinsgründung einvernehmlich mit dem Orden vorgenommen werden kann. « TT, Nr. 280, S. 5.

10. DEZEMBER »

Sonntagsfahrverbot – für Fremdenverkehr tödlich

Resolution des Landesfremdenverkehrsrates – Große Rückgänge im kommenden Jahr zu befürchten – Neuer Städteschnellzug nach Wien

„Ein Wochenendfahrverbot auch in Österreich wäre ein Dolchstoß für den Fremdenverkehr, der auf Grund der derzeitigen internationalen Lage an und für sich schon einem Blindflug ohne Instrumente gleicht." Das sagte LR Dr. Bassetti am Freitag in der Sitzung des Landesfremdenverkehrsrates in Innsbruck, dessen Berichte und Diskussionen völlig von der Energiekrise und ihren Folgerungen überschattet waren. Das besonders Betrübliche dabei ist, daß man ihr, von Tiroler Warte aus gesehen, ohnmächtig gegenübersteht und praktisch nur auf Teilgebieten versuchen kann, die Situation durch Eigeninitiativen etwas zu entschärfen. Als eine derartige Maßnahme darf auch die einstimmig gefaßte Resolution hinsichtlich eines Wochenendfahrverbotes gelten, die dem Bundeskanzler und dem Handelsminister übermittelt wird. « TT, Nr. 284, S. 3.

1974

Nördlich des Flughafens am Südhang der Nordkette entwickelte sich eine rege Bautätigkeit – vor allem im Bereich des Wohnbaues.

16. MAI

Innsbruck: Von Fliedergasse bis zum Silberweg

Die neuen Straßenbezeichnungen im westlichen Innsbruck – 50 Straßen und Wege neu erstellt, ausgebaut und 800 Häuser numeriert

Bedingt durch die rege Bautätigkeit im westlichen Teil von Hötting, sind in diesem Gebiet neue Straßen und Wege entstanden bzw. schon bestehende umbenannt worden. Um dem interessierten Innsbrucker die Möglichkeit zu geben, sich über diese Um- und Neubenennungen im Höttinger Hanggebiet und in der Lohbachsiedlung zu informieren, stellte das Stadtvermessungsamt eine Skizze zur Verfügung, aus der sowohl die bis jetzt bestehenden als auch die projektierten (strichliert gezeichnet) Verkehrsverbindungen ersichtlich sind. Insgesamt wurden 50 Straßen und Wege neu erstellt oder ausgebaut und rund 800 Gebäude umnumeriert. TT, Nr. 114, S. 5.

Bundespräsident Franz Jonas und Bürgermeister Alois Lugger, einer der beiden Bewerber um die Nachfolge im Amt des Bundespräsidenten.

24. JUNI

Dr. Rudolf Kirchschläger siegte klar

Uneinheitlicher Trend in den Bundesländern – Persönlicher Erfolg des ÖVP-Kandidaten in Tirol: 70,1 Prozent

Der neue österreichische Bundespräsident heißt Dr. Rudolf Kirchschläger. Von 4,630.831 gültigen Stimmen erhielt er am gestrigen Wahlsonntag 2,392.151, das sind 51,7 Prozent. Auf seinen Gegenkandidaten, den Innsbrucker Bürgermeister DDr. Alois Lugger, entfielen 48,3 Prozent oder 2,238.680 Stimmen.

TT, Nr. 144, S. 1.

5. JULI

Auch Stadt für Holzhammerbrücke

Am Donnerstagnachmittag sprach eine Delegation der „Bürgerinitiative Holzhammerbrücke“, wie vereinbart, im Rathaus vor, wo sie von Bürgermeister Dr. Lugger und den Bürgermeisterstellvertretern Dir. Haidl und Reg.-Rat Obenfeldner empfangen wurde. Nach eingehender Diskussion, in der die gegenseitigen Standpunkte zum Ausdruck kamen, wurde von der Stadtführung neuerlich erklärt, daß sie in Übereinstimmung mit Landeshauptmann Wallnöfer an der Verwirklichung des vom Bundesministerium für Bauten und Technik genehmigten Projekts, das die Überführung des Innrains und der Fischnalerstraße vorsieht, festhält. Die Stadtgemeinde müsse im Interesse der Verkehrserfordernisse neuerlich an Land und Bund appellieren, eine rasche Verwirklichung des Brückenprojekts in die Wege zu leiten. TT, Nr. 154, S. 3.

25. JULI

Geschäft mit dem Sex: Pornohändler geschnappt

Pornofilme, ein lukrativer Nebenerwerb –
Kripo und Zollfahndung beschlagnahmten unverzollte Ware –
Händler schreiben Service groß

Über zwanzig streng verbotene Pornofilme und 50 bis 60 Pornohefte, die unverzollt eingeführt worden waren, fielen gestern nachmittag der Innsbrucker Kriminalpolizei in Zusammenarbeit mit der Zollfahndung Innsbruck in die Hände. Ein biederer Mann in einem kleinen Zeitungsladen in Innsbrucks Innenstadt hatte sich durch den Verkauf dieser Ware schon seit längerer Zeit ein Nebengeschäft aufgebaut. Daß der illegale Handel florierte, bewies nicht nur das ansehnliche Lager, sondern auch der rege Zustrom von Interessenten, die sich für sogenannte „private Vergnügungen" aus den Hinterzimmern des Geschäfts die heiße Ware bringen ließen, sie entweder für einige Tage mieteten oder gleich aufkauften. TT, Nr. 171, S. 3.

26. JULI

Ein seltener Besuch

Am 2. August wird der indische „Prophet" und, wie man ihn auch zuweilen nennt, „Missionar" Nirankari Baba in der Innsbrucker Altstadt zu einer Diskussionsveranstaltung erscheinen. Ihm soll es gelungen sein, bereits sechs Millionen Anhänger in der ganzen Welt gefunden zu haben. Ab 18 Uhr steht dieser Mann, der „über einen Gott für alle Menschen, gleich welchen Bekenntnisses, auf der ganzen Welt" diskutieren will, interessierten Besuchern zur Verfügung. TT, Nr. 172, S. 3.

Was in den 1970er Jahren noch als Pornografie eingestuft wurde, ist heute nicht mehr der Rede wert. Die Kriminalisierung stützte vor allem das Treiben finsterer Geschäftemacher.

1975

3. APRIL

Mit Würsten und Schweinshaxen ins Bett

Ungebetene Gäste spielten in Igler Hotel Schlaraffenland – Polizei bereitete jähes Ende

Wie im Schlaraffenland fühlten sich ein 28jähriger Hilfsarbeiter und ein 23jähriger Maurer aus Kärnten, als sie sich am Freitagabend in einem Hotel in Igls einquartierten. Sie waren die einzigen Gäste im Haus, Verpflegung war in Hülle und Fülle vorhanden und die beiden hätten ein recht erholsames Wochenende vor sich gehabt. Die Sache hatte nur einen Haken: sie war sozusagen illegal. Das Hotel ist zur Zeit nämlich geschlossen, und die beiden „Gäste" hatten sich durch Zertrümmern eines Kellerfensters selbst Eingang in der Stätte der Gastlichkeit verschafft. Sie durchsuchten zunächst die Lagerräume und ließen sich dann erst einmal in der Küche häuslich nieder. Dort fanden sich im Kühlschrank einige Leckerbissen, die sich die beiden Selbstversorger zubereiteten. Schließlich zogen sie sich mit Proviant in Form von Würsten und Schweinshaxen in die Schlafzimmer im 2. Stock des Hauses zurück, um dort in weichen Betten das Nichtstun zu genießen. Die Fenster hatten sie wohlweislich mit Leintüchern verhängt. Die Ruhe währte jedoch nicht lange. Die Polizei war den beiden bereits auf der Spur und machte dem Urlaub im Schlaraffenland rigoros ein Ende. TT, Nr. 81, S. 3.

Gelungene Tourismus-Werbung zieht nicht nur zahlendes Publikum an.

9. MAI

Gehwegeprogramm der Stadt Innsbruck

Stadtsenatssitzung – Zahlreiche neue Ampelregelungen – Plakat zur Sauberkeit der Stadt

In seiner Sitzung vom 7. Mai traf der Stadtsenat zwei für das Innsbrucker Verkehrsgeschehen sehr wichtige Beschlüsse. Der erste betraf ein umfangreiches Programm der Erneuerung und Erstherstellung von Gehwegen im Stadtgebiet. Dabei berücksichtigte man besonders jene Gehwegflächen, die in Zusammenhang mit der Wiederherstellung des Gehwegbelages nach Grabungsarbeiten standen. Randsteine in der Museumstraße und der nordseitige Gehweg im Bereich des Museums Ferdinandeum müssen zum Zweck der Erstellung einer einwandfreien Fahrbahnentwässerung in sinnvoller Weise erneuert werden. Das Erneuerungsprogramm von Gehwegen, für das ein Kreditansatz von 2 Mio. S vorgesehen wurde, umfaßt im einzelnen einschließlich Neupflasterung der Vorfläche; Anichstraße, südseitiger Gehweg zwischen der Kaiser-Joseph- und der Bürgerstraße; Templstraße, westseitiger Gehweg zwischen Müller- und Schöpfstraße; Sonnenburgstraße, ostseitiger Gehweg zwischen der Staffler- und Franz-Fischer-Straße; Kreuzung Franz-Fischer-Straße–Speckbacherstraße, im Zusammenhang mit der Erstellung der dortigen Verkehrssignalanlage; Gaswerkstraße, südseitiger Gehsteig zwischen der Körner- und der Pradler Straße. « TT, Nr. 106, S. 3.

17. MAI

Die Postlerinnen dürfen auch Hosen tragen

Ab 1. Juli neue Uniformen – Modernerer Schnitt, bessere Stoffqualität – Keine Mehrkosten

Ab 1. Juli werden Österreichs Postler neue Uniformen bekommen. Wie die Post- und Telegraphendirektion Innsbruck dazu mitteilte, ist geplant, die Altbestände schrittweise zu ersetzen und auch die derzeitigen Lagerbestände noch aufzubrauchen. Die Umstellung wird voraussichtlich an die zwei Jahre dauern, und es wurde versichert, daß der Post dadurch keine Mehrkosten erwachsen.

Seit Kriegsende tragen die österreichischen Postbeamten durchwegs den gleichen Uniformschnitt. Die Modernisierung soll vor allem auch die jüngeren Angestellten ansprechen und ein äußeres Zeichen für die Modernisierung der Post sein. Die neue Kleidung wird in hellerem Blau gehalten sein als bisher. Es gibt keine aufgenähten Rangzeichen mehr, sondern lediglich einen schmalen Streifen auf dem linken Ärmel mit einer Aufschrift, die die Zugehörigkeit zur Post anzeigt. Der Rock der Damen ist erstmals gefüttert und kann auch durch eine Hose ersetzt werden. Statt der Pullmankappe tragen die Damen ein Schiffchen – ähnlich dem der Politessen – oder ein Kopftuch. Die Krawatte der Herren wird breiter, und die Kappe ist einheitlich mit einer silbernen Kordel geschmückt. Besser als bisher soll die Stoffqualität sein: der Stoff besteht zu 45 Prozent aus Schurwolle und zu 55 Prozent aus Polyesterfaser. « TT, Nr. 113, S. 5.

Die Andechsstraße um 1969 Richtung Norden gesehen.

22. MAI

Baggerfahrer zweitesmal „bombenfündig“

Amerikanische Granate bei Erdbewegungsarbeiten in Reichenau gefunden – Sprengmeister

Zum zweitenmal einen unfreiwilligen Erfolg erzielte gestern nachmittag ein Baggerfahrer einer Innsbrucker Baufirma bei Erdbewegungsarbeiten an der Kreuzung Andechsstraße–Reuth-Nicolussi-Straße in Innsbruck. Der Baggerfahrer, dessen erlernter Beruf Sprengmeister ist, stieß beim Ausheben einer Baugrube für einen Zigarettenkiosk auf eine „Bombe“. Schon bei den Bauarbeiten für die neue Gebietskrankenkasse am Klara-Pölt-Weg war er „fündig“ geworden und hatte einen Bombenalarm ausgelöst. Der gestrige Fund erwies sich glücklicherweise als harmlos. Der Baggerfahrer und gelernte Sprengmeister erkannte in dem Fund sofort eine amerikanische Granate, zwar noch mit Sprengkopf versehen, auf Grund ihres Alters jedoch relativ ungefährlich. Trotzdem wurden Polizei und Feuerwehr verständigt, die den Fundort absicherten, bis der Sprengstoffsachverständige der Bundespolizeidirektion Innsbruck eintraf, der die Granate barg. TT, Nr. 116, S. 3.

18. JUNI

Kranebitter Wegkapelle vor Zerstörung bewahrt

Wesensmerkmal der Kulturlandschaft neu erbaut – Dachstuhl mit Fresken in luftiger Himmelfahrt – Technisches Intermezzo mit Kran

An den Autobahnen stehen Rasthäuser, aber keine Heiligtümer. Wozu auch? Wer mit 130 „Sachen“ unterwegs ist, hat keine Zeit zum Betrachten oder Verweilen. Um so erfreulicher ist es, wenn an den weniger „schnellen“ Straßen alte Kapellen und andere Zeichen der Frömmigkeit vor dem Verfall bewahrt werden. Sie sind Wesensbestandteile einer Kulturlandschaft, die unbedingt erhalten werden müssen, wird doch das Gesicht unseres Landes ohnedies durch neue Straßen und Autobahnen, Umfahrungen und gigantische Einbindungen in das Autobahnnetz fortlaufend entstellt bis zur Unkenntlichkeit.

Seit Jahrhunderten verweilten Fuhrleute und Wanderer bei Kranebitten, bevor die Straße ansteigt, vor einer mit Fresken geschmückten Wegkapelle, bis das motorisierte Zeitalter mit voller Wucht einbrach. [...] Doch nun drohte dem Heiligtum neue Gefahr durch den Bau der Zufahrtsstraße zur Inntalautobahn. Stadtgemeinde und Denkmalamt setzten sich dafür ein, die Kapelle vom Straßenrand ein Stück nach Norden auf eine Anhöhe zu versetzen, da es sich um ein „künstlerisch bedeutsames Objekt handelt, das für die Kulturlandschaft in diesem Raume wichtig ist“. (Hofrat Menardi, Landesdenkmalamt.) Die Kapelle ist nämlich mit Fresken aus der zweiten Hälfte des 18. Jahrhunderts geschmückt, und sie birgt eine Kreuzigungsgruppe aus der ersten Hälfte des 18. Jahrhunderts. Auf Kosten des Bundes, der in Kranebitten die Autobahnzufahrt baut, wurde unter Verwendung der beiden Säulen abseits der künftigen Trassenführung die Kapelle neu errichtet. « TT, Nr. 138, S. 3.

Die Kranebitter Wegkapelle musste im wahrsten Sinne des Wortes den Anforderungen des modernen Straßenverkehrs weichen. Allerdings nur um wenige Meter.

1976

6. FEBRUAR

» Franz Klammer, der neue Volksheld – Volksfest am Patscherkofel – 2. Russi

Der neue Volksheld Österreichs heißt endgültig Franz Klammer. Unter dem Jubelsturm von 60.000 Zuschauern raste der 22jährige Kärntner auf der 3020 Meter langen Schneeautobahn am Patscherkofel in 1:45,73 Minuten zu der von einer ganzen Nation geforderten Goldmedaille im olympischen Abfahrtslauf. Zweiter wurde der Schweizer Bernhard Russi in 1:46,06 vor dem Südtiroler Herbert Plank (1:46,59).

Nach Klammers Sieg spielten sich entlang der Strecke unglaubliche Szenen ab. Tausende schrien vor Begeisterung, während Franz Klammer selbst sich der Gratulationen kaum erwehren konnte: „Ich kann mein Glück überhaupt nicht in Worte fassen“, sagte er und stieß immer wieder die Arme voller Glück über diesen Triumph empor. « TT, Nr. 30, S. 16.

Die Abfahrt der Herren ist traditionell einer der Höhepunkte von Olympischen Winterspielen. Franz Klammer wurde zum Sportidol. Greg Jones aus den USA wurde immerhin Elfter.

7. FEBRUAR

Militärmusik hat 37 Nationalhymnen parat

Dienst rund um die Uhr – 3 Monate Proben – Schwierigkeit bei südamerikanischen Hymnen

Militärkapellmeister Eibl und seine Musik machen in diesen Tagen Dienst „rund um die Uhr": Spiel beim Empfang des Bundespräsidenten, bei der Eröffnungsfeier am Bergisel, Tischmusik beim Abendempfang im Kongreßhaus, bei den täglichen Siegerehrungen im Stadion, Konzert im Rahmen des Kulturprogramms und bei der Schlußfeier. Mit 57 Musikanten, davon etwa ein Drittel Grundwehrdiener, bestreitet Kapellmeister Eibl das Monsterprogramm. Glitzernde Instrumente und flotte Weisen verbergen eine drei Monate währende Probenarbeit. Von allen 37 teilnehmenden Staaten wurden die Nationalhymnen besorgt und einstudiert. Von den Staaten Andorra, Neuseeland und San Marino gab es allerdings nur die Klavierstimmen. So mußte die Orchesterbesetzung dazukomponiert werden. Gleichzeitig waren Tonbandaufnahmen herzustellen und mußten Spielbuchpartituren angefertigt werden. Besondere Schwierigkeiten boten einzelne südamerikanische Hymnen, sie sind Melodramen in verschiedenen Takten und mit abwechselnden Melodieformen. Bei Tanz„einsatz" kann die Kapelle in eine Blasmusikgruppe und eine Big-Band zerlegt werden. Eine Besonderheit ist dazu eine eigens einstudierte Marschparade-Show. Kapellmeister Eibl ist für den Olympiaeinsatz gut vorbereitet, selbst die ärgste Kälte kann sein Team nicht erschüttern: Gelenke und Scharniere der Instrumente erhalten einen Schuß „Spiritus" – die Finger müssen es „heben" …

TT, Nr. 31, S. 5.

Das offizielle Plakat der XII. Olympischen Winterspiele. Es stammt vom bekannten Innsbrucker Grafiker Arthur Zelger.

9. FEBRUAR »

Jet-Gala am Innsbrucker Flughafen Kranebitten

Herzog von Kent mit Turboprop des britischen Königshauses angekommen – Miettunen und Maihöfer flogen ab – Ballbesucher als Fluggäste

Pünktlich um 14.05 Uhr landete gestern auf dem Innsbrucker Flughafen die zweimotorige „Andover HS 748", eine der Privatmaschinen des britischen Königshauses. Vor dem Flughafengebäude wartete bereits ein Rolls-Royce der britischen Botschaft in Wien. Der weißen Maschine mit den Insignien des Königshauses entstiegen der Duke of Kent als offizieller Vertreter der britischen Königin, Lord und Lady Nevill sowie ein Sicherheitsbeamter. « TT, Nr. 32, S. 3.

12. FEBRUAR

Strahlenschutzexperten rund um die Uhr bereit

In Verbindung mit der Berufsfeuerwehr Innsbruck – Aufgaben der Feuerwehr reichen weit über Brandverhütung und -bekämpfung hinaus

Rund um die Uhr stehen in diesen Tagen für einen etwaigen Unglücksfall einschlägiger Art Strahlenschutzexperten der Radiochemie der Universität Innsbruck mit der Innsbrucker Berufsfeuerwehr in Verbindung (und bei Bedarf sofort zur Verfügung); die Berufsfeuerwehr selbst hat ständig zwei Trupps zu je drei Mann mit allen notwendigen Instrumenten und einem eigenen Einsatzfahrzeug ausfahrbereit: „Wir sind sowohl gerätemäßig als auch mannschaftsmäßig für Strahlenunfälle mehr als ausreichend vorbereitet", erklärt der „TT" der Kommandant der Berufsfeuerwehr Innsbruck, Branddirektor Ing. Thomas Angermair. Der Strahlenschutzdienst ist nur ein Teil der vielfältigen Arbeit der Berufsfeuerwehr im Laufe der Vorbereitungen der Olympischen Spiele und während dieser. Das Hauptaugenmerk liegt weiterhin bei der Brandverhütung und -bekämpfung – und bei der Brandsicherung der diversen „olympischen" Bauten, wie Presse- und TV-Zentrum, Olympisches Dorf, Olympiastadion und Kongreßhaus (bei Veranstaltungen). Angermair: „Dabei müssen wir uns selbst im Einsatzfall bei der Einfahrt ins O-Dorf Mann für Mann persönlich ausweisen – obwohl wir mit dem Einsatzfahrzeug und in Uniform kommen." Zuviel des Guten. TT, Nr. 35, S. 3.

22. MÄRZ

Schurkischer Kuno: Zum 500. Mal „No amol!"

Festvorstellung vor zahlreicher Prominenz – Aufopfernde Leistung aller Ensemblemitglieder

Im ausverkauften „Bierstindl" fand Samstag abend die 500. Veranstaltung des „Schurkischen Kuno", an dem bisher rund 80.000 Zuschauer ihre Gaudi hatten, statt. In seiner Begrüßungsrede konnte Ernst Grießer namens des Ensembles LHStv. Dr. Prior, Vizebürgermeister Dir. Arthur Haidl und OR Dr. Ludwig Söldner nebst vielen anderen Hochwohlgeborenen und weniger Durchlauchten begrüßen. 185.672 zahlende Bühnenfans besuchten seit der Theatergründung die Vorstellungen des – wie es sich jetzt benamsen muß – „Alt-Innsbrucker Bauerntheater-Ritterspiele", zu dessen Repertoire aber nicht nur blutrünstige, sondern auch anspruchsvolle Volksstücke, wie z. B. das Apostelspiel von Max Mell, gehören. Spieler dieses „Bauerntheaters" haben sich sogar als Akteure in modernen Stücken („Change") bewährt. Nach der vielbeachteten und umjubelten Jubiläumsaufführung des „Kuno" – zum Schluß wurde mit einem gekonnten Sperrholzbeilhieb sogar der stellvertretende Tiroler Landeshäuptling „geköpft" – konnte OR Dr. Söldner in seiner Eigenschaft als Obmann des Landesverbandes der Tiroler Volksbühnen die Ehrung der verdienten Bühnenmitglieder Midi Kappeller, Alfi Petz, Fred Truhlar, Siegmund Golger und Herbert Fingerland vornehmen. TT, Nr. 68, S. 3.

23. MÄRZ

Hallenbad im Olympischen Dorf übergeben

Zwei Schwimmbecken, Sauna, Milchbar – „Tragbarer" Mietzins in Sicht – Bäderversorgung

Das neue Hallenbad im Olympischen Dorf, das während der Winterspiele von Sportlern und Funktionären stark frequentiert worden war, wurde gestern der Öffentlichkeit übergeben. Das Hallenbad umfaßt ein Becken in der Größe von 12,5 mal 25 Metern, ein Lehrschwimmbecken, eine Sauna mit zwei Kammern sowie eine Küche mit Milchbar. Die Sauna ist für etwa 100, das Schwimmbad für 300 Besucher ausgelegt. [...]

Dem Hallenbad angeschlossen wird eine große Wiesenfläche, die bis zur Innpromenade reicht. Die Begrünung wird etwa im Juli vollendet sein. Die Wassertemperatur in den Schwimmbecken beträgt 28 Grad und kommt damit jenen Besuchern entgegen, die aus therapeutischen Gründen schwimmen sollen. Unter Rücksicht darauf wird das Hallenbad jeden Montag von 17 bis 21.30 Uhr für Erwachsene reserviert sein. Die Eintrittspreise betragen für Erwachsene 20, für Kinder bis 15 Jahren 8 Schilling. Ein Saunabesuch kostet 37, Sauna und Hallenbad 53 Schilling. TT, Nr. 69, S. 5.

12. APRIL

Sexualmordopfer auf der Hungerburg entdeckt

Mysteriöser Mordfall – Erst durch Obduktion und Spurensicherung Einzelheiten zu erwarten

Ein äußerst mysteriöser Mordfall wurde gestern in Innsbruck entdeckt: Am Vormittag war eine Frau in einer Hütte im Gebiet der Hungerburg tot aufgefunden worden. Das Ergebnis der Obduktion lag bis Redaktionsschluß noch nicht vor. Auch konnten wir keine Detailangaben in Erfahrung bringen, weil selbst beim Journaldienst der Kriminalpolizei noch nichts Genaues bekannt war: Die Beamten der Spurensicherung waren noch nicht zurückgekehrt.

Allem Anschein nach scheint es sich jedoch bei diesem „Palmsonntag-Mord" um ein Sexualverbrechen zu handeln. Ob das Opfer – es wurde nackt entdeckt – erwürgt worden ist, stand bis Blattschluß noch nicht fest; auf jeden Fall soll es mit einem um den Hals verknoteten Kleidungsstück gefunden worden sein. Wie das Opfer zum Fundort gelangt ist, läßt sich erst nach Abschluß der Erhebungen sagen. – Der letzte Mordfall, der Innsbruck erregte, war die Tat an Aloisia S[...], der auf das Konto des Fremdenlegionärs Rudolf W[...] ging, der das Opfer nach dem Verbrechen mit Petroleum übergossen und angezündet hatte.

Vom Täter, auf dessen Kosten das im Raum Hungerburg entdeckte Opfer geht, fehlt bisher noch jede Spur. Angeblich wurde am Tatort auch ein Bündel blutiger Kopfhaare gefunden. TT, Nr. 86, S. 3.

1977

Igls war im Wintersport seit jeher ein Zentrum für Skifahrer – auch im Fasching ...

22. APRIL

Igls – beim Langlauf abseits

Als Pflichtmitglied des Fremdenverkehrsverbandes Innsbruck-Igls erhielt ich in den letzten Tagen den Geschäftsbericht für 1976 und möchte hinsichtlich der Langlaufaktivitäten dieses Verbandes folgendes feststellen. Das Innsbrucker Mittelgebirge hat in diesem Winter einen Massenandrang an Langläufern erlebt wie nie zuvor. Mit vorbildlicher Loipenpflege haben besonders die Gemeinden Natters und Rinn ideale Voraussetzungen geschaffen. In Igls gab man sich nicht soviel Mühe. Die Spuren auf den Feldern nach Patsch waren nicht mehr als ein Langlaufalibi. Ihnen fehlte der nötige Rhythmus, und auch die Spurenpflege war mangelhaft. Dabei hätte gerade Igls bei den heurigen Schneeverhältnissen eine riesige Chance gehabt. Die Felder zwischen Igls und Vill oder zum Lanser See hinaus ergäben ein Langlaufparadies. Abgesehen davon wäre eine gemeindeverbindende Loipe von Igls bis Rinn überhaupt das Nonplusultra einer Loipe. Aber vorläufig haben sich nur Natters und Rinn ihre ersten langläuferischen Sporen als Naherholungsgebiet für Innsbruck verdient. Die daran mitverdienenden Gewerbebetriebe beginnen sich die Stücke am Langlaufkuchen abzuschneiden. Vielleicht fällt im nächsten Winter auch für Igls eine Scheibe davon ab.

Dr. Erich Gatt, Igls TT, Nr. 93, S. 6.

21. MAI

Mitterers „Kein Platz für Idioten" im Breinößl

Volksbühne Blaas wendet sich heutigem Theater zu – „Mäßig Heiteres" zu Saisonschluß

Ungewöhnlich wird die kommende Theatersaison der Volksbühne Blaas im Breinößl beginnen: Hat man bisher zumindest einmal jährlich – zumeist als Auftakt – sich des Volksstückes außerhalb der gängigen Mehr-oder-Weniger-Lustspiele besonnen und ein Stück der „klassischen" Volkstheatertradition auf die Bretter gebracht, so wendet man diesmal erstmals den Blick auf Zeitgenössisches. „Kein Platz für Idioten" des jungen Tiroler Autors Felix Mitterer soll im Breinößl erstaufgeführt werden. So will es die Direktion Blaas, so will es vor allem Mitterer, für dessen Stück sich bereits eine Wiener Bühne interessiert, der es aber zuerst in Innsbruck herausbringen möchte. Inszeniert wird das Opus, in dem Mitterer selbst mitspielen wird, voraussichtlich von Josef Kuderna. TT, Nr. 117, S. 27.

26. MAI

P. Kripp leitet neues Jugendhaus bei Stuttgart

Stadtgemeinde Fellbach investierte 3,2 Mio. D-Mark zugunsten der Jugend – Pläne: Architekt Josef Lackner, Innsbruck, elf Mitarbeiter

Zur Zeit, als Pater Dr. Sigmund Kripp SJ im Innsbrucker Kennedyhaus als Jugendbildner „arbeitslos" geworden war, suchte die 45.000-Einwohner-Stadt Fellbach bei Stuttgart mittels eines Inserates einen Jugendhausleiter. Kripp bewarb sich, wurde angenommen, unterbreitete bei seiner Anstellung ein fertiges Projekt für ein Jugendhaus, und am 4. Juni dieses Jahres wird dieses nach den Plänen des Innsbrucker Architekten Josef Lackner erbaute Jugendzentrum der Stadtgemeinde Fellbach feierlich eröffnet werden. Sie wendete hiefür – einschließlich einer noch zu erstellenden Sporthalle – 3,200.000 D-Mark auf. Kripp, reich an Erfahrungen auf dem Gebiet der Jugendarbeit, leitet nun mit weiteren elf hauptamtlichen Erziehern das neue Jugendhaus im Schwabenland. Unter seinen engsten Mitarbeitern sind Peter Hauser aus Matrei am Brenner und der Südtiroler Soziologe Dr. Melchiori.

Das neue Zentrum wird als „offenes Jugendhaus" geführt, das heißt, es dient vor allem einer Jugend, die sich weder politisch noch kirchlich und vereinsmäßig binden will. Die drei Bereiche umfassen Kommunikationsräume, wie zum Beispiel eine Cafeteria, ein Kino, ein Theater und Fitneßräume. In einem zweiten Bereich sind elf Klubs untergebracht. Die Jugendlichen richten sich diese Lokale selbst ein. Ein dritter Bereich dient den Arbeitskreisen und der Jugend, die sich in Werkstätten weiterbilden will. Pater Kripp rechnet mit einer Tagesfrequenz von 250 bis 300 jungen Leuten im Alter von 13 bis 20 Jahren. TT, Nr. 121, S. 3.

Innsbruck und das Karwendel sind eine der Wiegen des modernen Alpinismus. Auch bedeutende Bergsteiger, wie etwa Hermann Buhl, verhalfen der Stadt zu ihrer Reputation als eine Stadt des Alpensports.

3. JUNI

Bergsteigen – Erholung oder ein Weg ins Grab?

Symposion des Alpenvereins zum Thema „Bergsteigen – Lebensform und Lebenshilfe" eröffnet – Pfingstunfälle geben zu denken

Gestern begann im Innsbrucker Kongreßhaus das Symposion „Bergsteigen – Lebensform und Lebenshilfe", das der Österreichische Alpenverein gemeinsam mit dem Deutschen und dem Südtiroler Alpenverein veranstaltet. Eine Fachtagung zum Thema Bergsteigen, die in diesem Umfang erstmalig stattfindet und die sich mit brandaktuellen Themen befassen wird. [...] TT, Nr. 127, S. 5.

Vom Goetheweg zum Hafelekar. Oder doch vom Hermann-Buhl-Weg?

12. JUNI

Dichterfürst wurde kurzerhand entthront: Goetheweg heißt nun Hermann-Buhl-Weg

Es muß an der feuchtschwülen Luft des Adlersaales im Stadtsaalgebäude, an einer möglicherweise heraufdräuenden Föhnlage oder nur an der Tatsache gelegen haben, daß es bis zum Urlaub nicht mehr lang ist: Die gestrige Sitzung des Innsbrucker Gemeinderates verlief streckenweise in der Atmosphäre eines Stegreifkabaretts, das sich selbst unterhält. Von Ernst keine Spur. Dabei wurden Nachtragskredite in Minutenschnelle und reibungslos bewilligt, während man über so „schwerwiegende" Themen wie die Umbenennung des Goetheweges in Hermann-Buhl-Weg viertelstundenlang diskutieren konnte, um dann doch dem Antrag des Stadtsenats (bei Stimmenthaltung von TAB und FB) zu folgen: Der Dichterfürst wird entthront, Tirols bedeutendstem Bergsteiger ist künftig der „Patschenweg" zur Pfeis gewidmet. « TT, Nr. 138, S. 5.

1978

6. NOVEMBER »

Kreisky mit Zwentendorf durchgefallen

Volksabstimmung mit 64 Prozent Beteiligung – Nur 49,5 Prozent ja, 50,5 Prozent nein – Wien gab den Ausschlag

3,259.118 von 5,083.673 stimmberechtigten Österreichern beteiligten sich gestern an der Volksabstimmung über das Kernkraftwerk Zwentendorf. Dies entspricht einer Beteiligung von 64,10 Prozent. Davon waren 75.971 oder 2,33 Prozent ungültig. Für Zwentendorf waren 1,576.839 oder 49,53 Prozent, gegen das Atomkraftwerk stimmten 1,606.308 oder 50,47 Prozent der zur Urne Gegangenen. Die Ergebnisse in den einzelnen Bundesländern waren sowohl in der Wahlbeteiligung als auch im Stimmverhalten stark unterschiedlich.

Atomenergie spaltet buchstäblich die Gesellschaft. Mit zwei weiteren Kernkraftwerken sollte der Energiebedarf des Landes gedeckt werden. Die Volksabstimmung verhinderte den weiteren Ausbau.

Tirol: 65,7 % Nein, nur 44,5 % Wahlbeteiligung

Bezirk Innsbruck-Stadt: 76.519 Stimmberechtigte; 42.348 abgegebene, 55,34 Prozent; 899 ungültige, 1,89 Prozent; 15.084 ja, 36,30 Prozent; 26.464 nein, 63,70 Prozent. « TT, Nr. 256, S. 1.

17. NOVEMBER »

Innsbruck: Nunmehr Rathauspassage an Reihe?

Kaufleute der Innenstadt plädieren für Garagenbau – Planer möchten dieses Vorhaben mit einem repräsentativen Durchgang verbinden

In Innsbruck scheint das „Garagenbaufieber" zu kursieren. Es ist aber auch gut so, denn ohne immer wieder neue Impulse würde man den ruhenden Verkehr wohl nie in den Griff bekommen. Dank derartiger Initiativen entstanden die Sparkassen-, die Hotel-Maria-Theresia- und die Holiday-Inn-Garage. Ausgereift sind die Pläne für die sogenannte Rennweggarage und für jene hinter dem Landestheater sowie am Landhausplatz, noch am Reißbrett der Bau einer Tiefgarage im Bereich des Bahnhofs. In die Reihe der Garagenbauer hat sich nunmehr auch die Kaufmannschaft der Innenstadt gestellt und Projekte ausarbeiten lassen. Wie berichtet, zählt hiezu auch die „Ausbaggerung" der Maria-Theresien-Straße. Als eines der Nahziele wird nun auch ein Garagenbau im Rathaushof bezeichnet, der seit seiner Bombardierung viele Jahre als Pkw-Abstellplatz für „Renommierte" diente und in seinem Gesamtbild nur als „Hinterhofgaßl" bezeichnet werden kann. «

TT, Nr. 266, S. 3.

18. NOVEMBER »

Ein Jahr „Dritte-Welt-Laden" in Innsbruck

Idee fand viel Anklang – Unterstützung von Bauern, Handwerkern in Entwicklungsländern

Seit einem Jahr gibt es nun schon den „Dritte-Welt-Laden" in der Universitätsstraße in Innsbruck. Seine Funktion dürfte schon hinlänglich bekannt sein: durch den Kauf von Waren aus der dritten Welt, wie Kaffee, Tee, Honig, kunstgewerbliche Gegenstände und anderes, kann jeder aktiv Entwicklungshilfe betreiben. Der Erlös fließt nach Abzug der Kosten für Personal, Ladenmiete usw. den Produzenten in den Entwicklungsländern zu. Zwischenhandel gibt es keinen. Der Verkauf ist aber nicht die Hauptsache: viel mehr Wert legt die EZA (Entwicklungszusammenarbeit mit der dritten Welt Ges.m.b.H.), die den Laden betreibt, auf die Information über die Probleme der Entwicklungsländer. « TT, Nr. 267, S. 3.

SOLIDARITÄT MIT EL SALVADOR

24. MÄRZ SCHWEIGEMARSCH

ABMARSCH 17.30: LANDHAUSPLATZ

MARIA-THERESIEN STRASSE , ALTSTADT

ABSCHLUSSKUNDGEBUNG VORM GOLD. DACHL

19.00 ÖKUMENISCHER GOTTESDIENST JESUITENKIRCHE

INFO- STANDE SIND IN DER GANZEN STADT VERTEILT !

7. u. 8. APRIL: FILM: "TOD ODER REVOLUTION"

Die durch internationale Pressemeldungen bekanntgewordenen jüngsten Ereignisse in El Salvador haben in der Weltöffentlichkeit große Beunruhigung hervorgerufen.

Am 17.3.1980 griff Amnesty International die Aggression der Militärdiktatur El Salvadors gegen die Bauern und deren gewerkschaftliche Organisationen an: "Die Armee, die in Dörfer eingedrungen ist, tötete Männer,Frauen und Kinder und vertrieb die Bauern von ihrem Grund und Boden. In der Provinz Chalatenango wurden in einem Dorf 40 Menschen, in einem zweiten 80, darunter 28 Kinder getötet." Am 14.Mai 1980 massakrierten Armee und Angehörige der rechtsextremen Organisation Orden 600 Bewohner eines Dorfes, die vor der Unterdrückung vergeblich über die Grenze nach Honduras zu fliehen versuchten: Die Armee von Honduras trieb sie in die Hände ihrer Mörder zurück (Massaker am Rio Sumpul).

Untragbare soziale Zustände führten in Mittelamerika in den späten 1970er Jahren zu Aufständen und Umstürzen. Die meist arme Landbevölkerung blieb aber immer auf Unterstützungen angewiesen.

23. NOVEMBER »

Endlich „öffentliches“ Wasser für Siedler

Wunsch der Bewohner der Klammstraße in Innsbruck ging in Erfüllung – Kanal in Aussicht

Ein langgehegter Wunsch ist für die Bewohner von 22 Objekten der Klammstraße in Kranebitten in Erfüllung gegangen: seit 16. November beziehen sie ihr Trinkwasser nunmehr aus der öffentlichen Versorgungsleitung der Stadt. Da diese Objekte außerhalb der Versorgungszone gelegen sind, mußte die Siedlergruppe bisher selbst für die Beschaffung von Wasser aufkommen. Mit um so größerer Freude begrüßen sie nun, wie sie gegenüber dem Obmann des Verwaltungsausschusses für die Versorgungsunternehmen in den Stadtwerken, Stadtrat Dr. Seykora, anläßlich einer Besichtigung der neuen Aufschließung zum Ausdruck brachten, die Erfüllung ihres Wunsches. « TT, Nr. 271, S. 3.

27. NOVEMBER »

Würdige Jubiläumsfeier für Bischof Dr. Rusch

Dom zu St. Jakob konnte Andrang kaum fassen – Zahlreiche Vertreter des Klerus auch aus dem Ausland – Über 40 Jahre Dienst am Nächsten

Hunderte Gläubige fanden sich gestern nachmittag im Dom zu St. Jakob ein, um zusammen mit dem Klerus der Diözese Innsbruck das dreifache Jubiläum von Diözesanbischof Dr. Paulus Rusch zu feiern: 45 Jahre Priester, 40 Jahre Bischof sowie die Vollendung des 75. Lebensjahres. Die Mitglieder der Tiroler Landesregierung, allen voran LH Wallnöfer, Landtagspräsident DDr. Lugger, Vertreter des Tiroler Landtages, die Spitzen der Behörden und Ämter der Landeshauptstadt – sie alle waren zu den Feierlichkeiten gekommen. Der Dom konnte die Menschenmassen nicht fassen, zum Leidwesen vieler mußten Zuspätkommende abgewiesen werden. « TT, Nr. 274, S. 5.

Paulus Rusch war eine der prägenden Gestalten des katholischen Tirol. Er war von 1964 bis 1980 der erste Bischof der neugeschaffenen Diözese Innsbruck.

Bobfahren ist eine Mischung aus Technik und Teamwork.
Allerdings sollten auch alle Mann in die gleiche Richtung laufen …

28. NOVEMBER »

Erstmals in Igls: Bob- und Skeletonschule

Für alle männlichen Interessenten ab dem vollendeten 16. Lebensjahr – Freitag Meldeschluß

Weltneuheit auf der kombinierten Olympia-Kunsteisbahn in Innsbruck-Igls: Start eines Skeletonfahrers zur erstmals veranstalteten Bob- und Skeletonschule des 1. Österreichischen Skeletonklubs und des Bobklubs Igls. Durch die Initiative des Präsidenten des 1. Österreichischen Skeletonklubs Innsbruck-Igls, KR Dr. Fred Beck, besteht in Zusammenarbeit des Skeletonklubs und des Bobklubs Innsbruck-Igls für alle Interessenten des Kufensports die Möglichkeit, bei der Internationalen Bob- und Skeletonschule auf der kombinierten Olympia-Kunsteisbahn in Igls die „Formel I" des Wintersports näher kennenzulernen. Als Kursleiter fungieren der ehemalige Bobfahrer Peter Thurnbichler und der Obmann des 1. Österreichischen Skeletonklubs, Michael Hladik.

Als Bobtrainer stehen der mehrfache Welt- und Europameister Erwin Thaler, der WM-Vierte von Lake Placid 1978, Walter Delle Karth, und im Skeleton der Europacupsieger 1978, Gert Elsässer vom SC Igls, zur Verfügung. Jeder Teilnehmer wird sowohl als Bremser bzw. Lenker im Bobfahren ausgebildet und ist ebenfalls wie der „frischgebackene" Skeletonfahrer nach Abschluß des Kurses nach Vereinsbeitritt befähigt, an einem Rennen teilzunehmen. « TT, Nr. 275, S. 4.

1979

Ein Rückblick in alte Fernseh-Zeiten: Proben zum Auftritt von Bürgermeister Lugger in der ZDF-Fernsehshow „Der Goldene Schuss" mit Vico Torriani 1968.

2. MÄRZ

Innsbruck: Heuer 15.700 TV-Kabelanschlüsse

Ausbauprogramm der Telesystem für heuer fixiert – Vorrang für Gebiet an Ost-West-Schiene – Raum Telfs–Schwaz „angepeilt"

Über 15.700 Innsbrucker Haushalten wird die Gelegenheit geboten, sich noch heuer an die „Nabelschnur" des Kabel-TV „anzuhängen". Nach dem einhelligen Beschluß des Gemeinderats, betreffs des Verkabelungsvertrags zwischen der Stadtgemeinde Innsbruck und der Telesystem Ges.m.b.H. & Co. KG – wir berichteten darüber –, setzt letztere nunmehr ihre volle Ausbaukapazität ein. Das Schwergewicht der Verkabelung wird dabei im Großbereich des 14 Kilometer langen Hauptnetzes vom westlichsten (Kranebitten) bis zum östlichsten Stadtrand (Gemeindegrenze Rum) liegen. TT, Nr. 51, S. 3.

6. MÄRZ

„OA“-Linie: Langgehegter Wunsch erfüllt

Erster Bus an der Ottoburg begrüßt – Direkte Verbindung Olympisches Dorf–Altstadt

Der erste Bus der IVB-Linie OA, die gestern ihren Betrieb aufnahm, wurde an der Haltestelle Ottoburg von den Vertretern des gemeinderätlichen Altstadtausschusses, der Interessengemeinschaft Altstadt und den Direktoren der Verkehrsbetriebe begrüßt. Wie der Obmann der IG Altstadt, Mag. Winter, betonte, sei eine Busverbindung des Olympischen Dorfes mit der Altstadt ein langgehegter Wunsch der Altstadtwirtschaft gewesen. Nach dessen Erfüllung bleibe nur mehr der Wunsch offen, daß die Verbindung von der Bevölkerung auch angenommen werde und die Frequenz sowohl die IVB als auch die Interessengemeinschaft zufriedenstelle. TT, Nr. 54, S. 3.

20. MÄRZ

KOMM angekommen, jetzt durch Dieb erschüttert

Kurze Bilanz des Kommunikationszentrums der Studenten – Umfangreiches Programm – Diebstahl: Vertrauen gefährdet, Arbeit schwerer

Das KOMM in der Josef-Hirn-Straße, das Kommunikationszentrum der Studenten, über das wir bereits mehrfach berichtet haben, ist bestens angekommen, das Programm wird immer umfangreicher, die Besucherzahlen steigen. Nur hat die Einrichtung jetzt einen „Dämpfer“ bekommen: Eine Musikanlage, eine Geldkassette und zwei Kilo Bohnenkaffee wurden gestohlen. Schaden: 60.000 Schilling. Dazu Projektleiter Pleifer: „Plötzlich kann man nicht mehr mit Vertrauen arbeiten, das behindert echte Kommunikation wesentlich.“

Seit rund zweieinhalb Monaten ist das KOMM geöffnet, wöchentlich präsentiert es drei bis vier Veranstaltungen. Jazz, Filme, Lesungen, ein Forum für junge Leute u. a. Zahlreiche Gruppen treffen sich, Amnesty International, eine Behinderten- und eine Psychiatriegruppe, ein Frauenforum sowie Lerngruppen. TT, Nr. 66, S. 3.

KUNSTDÜNGER

KCMM unikations-und kulturzentrum, josef-hirnstraße 7, 6o2o innsbruck und umgebung.

es gibt gute witze und schlechte witze, politische witze und sickerwitze, literarisches kabarett und musikalisches kabarett, politisches kabarett und cabaret, es gibt burgenländerwitze und vor allem den aberwitz, ein witz zieht bei uns immer: nämlich der, daß die da drüben im osten nichts zu lachen haben, ja, in der sowjetunion soll's gar verboten sein, bei diesen russen. geh doch rüber, geh doch rüber, dann wird dir das lachen schon vergehn.
in ostberlin, da gibt's ein kabarett, DIE DISTEL. (ich war drei mal in berlin, und jedesmal wollte ich zur DISTEL, einfach um nachzuschauen, so als freier westlicher voyeur, worüber die da drüben so lachen können - war aber dauernd ausverkauft, das programm der DISTEL, staatsbürokratisch geduldetes und (vielleicht) gefördertes lachen in der arbeiter- und bauernrepublik ....

am donnerstag, 21.mai ab 21uhr will das älteste und renommierteste kabarett deutschlands uns zum lachen bringen, DDR-bürger allesamt. zu den autoren der

Das KOMM, das Kommunikations- und Kulturzentrum der Österreichischen Hochschülerschaft, war das erste professionell geführte Kulturzentrum der neuen Generation.

27. MÄRZ

Studenten besetzten Universitätsinstitut

Am Institut für Hochbau der Technischen Fakultät streiken die Studenten unbefristet

Rund dreißig Studentinnen und Studenten saßen im Arbeitszimmer von Prof. Weinlich bei der Jause, und dieser beteuerte seine Verhandlungsbereitschaft. Dies kennzeichnete gestern die Situation am Institut für Hochbau der Technischen Fakultät an der Universität Innsbruck, als die Studenten die Gespräche über Fragen des Studiums einseitig abbrachen und einen unbefristeten Streik ansetzten. Somit wurde von den Studiosi laut Dekan Prof. Daum ein „ungesetzlicher Zustand" geschaffen, und Prof. Weinlich war nicht bereit, „unter Repressionen" weiterhin zu verhandeln. Dennoch sagten beide zu, weiterhin mit ihren Hörern über das Studium zu sprechen. « TT, Nr. 73, S. 3.

2. APRIL

Rusch gegen Abtreibungsklinik in Innsbruck

Großveranstaltung im Saal „Tirol" des Kongreßhauses – Kaum politische Prominenz anwesend – Bischof tritt erneut für werdendes Leben ein

Die kirchlichen Bemühungen um die Familie stehen im Bistum Innsbruck auf zwei starken Füßen: Zum einen wurde der von NR Dr. Leitner geleitete Katholische Familienverband Tirol nun 25 Jahre alt und kann innert dieser Zeit nicht nur auf rund 1200 Veranstaltungen für seine 24.200 zahlenden Mitglieder zurückblicken, sondern hat auch mit seinen 217 Zweigstellen ein Instrument in der Hand, seine Vorstellungen breit gestreut unter das Volk zu bringen. Diesem starken Verband ist es zu danken, sagte NR Leitner, „daß alle politischen Parteien behaupten, familienfreundlich zu sein"! [...] « TT, Nr. 77, S. 3.

20. APRIL

Innsbruck: Bank ohne Schalter und Kassier

Privatbankfiliale „sahnt" Kunden ab 50.000 S ab – Erstmals Rund-um-die-Uhr-Service

Eine Bank mehr in Innsbruck wird es ab kommendem Montag geben, wenn die Rössler AG-Privatbank im zweiten Stock des Hauses Maria-Theresien-Straße 57 die sechste ihrer insgesamt zehn in den Bundesländern geplanten Filialen eröffnet. Wie Direktor Hikade in einer Pressekonferenz allerdings vorwegnahm, habe die hundertprozentige Tochter der „Ersten" nicht vor, den örtlichen Geldinstituten Konkurrenz zu machen. Die Rössler-Privatbank will sich demnach nur an eine ausgesuchte Klientel wenden, bei der der Mensch – sprich Kunde – erst jenseits von 50.000 Schilling beginnt, egal, ob er sich diese Mindestsumme ausleihen will oder ob er Anlegepläne ab dieser Größenordnung hegt. « TT, Nr. 92, S. 19.

Der Zugang zum Inn ist im Stadtgebiet aus Gründen des Hochwasserschutzes kaum mehr möglich. In den Kranebitter Innauen hingegen hat sich eine ganz eigene Badekultur entwickelt.

7. SEPTEMBER »

Erholungsraum Kranebitter Innauen „gerettet“

Bundeswasserbauverwaltung respektiert Wünsche der Stadt Innsbruck – Ausschöpfung aller Möglichkeiten zur Erhaltung des Erholungsgebietes

In der Sitzung des Stadtsenates vom 5. September brachte Bürgermeister Dr. Lugger zwei Stellungnahmen aus dem Amt der Tiroler Landesregierung zur Kenntnis, die ihm von LH Wallnöfer übermittelt worden waren und auf eine Intervention des Bürgermeisters zugunsten der Kranebitter Innauen Bezug nehmen. Seitens der Landesbaudirektion wird darin festgestellt, daß die Bundeswasserbauverwaltung den in der Sitzung des Innsbrucker Stadtsenates vom 20. Juni 1979 formulierten Wünschen und Zielsetzungen hinsichtlich des unbeeinträchtigten Bestandes der Kranebitter Innau und des Völser Innufers weitgehend entgegenkommen könne. « TT, Nr. 207, S. 7.

27. OKTOBER

AUA für österreichische Binnenfluglinien

Lage geändert – Innsbruck nicht einbezogen, um „Tyrolean Airways“ nicht zu behindern

Die Gründung einer Binnenfluggesellschaft, die von den fünf Flughafenbetriebsgesellschaften und Austrian Airlines getragen werden soll, wurde Donnerstag im Finanzministerium diskutiert. Nach einem bei der Besprechung vorgelegten Arbeitspapier ist beabsichtigt, ab April 1980 mit zwei jeweils rund zwanzigsitzigen Flugzeugen von den Bundesländern aus sowohl den Lokalbedarf zu befriedigen als auch Anschlüsse an die internationalen Flugverbindungen in Wien herzustellen. Im wesentlichen ist dabei an die sternförmige Einbeziehung von Graz, Klagenfurt, Linz und Salzburg an Wien gedacht, wobei Querverbindungen (z. B. Graz–Linz) noch untersucht werden. TT, Nr. 219, S. 7.

Eine Maschine der Tyrolean Airways am Flughafen Innsbruck von der Besucherterrasse aus gesehen. Im Hintergrund die Türme der Technischen Fakultät.

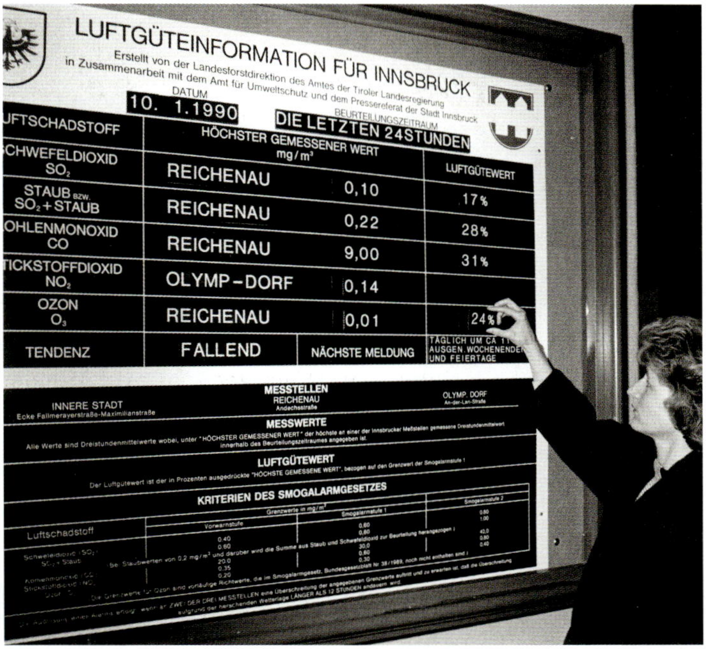

Seit 1990 befindet sich im Durchgang des Rathauses eine Tafel mit den Luftmesswerten.

27. OKTOBER »

Wohnungsheizung das Übel der Innsbrucker Luft

Das ergaben die CO-Messungen – 18jährige auch in Innsbruck wahlberechtigt – Energiesparkonzept wird ausgearbeitet – Radweg geplant

In der Sitzung des Stadtsenats vom Mittwoch brachte BM Dr. Lugger die von der Landesforstinspektion übermittelten Meßergebnisse der Luftüberwachung für das zweite Vierteljahr 1979 zur Kenntnis. Es konnte hiebei, wie das städtische Amt für Umweltschutz zusammenfassend mitteilt, festgestellt werden, daß die Grenzwerte der Zone II an keinem Tag der Monate April, Mai und Juni überschritten wurden. Im Gegenteil wurden mit fortschreitender Jahreszeit die Werte besser, so daß im Juni in der Stadtmitte lediglich dreimal und im Olympischen Dorf nur einmal die Werte der Zone I überschritten wurden. Die Meßergebnisse zeigen deshalb ganz klar, daß die Hauptbelastung der Innsbrucker Luft von der Wohnungsheizung ausgeht und gerade in der warmen Jahreszeit im Olympischen Dorf sehr gute Luftverhältnisse bestehen. « TT, Nr. 249, S. 3.

1980

3. MÄRZ »

„Totenstadt“ hinter Stubaitalbahnhof entdeckt

Bagger stießen auf römischen Friedhof –
Zufällig vorbeikommender Privatmann alarmierte Fachleute –
Soldat mit Dolch und Lanze begraben

Rechtzeitig zur 800-Jahr-Feier der Landeshauptstadt stellt sich das alte Veldidena mit einer aufsehenerregenden Festgabe ein. Bei Erdarbeiten auf dem Gelände der Innsbrucker Verkehrsbetriebe hinter dem Stubaitalbahnhof wühlten sich die Bagger in einen römischen Friedhof. „Der interessanteste römerzeitliche Fund seit der Entdeckung des Kastells von Veldidena“, meint Dr. Liselotte Zemmer vom Landesmuseum. Zusammen mit Dr. Wilhelm Sydow vom Bundesdenkmalamt führt sie die Grabungsarbeiten durch. « TT, Nr. 53, S. 5.

20. MÄRZ »

Innsbrucks Golfplätze vor Saisonbeginn

Sperberegg trocken und bespielbar –
Rinn lädt zum Üben ein – Training im Eisstadion

Begünstigt durch das Frühlingswetter und die vielen Sonnentage ist der 9-Löcher-Golfplatz in Lans, Sperberegg, bereits trocken und gut bespielbar. Der 18-Löcher-Meisterschaftsgolfplatz in Rinn, auch schon teils schneefrei, ladet ebenso zur Übungstätigkeit ein. Die Trainingsmöglichkeit im Olympia-Eisstadion in Innsbruck ist weiterhin gegeben. Dort kann in einem temperierten Übungsraum mit normalen Golfbällen vom künstlichen Rasen (Abschlag) gezielt gegen eine Netzwand geschlagen werden.

Der Golfsport hat in Tirol bereits eine recht lange Tradition. Die erste Golfsportanlage wurde in Igls im Jahr 1930 eröffnet.

Am 1. April wird auf beiden Golfplätzen der Spielbetrieb im vollen Umfang aufgenommen werden. Für die Saison 1980 wurde neben dem Golflehrer Karl Gögele der schottische Golflehrer Jean Clark verpflichtet. Die Golf-Restaurants werden wieder in Rinn von Frau Vollstuber und in Lans-Sperberegg von Frau Hofstätter geführt. « TT, Nr. 68, S. 5.

Im Flug 1964 über die Rossau. Der spätere Baggersee dient hier noch als Schottergrube für den Autobahnbau.

22. MÄRZ »

Bau der Roßauer Innbrücke bereits „geplatzt"?

Rum, Thaur und Region 18 strikt dagegen – Ihrer Ansicht nach verkehrsmäßig nicht mehr nötig – Freiflächen für Straßenbau zu kostbar

All die letzten Jahre hindurch bestand kein Zweifel darüber, daß Innsbrucks Verkehrsader Nr. 1, der Südring, nicht nur in Richtung Westen (Anschluß an Autobahnabfahrtsrampe, Holzhammerbrücke–Kranebitter Allee), sondern auch östlich (Roßau–Roßauer Innbrücke, Einbindung in Bundesstraße 171) seine Fortsetzung erfahren wird. Nunmehr scheint aber dieses für Innsbruck so wichtige Verkehrsprojekt (B 174) in Frage gestellt zu sein. Die bei der Realisierung dieses Straßenzuges neben Innsbruck durch Grundabtretungen betroffenen Gemeinden Rum und Thaur sind nämlich, wie die gesamte Region 18, dagegen. Ihrer Ansicht nach ist diese neue Verkehrsachse nicht mehr notwendig, sind die hiefür erforderlichen Freiflächen zu kostbar, um sie dem Moloch Verkehr zu opfern. Nähere Einzelheiten darüber erfuhren wir in Gesprächen mit dem Bürgermeister von Rum, LA Tanzer, und dem Chef des Autobahn- und Bundesstraßenbaus in Tirol, Hofrat Dipl.-Ing. Otto Steiner. « TT, Nr. 70, S. 3.

Seit Ende der 1970er Jahre erwuchs den Austrian Airlines mit der Tyrolean Airways, die wiederum aus der Aircraft Innsbruck entstanden war, eine kräftige Konkurrenz.

10. APRIL

Goldenes Dachl-Steffl – nur mehr 75 Minuten

Auch Zürich in unmittelbare „Nachbarschaft" Innsbrucks gerückt – Viel Prominenz bei Taufe der DASH 7 der Tyrolean in Innsbruck

Es war zweifelsohne weniger die „Premiere" als vielmehr das Bewußtsein, bei einem für Tirol bedeutenden Ereignis dabeizusein, daß sich zur gestrigen Segnung (durch Abt Stöger) und Taufe (Luise Lugger) der 50sitzigen DASH 7 der Tyrolean auf den Namen „Stadt Innsbruck" am Alpenflughafen Kranebitten so viele Ehrengäste befanden. Sie aufzuzählen, würde fast eine halbe Zeitungsspalte füllen. [...] « TT, Nr. 85, S. 5.

26. APRIL

Ideenwettbewerb für Maria-Theresien-Straße

Initiative der Interessengemeinschaft Innsbruck-Innenstadt – Jedermann kann mitmachen – Einsendeschluß 20. Mai – Wertvolle Preise

Als es den Begriff Verkehrsmoloch gar nicht gab – und das ist eigentlich nicht einmal so lange her –, da war die Maria-Theresien-Straße nicht nur Innsbrucks erste Straße, sondern durch ihren „Bummel", auf dem man sich nicht nur traf, sondern auch gerne sehen ließ, der erste Platz. Diese Funktion und noch so manch andere dazu soll die Maria-Theresien-Straße durch die nach den 800-Jahr-Feierlichkeiten im Juni d. J. vorgesehene Umgestaltung zurück- bzw. erhalten. Bekanntlich sollen die Detailpläne hiefür bis Ende Mai der Stadtführung vorliegen. Die Schwerpunkte werden dabei wohl die Verkehrsorganisation (verkehrsverdünnte Zone), die Oberflächengestaltung, Beleuchtung, Bepflanzung und u. a. die Errichtung von Passagen in den Erdgeschossen bilden. In dem Bestreben, bei der Umgestaltung alle nur möglich erscheinenden Überlegungen miteinzubeziehen, hat nunmehr die Interessengemeinschaft Innenstadt einen Ideenwettbewerb ausgeschrieben, an dem sich jedermann beteiligen kann, ja sogar sollte. « TT, Nr. 99, S. 3.

10. SEPTEMBER »

Dieser Tage Baubeginn für Frauen-Kopf-Klinik

Landesregierung genehmigte Vergabe des konstruktiven Rohbaues zum Betrag von 68,6 Mio. – Neue kaufmännische Berufsschule in Schwaz

Die Tiroler Landesregierung hat in ihrer Sitzung am Dienstag unter dem Vorsitz von LH Wallnöfer die Projektsdirektion ermächtigt, mit der Ausführung des Neubaues der Frauen- und Kopfklinik aufgrund des unter der Landesregierung bereits genehmigten Projekts zu beginnen und die Baumeisterarbeiten für den konstruktiven Rohbau an eine Arbeitsgemeinschaft um den Betrag von 68,642.566 Schilling ohne Mehrwertsteuer zu vergeben. Entsprechend dem Zeitprogramm soll mit den Bauarbeiten Mitte September dieses Jahres begonnen werden. Der Baubewilligungsbescheid der Stadtgemeinde Innsbruck liegt bereits vor. « TT, Nr. 211, S. 3.

Die Klinik kurz vor ihrem nächsten Großprojekt, der Frauen-Kopf-Klinik. Nach der Chirurgie war dieser Bau einer der wichtigsten Schritte zu einer der modernsten Kliniken der Welt.

20. OKTOBER »

Wann bekommt Wilten den Haymonsteg?

Versprochen, aber nicht gehalten – Widerlager schon seit Bau der Konzertkurve vorhanden

Seit dem Bau der Konzertkurve liegen nun schon einige Jahre zurück. Die Widerlager für den versprochenen Haymonsteg wurden dazumal erstellt, die Fertigstellung jedoch läßt bis heute auf sich warten. Wenn für den Sieglanger eine Monsterbrücke, für St. Nikolaus bzw. den Saggen der Weiherburgsteg, für die Höttinger Au die Unterführung bei der Universitätsbrücke realisiert werden konnten, so müßte es doch auch für Wiltens bescheidenen Haymonsteg möglich sein, die notwendigen Mittel sicherzustellen.

Dieser Steg würde zu einem verkürzenden Zubringer mit mehr Verkehrssicherheit für die Benützer der Straßenbahnhaltestelle bei der Basilika, die Studenten auf dem Weg zu den Pädagogischen Akademien, die Kinder zum Kindergarten bzw. ins Pfarrheim, die Kirchenbesucher der Basilika, die Besucher der Altenstube und die Benützer der Stubaitalbahn werden. Eine „Fußgängerzone" im Zentrum von Wilten wäre geschaffen, ein Ort der Begegnung würde entstehen, der dem Gemeinschaftsleben dieses alten Stadtteils sicherlich sehr förderlich wäre. « TT, Nr. 245, S. 4.